Ni Buzhidao De

你不知道的**中国CHINA**

中 国 地 理 文 化 丛 书

绿色宝岛

台湾

（一）

宋全忠◎编著

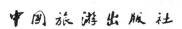

中国旅游出版社

序

  我们伟大的祖国有 960 万平方公里的辽阔疆土和 1.8 万公里的海岸线。从东到西,由南向北,壮丽的山河、富饶的土地,蕴藏着无尽的宝藏,滋养了伟大的中华民族;各地区独具特色的地域文化,共同形成了生生不息、绵延不绝的中华五千年文明。

  数千年来,地理环境的不同生成了不同的民族,也成就了不同的文化。北方的草原大漠既养育了能征善战、驰骋欧亚的一代天骄,也造就了千年不衰的敦煌文化和鬼斧神工的月牙泉奇景;东南沿海辽阔的海疆,既便利了徐福、郑和扬帆远航,传播中华文明,吸收海外文化,也成就了一代又一代侨商巨贾,让中国人的足迹踏遍海角天涯;江南水乡富饶的阡陌田畴既哺育了成百上千的文人雅士,也雕琢出道法自然、幽雅绝伦的江南园林;如果说青藏高原的雄伟雪峰、蓝天白云和千古冰川是虔诚宗教的天然乐土,那么川渝的灵山秀水、天府的氤氲气候则是孕育辛辣美味的川菜佳肴的必备温床……在中国这块神秘的土地上,随处可见的是自然和人文的完美结合,随时可感的是中国地理文化的独特魅力。中国人崇尚天人合一,崇尚自然,寄情于山水,借山水寓思想;名山大川,野径小溪,一草一木,不仅成为中国人精神的慰藉,而且承载了中华民族灿烂的文化。

  我们编辑出版这套《中国地理文化丛书》,意在区分不同地域,采用通俗易懂的问答形式向读者介绍各地特有的地理风貌、历史遗存、民风民俗、逸闻逸事、宗教文化、风土人情。条目的选取以突出地域性、知识性和可读性为标准,力求让读者通过浅阅读,收获真知识和正能量。为便于查询,本书特按省、市、自治区行政区划编辑成册,每册又以地市级行政区划编目。为保证质量,我们特邀数百位长期从事历史、地理、旅游研究的专家、学者联合编撰,使图书既不失严谨而又真正做到了简约生动,通俗易懂。

　　了解中华大地不同地域自然和文化的发展和演变,既有助于了解我们世世代代赖以生存的这块土地的昨天和今天,又有助于了解我们伟大的民族和悠久文化的昨天和今天,更有助于把握我们的民族和文化的未来。特别是在中华民族复兴之梦日渐光明的今天,这项工作显得尤为重要。如果我们的努力能为这项神圣的使命贡献一份绵薄之力,那将是我们的无上荣光!

目 录
CONTENTS

台北市

新竹县、新竹市

苗栗县

南 投 县

台湾概况

你 了解台湾吗？

台湾省简称台，是镶嵌在我国东南海面上的一颗明珠，其海域所至，兼及东海、南海和太平洋，西隔台湾海峡与福建和广东两省相望。西北部与大陆海岸最近处的福建省闽江口以南一带相距约135公里；东面是浩瀚的太平洋，东北距日本琉球群岛、冲绳岛约600公里；南面是巴士海峡，距菲律宾吕宋岛约350公里。它和南海疆上的另一颗明珠海南岛相伴，俨然成为祖国东南海防线上的一对眼睛，日夜巡视着祖国的万里海疆；它和祖国的庙岛群岛、舟山群岛、海南岛结成海上"长城"，形成我国东南的屏障。台湾省省境四至点为：南起北纬20°45′25″（屏东县恒春镇七星岩南端），北至北纬25°56′30″（宜兰县黄尾屿北岸），西起东经119°18′03″（澎湖县花屿最西岸），东至东经124°34′30″（宜兰县赤尾屿最东岸）。

1

你 知道台湾的历史沿革吗？

　　远在 3000 多年以前的殷商时代，中国大陆上的人民就知道东南海滨有个美丽的台湾岛存在。那个时候，把台湾称作"岱舆"、"员峤"，把澎湖列岛叫作"方壶"。战国时，我国出了一本书叫《尚书》，其中的《禹贡》一篇，是介绍中国地理的，把台湾称作"岛夷"，属于中国领土的一部分。秦汉时代，在范晔写的《后汉书》和陈寿写的《三国志》等历史书籍中，记载台湾的情况就更多了。有一段写徐福定居台湾的故事。说的是秦始皇曾派徐福带领好几千名童男童女到蓬莱去求神仙，由于没有完成任务，担心回去被秦始皇杀掉，就带着童男童女到台湾安居下来。经过许多年，原来的几千人发展为好几万人。

　　三国时，当时的吴国占据南方，特别重视船舶的制造和水军的训练。吴主孙权凭借这方面的优势，曾经在三国吴黄龙二年（230年）派遣将军卫温和诸葛直率甲士万人，航海到台湾（当时称"夷洲"）。同时代沈莹写的《临海水土志》中，有几段这样的文字："夷洲（指台湾）在浙江临海县的东南海面上，岛上气候温暖，没有霜雪，一年到头树绿草青。这里四周都是山，土地肥沃，生产五谷杂粮，水里有很多鱼。""住在岛上的高山族人民分成许多部落，每个部落都有'夷王'（也就是酋长）。如果'夷王'要召集大家开会，就用大木棍敲击木鼓，部落成员听到鼓声就赶快跑到会场。""当地有一种挂人头的风俗。战场上把敌人打死了，就割下他的头来，挂在家中十多丈高的木柱上，好多年也不取下来。这是为了显示自己是一个非常勇敢的人……"

　　589 年隋朝统一中国，结束了南北朝的分裂局面。隋炀帝非常重视祖国的海岛，在他当政期间，曾于大业三年（607 年）、大业四年（608 年）和大业六年（610 年），三次派手下的官员朱宽、航海能手何蛮和大将陈陵及其副手张镇国去台湾（当时称"流求"），其中第三次组织有 1 万人，扬帆出海，经过澎湖列岛到了台湾，人们以为大陆人是来做买卖的，纷纷到船上商谈贸易。陈陵等上岸后，派人去看望了一些部落的居民，对台湾的民情风俗、生产情况做了一些调查，然后回到福建。在隋代的官方文书中，对于台湾的民族、姓氏、社会组织、房屋建筑、男女服装、风俗习惯、文化礼节、婚丧嫁娶和山形地貌、农业生产、战斗阵势、武器使用等，都有了比较详细的描写和叙述。

我国大陆人民成群结队地去开发台湾是从唐代开始的。浙江分水人施肩吾进士带领全家移居台湾的故事，就是其中的一个例子。施肩吾是一个有学问的人，又会作诗。他在《题澎湖屿》中写道："腥臊海边多鬼市，岛夷居处无乡里。黑发少年学采珠，手把生犀照咸水。"这首诗告诉人们，在澎湖附近有许多人捕鱼，少年们忙着采集珍珠。晚上灯光闪闪，好像一片磷发的光一样。

12 世纪南宋时，澎湖已隶属于福建路晋江县，成为中国行政区的一部分。当时，台湾使用的铜钱大都是宋代制造的，上面有"太平兴国"（宋太宗年号）、"天禧"（宋真宗年号）、"元祐"（宋哲宗年号）等字样。13 世纪中叶，元朝政府在澎湖设置巡检司，管辖台湾等岛屿，隶属泉州的同安县。台湾、澎湖一带岛屿的事务，都由这个巡检司负责处理。明代天启四年（1624 年）和天启六年（1626 年），荷兰和西班牙殖民者分别侵入台湾，民族英雄郑成功指挥军队猛烈攻击，于 1662 年 2 月赶走侵略者，收复了台湾，将台湾改名为"东都"，在赤嵌城设立了承天府（台南），又置天兴（嘉义）、万年（凤山）等县。这是台湾设置郡县的开始。同时，郑成功的父亲郑芝龙出钱，组织了好几万大陆人民，每人给白银 3 两，3 个人给 1 头耕牛，到台湾开荒种地。"台湾"这两个字开始在有些书籍里出现。在此之前，1405～1430 年期间，三保太监、航海家郑和七次下西洋通过台湾海峡的时候，郑和的舰队经常到台湾岛上停泊，补充一些淡水和食物，有时还代表皇帝去接收贡品。1662 年郑成功去世以后，他的儿子郑经统治台湾，又把"东都"改名为"东宁"。清康熙二十三年（1684年），清朝政府把"东宁"改名为"台湾府"，隶属于福建省，下设三县（台湾县、凤山县、诸罗县）和一厅（澎湖）。1885 年，台湾正式建省，在彰化设立了省城。台湾从此成为中国的第 20 个行政省，比东北三省建省还早，清政府把福建巡抚刘铭传调到台湾去当巡抚，成为了台湾的首任"省长"。为了加强台湾和澎湖的防务，清政府在澎湖、基隆、淡水和旗后修建了 7 座炮台，在澎湖还设立了总镇兵，驻军达三四千人。

1894 年日本发动甲午战争，翌年，腐败的清政府与日本国签订了不平等的《马关条约》，台湾省遂被日本帝国主义强行霸占。第二次世界大战后，根据《开罗宣言》和《波茨坦公告》的规定，1945 年台湾回归祖国，重返祖国的怀抱，中国恢复了在台湾的主权。1949 年在美国的庇护下，蒋介石集团率部分国民党军政人员退居台湾。

为什么说两岸同胞自古就是一家人？

2001 年福建东山岛从台湾海峡打捞收集到古菱齿象、四不像、犀、牛等3000 多块各种动物化石；同年8 月及2002 年8 月浙江舟山渔民在舟山海域打捞出大型动物古菱齿象牙齿、德氏水牛下颌骨、犀牛下颌骨、水鹿部分头骨和角；20 世纪60 年代，台湾渔民也不断在澎湖列岛与台湾本岛之间的一条海槽中，捞获为数不少呈现大陆北方动物特色的哺乳动物化石，经中科院古脊椎动物与古人类研究所教授祁国琴和台湾自然科学博物馆研究员何传坤研究证明，在距今3万~1万年以前地球最后一次冰河时期，因天气变寒，古动物从北京周口店出发经淮河流域、东山岛和舟山岛逐步南迁至现在的台湾海峡这片广阔的土地上。直至1.5万年前，台湾海峡还是一片陆地，古人类与哺乳动物在此共生共存，由于冰河时期的到来，海平面下降了130~180米，东海大陆架再次成为陆地。随后海平面又一次慢慢上升，大约在7000年前，海平面终于接近了现在的高度，海峡也把台湾和祖国大陆分成了"这头和那头"，这才形成现在的台湾海峡。这说明东南沿海和台湾在古时曾经山川相连，陆路相通，两岸同胞自古就是一家人，而东山岛和舟山岛就是连接两岸的"陆桥"。

为什么说台湾海峡是我国与太平洋地区各国联系的交通枢纽和海上屏障？

台湾海峡呈东北—西南走向，北通东海、南通南海，长约200海里，宽约70~221海里，平均宽度约108海里，从海洋学角度看，台湾海峡的水深只有50米左右，最深不超过90米，但离台湾东部海岸30公里处，太平洋的深度则达到4000米，台湾正好位于中国大陆架东南缘，在中国及东南亚海疆形势上至为重要，是我国南北海运的走廊，也是我国与太平洋地区各国联系的交通枢纽和海上屏障，素有我国"七省藩篱"之称。从欧洲、非洲、南亚和太平洋到中国东部沿海的船只也要从这里通过。从大西洋、地中海、波斯湾和印度洋到日本海的船只一般也要经过这里。从台湾向东北渡海，可达日本；向东穿过辽阔的太平洋，可以广泛联系南北美洲；向南可通往东南亚、大洋洲及印度洋各国家。在和平时期，它的作用尚不明显，一旦冲突发生，这种作用就会立刻凸现出来。

为 什么说台湾是"多岛之省"？

台湾省除台湾本岛外，还包括澎湖列岛、钓鱼岛、赤尾屿、彭佳屿、兰屿、火烧岛等 86 座岛屿，被称为"多岛之省"，面积共 3.6006 万平方公里。其中台湾本岛南北长、东西窄，形似一宽长的芭蕉叶。从最北端的富贵角到最南端的鹅銮鼻，南北长约 394 公里，从最东部的新港，到最西部的新社，东西宽约 150 公里，面积为 3.5873 万平方公里，占全省总面积的 90% 以上，是我国第一大岛。次为澎湖列岛，包括 64 个岛屿，面积 127 平方公里。第三为兰屿和渔翁岛，各约 18 平方公里，绿岛、白沙岛各约 14 平方公里。其余各岛面积皆在 10 平方公里以下，有的不足 1 平方公里，且岛上无居民。

为 什么台湾岛及其所属岛屿不管大小都非常重要？

从 1982 年包括我国在内的 117 个国家共同签署的《联合国海洋法公约》来看，这些岛屿虽小，但都非常重要。因为公约规定："岛屿是四面环水并在高潮时高于水面的自然形成的陆地区域。每一个岛屿都可以像陆地一样拥有自己的领海、毗连区、专属经济区和大陆架。"这就是说，大海中每一个露出水面的岛屿，哪怕只是一块石头，也可以为其所属国家带来具有绝对主权的 450 平方公里的领海和具有经济开发权的 13 万平方海里的专属经济区与大陆架。正因为岛屿具有这种数万倍的增值能力，所以涉及岛屿的主权归属，世界各国决不相让。台湾有大大小小 80 多个岛屿，我国当然也不会相让了。

台湾地形的特点是什么？

台湾省的地形从飞机上看，好似一芭蕉叶，南北长、东西窄。从最南边的鹅銮鼻到最北边的富贵角长 394 公里，从最东边的新港到最西边的新社以南宽 150 公里。山地、丘陵占总面积的 2/3，平原占 1/3。有"五条巨龙"之美誉的海岸山脉（又称台东山脉、台湾山脉）、中央山脉、雪山山脉、玉山山脉和阿里山脉五大山脉，蜿蜒起伏，自东北至西南平行伏卧在台湾岛上。构成台湾地形的骨干是位置偏东的海岸山脉，为全岛主要分水岭。山岳高峻雄伟，气势磅礴。高度在海拔 3500 米以上的山峰有 22 座，海拔在 3000 米以上的有 62 座，大都集中在海岸山脉和玉山山脉。它们拦截了东西的水汽，形成了丰富的降雨。丰富的降雨带来了繁茂的植被，把一个在平原上需要南北纵跨数千公里才能看到的各类动植物生态群落，一下子浓缩在高程只有几千米的幅度内，由此可以想见台湾的自然景观密集度是何等之高。最高的是玉山，主峰海拔 3952 米，为我国东部最高的山，也是太平洋西岸诸岛上的第一座高山。冬季，山顶上覆盖着冰雪，晶莹如玉，因而叫玉山。山下浪涛滚滚，远处水天相连，形势十分壮观。岛的西部为平原，由各河下流冲积平原和三角洲组成。主要有台南平原、屏东平原、台东花莲纵谷平原和宜兰平原等，是台湾主要农业区。山地平原间为丘陵地区。主要丘陵有基隆竹南丘陵、嘉溢丘陵、丰原丘陵、恒春丘陵。山间盆地发育，如台北盆地、日月潭盆地等。

除上述五大山脉外，台湾还是一个多火山、温泉和地震频繁的地区。独立于台湾北端的大屯山群，在海拔 1000 多米以上，由几个火山组成，至今还残留一些火山遗迹和温泉。大屯山顶的火山喷火口，深 60 米，直径 360 米，雨季积水成湖，被称为"天池"，是台湾著名的风景区。温泉多分布在台湾南北各地，同台湾山地的断层分布有密切关系。最著名的温泉，北部有北投、阳明山温泉，南部有关子岭、四重溪温泉等。地震比较频繁的地区，主要集中在西部、东部和东北部。西部地震次数虽少，但震源浅，人口密集，往往造成较大的灾害。东部和东北部地震次数频繁，但震源深，又多发生在海里，因此，造成灾害较轻。

随着高山的形成和存在，也造成了很多的河流。总共有 150 多条，其特点是河床坡陡、流量大，瀑布、险滩多。第一条大河是浊水溪，长约 186 公里；第二条大河是高屏溪（下淡水溪），长171 公里；第三条大河是淡水河，长 159 公里。除此还有大甲溪、大安溪、宜兰浊水溪、花莲溪、卑南大溪等，也是比较大的河流。这些河流由于落差大，水流急，为水力发电创造了良好的条件。

台 湾气候的特点是什么？

台湾的气候北部属亚热带气候，南部属热带气候，中部则为两气候型间之过渡气候。全年温度高、雨多和季风性是它的三个特点。

温度高 全年平均温度 20℃～25℃。4 月到 11 月是夏季，历时 240 多天，南部的恒春长达 290 多天，是台湾最热的地方。但是最热的 7 月份，平均气温也不过 27℃～28℃，不像重庆、南京、武汉"三大火炉"那么闷热。12 月到次年 3 月是冬季，2 月最冷，平均气温 15℃左右。和长江中下游地区秋天的温度差不多，看不到北风怒吼、大雪纷飞，到处是日暖风和、郁郁葱葱的景象。南、北两端温差仅在 5℃左右。可是，山区与低平地区气温则有很大差异。随着海拔高度的增加，温度逐渐降低。从平原到高山，海拔每上升 100 米,气温降低约 0.6℃,具有热、温、寒三带并存气候,冬季海拔 3000 米以上的山峰,可见积雪。

总的来说,台湾一年到头都是比较温暖的,很像大陆的春天。"一年常绿,四季如春",正是台湾气候的真实写照。

雨多 因地貌不同和受海风的影响不一样,台湾各地的降雨情况也不一样。北部地区全年降雨比较均匀,东北部地区冬雨较多,中部和南部地区夏雨较多。西南平原地区降雨时间多集中在夏、秋两季,冬、春季节雨量稀少,因而经常发生旱涝现象。平原上的平均年降雨量在 2000 毫米以上。有些山坡地带年降雨量则较多,达到 4000~5000 毫米。其中东北部的火烧寮年降雨量曾达到过 8408 毫米(1912 年)。北端的基隆港每年有 245 天降雨,年平均降雨量 2910 毫米,素有"雨港"之称。

季风 台湾由于处于大陆和海洋之间,因而产生了气候上的季风性。冬季多刮东北风。这种风来自蒙古高原,经过华北转入东海,变为东北风刮到台湾。它原来是干燥的大陆风,经过一段海面之后,变湿润了,因而给台湾带来许多雨水。到了夏季就改为吹西南风,因为它是从热带海面吹来的,也给台湾带来了大量雨水。台湾多雨的现象,就是在这种季风变化之下形成的。从这里可以看出,对台湾有影响的季风主要是东北季风、东南季风和西南季风。

另外,台湾是我国受台风影响最严重的省份之一。每年 6 月到 10 月为台风季节,其中 7、8、9 三个月台风最多。每逢台风侵袭时,就带来暴雨,日降雨量一般在 200 毫米左右。暴雨造成的洪水,常常夹带大量的巨石,摧毁水坝和房屋,切断公路和铁路交通。台湾岛的东北部是台风过境最多的地方,因此受害也最严重。

台湾的铁路、公路、航空和海上交通如何？

台湾的交通比较发达，铁路公路网遍布全省，既快捷又方便。

铁路建设　主干线从基隆经台北、新竹、台中、嘉义、台南等到高雄，全长 408 公里，这是台湾交通的大动脉。加上所有相连支线，共长 1166 公里。在这条大动脉的北头，有宜兰铁路线通到苏澳，南头有屏东铁路线通往枋寮，分别把宜兰平原和屏东平原同西部的工农业中心和游览胜地连接起来。北起花莲，南到台东，长 170 多公里的台东铁路干线，已和从花莲到宜兰的铁路线、与台东铁路和宜兰铁路连接在一起，对改善东部的交通，开发东部的资源、发展东部的旅游等起了很重要的作用。

公路建设　总长 2.0211 万公里，平均每平方公里有公路 558 米，每万人拥有公路 9.5 公里，是我国公路密度比较大的省份。主要公路干线有：东起台东县台东市，西到屏东县枋港的南回公路；北起花莲市，南到台东市的花东纵谷公路；北起花莲市，南到台东市郊的花东海岸公路；北起宜兰苏澳，南到花莲市的苏花公路；从淡水经金山、基隆、福隆、头城到苏澳的北海、北滨公路；从大溪到宜兰的北部横贯公路，从台中县东势镇到花莲太鲁阁的中部横贯公路；从台南玉井到台东县海瑞乡的南部横贯公路；从高雄到佳乐水的南部海岸线；从淡水河的南岸延伸到屏东县枋寮的西部海岸线；从台北沿着台湾山脊西侧边缘地带南下到屏东的台三号公路；从基隆，经台北市，沿台湾的西部海岸地区直到南端的鹅銮鼻，然后再沿东部一直到台北的环岛公路和从基隆到高雄的南北高速公路等。

航空建设　台湾有桃园中正机场和高雄小港机场两个国际机场，还有台北松山、花莲、台东丰年、台南、台中水南、嘉义、屏东、兰屿、绿岛、金门尚义、马祖南竿、澎湖马公、七美和望安 16 个民用机场。航空公司有中华航空、远东航空、复兴航空、大华航空、永兴航空、台湾航空、马公航空、中亚航空和长荣航空 9 家。加上外国航空公司，共有 43 家航空公司经营台湾到各国的航线，其中 9 家航空公司经营台湾岛内的航线。

　　海上交通　台湾四面环海，海岸线总长 1600 公里，海上交通十分方便。早在清同治十年（1871 年），台湾就已有两条海上定期到大陆的航线：一是以台湾的安平为起点，经福建的厦门、广东的汕头到香港；二是以台湾的淡水为起点，经厦门、汕头到香港。以后逐渐增多，但到 1949 年以后，均被台湾当局切断。目前台湾的主要港口有高雄、基隆、东港、淡水、安平、布袋、鹿港、梧栖、后龙、旧港、苏澳、花莲、台东等。最大的港口一是高雄，二是基隆，三是花莲，四是梧栖。高雄和基隆，都是商港、军港和国际港口。高雄水域面积 1650 多万平方米，有深水码头 60 多座，浅水码头 10 多座，码头总长 12 公里，可同时停泊 2000 ～ 3000 吨级的舰船近百艘。

台湾主要有哪些物产？

　　台湾不管是峰峦起伏的高山，风景秀丽的平原，还是茫茫无际的大海，物产都很丰富。主要表现在农产、林产、水产和矿产四个方面。

　　农产　这是台湾经济的重要组成部分，其中的水稻、甘蔗和茶叶，在农副产品中名列前三名，或叫"台湾三宝"。特别是颗粒粗大、黏性比较好的"蓬莱稻"，颇享盛名。主要产地在台湾西部沿海平原地区和东北部的宜兰平原及台东花莲纵谷平原。甘蔗 80% 种植在浊水溪以南的平原地带，年产量 1000 万吨以上，含糖量一般在 14% 左右，最高的可达 15% 以上。茶叶主要产在温暖湿润的西北部地区，最多的是红茶，最好的是乌龙茶，年产量 3 万吨左右。水果品种多，质量好，有香蕉、菠萝、杧果、莲雾、柑橘、荔枝、龙眼、椰子、木瓜、枇杷、橄榄、苹果、槟榔、桃、梨、柿子等 80 多个品种。有"水果之王"之称的香蕉，产量每年都在 200 万吨左右。

林产 台湾的森林面积占全岛总面积的一半以上。树木类型多达 4000 多种，相当于整个欧洲大陆木本植物种数的三分之二。木材蓄积量约有 2 亿立方米。比较名贵的木材有：扁柏、肖楠、樟树、铁杉、油杉、香杉、峦大杉、台湾杉和黄桧、红桧等。其中的樟树每立方米可以提炼 20 公斤樟脑，是举世闻名的天然樟脑产地，樟脑和樟油产量约占世界总量的 70%。早期樟脑主要供防腐与药用，几乎全部销往欧美，少部分供印度宗教仪式使用。在清朝同治九年（1870 年）樟脑出口总量达 224 万磅。随后樟脑发现新用途，可制无烟火药、赛璐珞和烟火，使樟脑出口量大增。在 1886～1895 年的 10 年间，自淡水与高雄两港输出的樟脑由每年 1774 万磅上升到每年 6935 万磅。日本占领时期的1918～1924 年统计，全台共有樟树 180 万株，可制樟脑 1.15 亿磅，奠定了台湾为全球最大樟脑出口地的地位，但也埋下了世界樟脑王国毁灭的悲剧。而今台湾的樟树林早已灭绝，徒留一株位于南投县神木村的"巨无霸"供后人凭吊。

水产 在台湾四周的浅海中，大约有 500 多种鱼，常见的有鲷鱼、鲣鱼、鲔鱼等，比较名贵的有鳗鱼、鲨鱼等。鲷鱼肉实、骨少、味美，为鱼中上品。鲔鱼体大，肉味亦佳，并可生食，是制作罐头的最好原料。鲨鱼的鱼翅，更是著名的海味食品。鳗鱼也是一种名贵的海味食品，畅销许多国家。远洋渔业也较发达。除此之外，还有珍珠、珊瑚和海盐等。台湾有"东南盐库"之称，年产海盐四五十万吨。

台湾出产的兰花和蝴蝶也很出名。兰花分为蝴蝶兰和柏岁兰等100 多种。台湾东南的一个岛屿，就因为盛产名贵的兰花而被人们称为"兰屿"。台湾的蝴蝶有金凤蝶、青斑蝶、皇蛾阴阳蝶等 400 多种，有"蝴蝶王国"的美称。许多地方都建有蝴蝶标本和蝴蝶艺术品加工厂，利用蝴蝶美丽的翅膀制成的山水、人物、花木、鸟兽等蝴蝶画，是一种具有独特风格的艺术品。

矿产　除了石油和铁矿不足外，其他资源都比较丰富，已发现的有 110 多种，如金、银、铜、煤、硫黄、金刚石、铂、铀、锶、石英砂、金红石、独居石，以及锆、钛、钍等稀有金属元素。其中金、银、铜、煤、硫黄等已开采。煤的储藏量最丰富，估计有 7 亿吨左右。金矿也很充足，是我国产量最多的省份之一。

台湾的经济如何？

台湾经济从 20 世纪 60 年代开始，搭上了高速发展的快车。到 20 世纪 80 年代末，已建立起了以轻纺、家电等为核心的支柱产业，成为世界瞩目的"亚洲四小龙"之一。1993 年至 2000 年，省内生产总值由 58194 亿元（新台币），一路攀升到 96634 亿元（新台币），人均省内生产总值 1.2941 万美元。台北市最高，人均所支配的所得为 33.6651 万元（新台币），其次是台中市，为 28.5 万元（新台币），台南市最低，为 22.4291 万元（新台币），其余市县都在 26.5 万元（新台币）左右。在住房方面，私人住宅占 76.8%，平均每户 37 坪（1 坪约为 3.3 平方米），平均每人居住 9.1 坪。房租占家庭可支配所得比率为 18.97%。许多台湾家庭都拥有私家轿车，有的还不止一辆。台北更是繁华之地，街道上车流如梭，各种高档消费场所随处可见。

台 湾的文化教育如何？

　　两岸同胞同宗同文。台湾文化无论从根源，还是从其内容、素质及存在方式和表现形态上，都与中华文化属于同一系统。就其本质而言，是中华文化的重要组成部分，尤其和福建文化更是密不可分。1926 年调查，台湾居民有 83% 是福建人的后裔，另有 17% 的人口来自广东。这些福建人的后裔，80% 都讲闽南话，与福建的闽南话在语音系统上几乎没有差别，声母都是 15 个并且至今不变，保留着唐宋以前古代中原汉语的风貌。唐代福建有了儒学，南宋朱熹在福建创立了理学正统的闽学。明末清初，郑成功收复台湾，闽学由此移植台湾，在郑经统治时期台湾修建了第一座孔庙，福建和台湾确定了相同的伦理和道德观念。在戏曲艺术方面，传自闽南语系区域的台湾地方戏有乱弹、九甲、查媒戏、车鼓戏、七脚仔戏、布袋戏，传自客家区域的有四平与采茶戏，这些戏剧都是福建特有的戏种。台湾歌仔戏，发源于福建漳州的锦歌，但经台湾艺人的加工和发展，成为台湾本土的剧种。台湾的音乐、绘画、工艺美术也受到福建的深刻影响。为推动文化艺术发展，台湾有关部门相继规划设立了"文化资产保存研究中心"、"艺术村"、"传统艺术中心"以及"民族音乐中心"等，主要从事搜集、保存、研究与活动的推广，并经常举办"社区文化研习班"和"社区文艺活动企划人才研习班"等。台湾地区流行佛教与道教，这与中国大陆其他地区是一致的。在风俗习惯方面，主要是福建、广东等地的饮食习惯、节日习俗以及婚丧嫁娶、祭祀祖先等各种礼仪等，如修族谱、选族长、设族田，每年都举行祭祖活动，联络宗族感情，产生了很强的凝聚力。

　　台湾的教育制度分为正规教育和技术职业教育两大体系。正规教育分为"国民教育"、高级中等教育和高等教育三个阶段；技术职业教育分为初等技术职业教育和高等技术职业教育两个阶段。其中私人办学的比重比较大。此外，还有多种方式的业余教育，如夜校、函授以及补习教育等。由于台湾教育事业的发展，人口文化素质得到较大的提高。在6岁以上的人口中，中小学学历者占58.86%，高中高职学历者占15.18%，专科以上学历者占15.32%，位居世界上该项人口统计指标的前列。

台 湾有多少人口和民族？

2004年年底媒体报道，台湾总人口2300多万，人口年增长率约为7.31%。人口主要集中在西部平原，东部人口仅占全部人口的4%。人口密度平均每平方公里为586.83人，台北市和高雄市的人口密度分别已达每平方公里9737人和9606人。台湾总人口中，汉族约占98%，少数民族（即高山族）约占2%，约45万人。根据语言、风俗的不同，台湾少数民族除定居平原已与汉族融合在一起的平埔族外，其余为泰雅、赛夏、布农、邹（曹）、排湾、鲁凯、阿美、卑南、雅美（达悟）9族，也有少数的回、蒙古、满、藏和维吾尔族。台湾居民的省籍比例，本省籍约为85%，大陆各省籍占15%。在台湾省籍中，闽南人约占80%，客家人约占18%，高山族等少数民族占2%，分居全省各地。当局对于少数民族的教育、文化及经济、社会事业都立法予以保障，并扶持其发展。

你 了解台湾的行政区划吗？

清光绪十三年（1887年）台湾正式建省时，辖台北、台湾、台南三府。光绪二十一年（1895 年）为日本侵占。1945 年中国恢复了对台湾的主权后，当时行政区域划分为台北、基隆、新竹、台中、彰化、嘉义、台南、高雄、屏东 9 市和台北、新竹、台中、台南、高雄、台东、花莲、澎湖 8 县。目前，台湾省除台北、高雄两市为"行政院院辖市"外，还有基隆、台中、台南、新竹、嘉义 5 个省辖市和台北、宜兰、桃园、新竹、苗栗、台中、彰化、南投、云林、嘉义、台南、高雄、屏东、花莲、台东和澎湖 16 个县，各县下辖市、镇、乡，各市下辖区。台湾省现有 23 个县、市，45 个区，60 个镇和 226 个乡，各市下辖区。此外，还设有所谓"福建省政府"，辖金门、连江（马祖）两个县。1982 年 2 月，台湾当局把东沙群岛和南沙群岛划归高雄市管辖。台北市是台湾省的省会和政治、经济、文化中心，也是台湾第一大市。

你知道台湾高山族的情况吗？

　　台湾省是我国多民族聚集的一个省，我国各个民族在台湾几乎都可以找到踪迹。不过最早生息在台湾的是人们通称的高山族（日本占领台湾时，称他们为高砂族），历史上被称为"东鳀人"和"夷洲人"，后来改称为"山胞"、"台湾土著族"、"台湾先住民"、"台湾原住民"。这是一个古老的民族。其前身是中国古代的越濮民族。这一民族发源于我国的中原地区，也是黄帝的子孙。后来这个民族向外发展，搬到西南山区的被称为百濮，搬到沿海的被称为百越。百越人民远古时期就学会了航海。他们到台湾的途径：一是在两三千年以前，从祖国沿海经澎湖到台湾；二是经菲律宾群岛等地到台湾。同福建、广东的汉族移民相比，高山族人民到台湾的时间比较早一些。但由于历代反动统治阶级的压迫，高山族社会的发展比较缓慢，有的甚至到现在还处于原始状态，仍生活在贫困之中。据记载，在秦始皇和汉武帝时期，都曾实行过海禁，强迫我国东南沿海地区的居民搬到内地，不准他们和沿海诸岛人民进行联系。这样，孤悬海外的高山族人民，便和祖国大陆人民出现了不同的发展过程。但是他们的族源、文化及生产、生活等各方面都仍和大陆有着千丝万缕的联系，并且从前清时期开始，放弃了原来的"番"姓，改为和大陆移民相同的姓氏。他们有自己的语言和风俗。集体居住的地方叫村社，每一个村社包括若干个不同的家庭和家族。这些村社，分别占有一定数量的土地，外人不能侵犯。

高山族人民居住的一般是茅草顶的木板房，也有的屋顶是用树皮、石板或竹子盖起来的。住在台东兰屿岛上的雅美族人民，到现在还采用挖地穴的办法建造房屋，室内比地面低很多，挖出的土堆放在周围就成为屋墙。他们以芋头、甘薯为主食，平时男子大都只在腰间挂一个"丁字带"，妇女也仅在胸前和腰间系一块方布。随着台湾旅游业的发展，兰屿已成为台湾一个旅游区，一部分雅美族人已摆脱愚昧落后和衣不蔽体的陋习。

高山族人非常尊敬老年人，还很爱喝酒。由于他们经常进行打猎活动，所以特别喜欢自己的猎狗，就像汉族人民重视自己的耕牛一样。

高山族人民也有传统的文化艺术，并特别喜欢跳舞。著名的杵乐，就是他们从生活实践中提炼出来的一种民间歌舞。

高山族人民按其居住的地区分布和语言的不同，分为许多支。定居在平原年代久远，并已与汉族融合在一起的一般称为平埔族，其他分别为泰雅族、赛夏族、布农族、邹族（曹族）、排湾族、鲁凯族、阿美族、卑南族、雅美族（达悟族）九大族群。一共 45 万人，约占台湾 2300 多万人口的 2%，属于弱势族群，但是却是台湾本土文化最典型的代表。这九大族群中前六个族群的居住地多在无法耕种的山区，阿美族和卑南族居于东部平原，雅美族则居于太平洋上的兰屿岛。据此，长期以来，统称这九大族群为高山族，看来也不是最恰当的，但是沿用时间已久也就习惯了。

高山族和其他少数民族一样，也有自己独特的、别具一格的风俗，举不胜举。

台湾高山族主要有哪些节日与习俗？

高山族一般每年有两个主要节日，一是播种节，一是丰收节。后者的规模特别大，相当于汉族的春节。各家届时都要屠宰家畜、酿酒、做糕点等，祭祀祖神，饮宴作乐，一般延续 10 天左右。他们特别崇拜祖先，相信灵魂不灭，认为万物皆有灵魂，灵魂有善有恶。外出时挂菖蒲于胸前，夜间行路涂炉灰于额上，避免恶灵近身。有病用茅叶、鸡蛋、兽牙抚摩患处。还普遍迷信征兆和占卜，常根据征兆决定事情的行止。如日食、月食、彗星出现、鸡夜鸣、犬长吠、蛇出洞、小鸟小兽横道、人被毒刺刮、跌跤、打喷嚏等都是凶兆。高山族人不准当众放屁，尤其在老人面前放屁是要受责备的。儿童的头不许随便抚摩。女人专用的小锹、厨具、织机等和男人的弓箭、农具、武器等不准异性接触。

为什么高山族女性地位高？

高山族的基层社会组织是"社"，若干社集合成一个部族。有的部族里，女性地位一向比男性高，保留着母系社会的遗风。在部族公共事务上，他们的长老、祭司，甚至头领，大都由妇女充任，执政掌权。在阿美族和雅美族里，婚后的丈夫几乎把最好吃的、用的都给妻子享受。妇女们不仅在家中享受主人的待遇，社会地位也大都比男子高。

台湾高山族服饰有什么特色?

　　高山族同胞的衣着服饰最引人注目。他们的衣服主要用麻和棉布制成,又因地区的不同各有差异。但一般男的有背心、短褂、短裤、包头巾、裹腿布和披肩等。女的穿有袖或无袖胴衣、围裙、裤或裙子。妇女还喜欢在衣襟、衣袖、头巾、围裙上刺绣精美的图案。高山族男女喜欢赤足,不论男女都爱佩戴头饰、耳饰、手镯、脚环、项链等。排湾族男子的头冠甚至比妇女头冠更复杂、美观。阿美族人喜欢在衣服的袖、领、下摆镶上细条的衬色花边,腰部系半腰裙、黑布,或以豹牙、毛、贝壳、铜、银、鹿角等制成头饰或耳饰来打扮自己。泰雅族和赛夏族男人,经常在额头当中和嘴唇下施有刺墨,称为蓝记。那刺墨呈纵向条纹状,约有一节小指大小。女人黥面则都从脸庞两边的颧骨刺到嘴角,形成一个 "V" 字形。女人黥面,纹路细而宽者,为高贵;纹路粗而窄者,是一般平民。在身上刺黑的人,高山族比较普遍,其中的排湾族人和卑南族人均有文身的风俗。居住在东海岸边的卑南族、阿美族人,有的男子还有一种烧疤的习惯。而排湾族人和阿美族人则喜欢用鸟尾羽作为装饰。排湾族人常常用两三根鹰的尾羽,插在皮帽的顶端。阿美族人用的是野鸡的尾羽,取其白色者,计20多根,在头上排成扇形,作为头饰。泰雅族人、排湾族人喜欢戴环形帽,有的戴花环帽、碗形藤帽、熊皮帽等。雅美族人和阿美族人的一部分,还常常戴独木笠,利用木头,当中挖空,成为笠帽,用以遮阳、遮雨。高山族同胞出门,不论旅游、出猎,还是捕鱼、赶集等,几乎都随身带着网袋,成为一种风俗。排湾族人的一部分女子盛装外出,时常在肩上挂着一个长足带,一直垂到膝盖下。男子出门也往往有披肩布袋，用来装槟榔和其他用具。泰雅族人、布农族人爱挂用皮革做成的布袋。

台湾高山族"杵舞"是怎么跳的？

高山族同胞性情真挚、豪放，普遍能歌善舞。他们有自己优美的民歌、古谣和神话传说。乐器有嘴琴、弓琴、竹笛和鼻箫等。每逢喜庆节日，同胞们就群集唱歌跳舞。其中"杵舞"是具有独特风格的民间歌舞。妇女们环绕在石臼旁，手持长杵舂米，长杵舂在石臼上发出铿锵的声响，妇女们有节奏地伴以清脆悦耳的歌声，蹈以优美的步伐，简朴动人。

高山族为什么爱用槟榔招待客人？

台湾同胞爱吃槟榔，高山族同胞更爱吃槟榔，尤以年纪大者为甚。如果家里来了朋友或客人，请吃槟榔被视为是一种很好的待客之道。他们认为槟榔树是常青之树，槟榔果是常青之果，是珍贵吉祥的化身。把它献给老人，表示尊敬，祝他健康长寿，长命百岁。送给姑娘，表示爱慕，愿她爱情幸福，美满和睦。送给小伙子，表示祝贺，祝他体魄健壮，勤劳勇敢。送给客人，表示欢迎，祝愿身心健康，万事如意。因此，高山族的村寨，常建在四季常青的槟榔树林里，意在求得它的庇护，消灾祛病。每年槟榔成熟后，他们爬上高高的槟榔树将果实摘下，用腰刀把它切成小块晾干备用。然后到海滩上找来蛎壳，用火煅烧后磨成细粉，这就是吃槟榔时的"作料"了。他们还喜欢用一种称为扶蓉的植物叶子包着蛎灰和槟榔一道咀嚼，那样吃更别有一番风味。据说除了有驱虫的功效外，还有护牙的作用。由于常吃槟榔，他们的嘴都被染得红红的，尤其是年轻姑娘，嘴唇就像涂了一层胭脂，更显得婀娜多姿、妩媚动人。更为有趣的是，在花莲县和台东县一带，槟榔还成为高山族青年男女们的传情之物。按阿美族的风俗，每年的夏秋之交，都要举行一次热闹而隆重的"背篓会"，它被视为阿美族青年男女的节日盛会。他们通过在会上的相互交往，追求纯真的爱情和幸福。每当农历八月十五日来临，月亮最圆最亮的时候，打扮得漂漂亮亮的阿美族少女们，一个个都背着精巧雅致的小藤篓，前来参加"背篓会"。这些小藤篓都是姑娘们的母亲精心地为她们编织的，为了祈求女儿能获得幸福，小篓上还编织了许多美丽的图案，这些图案有着不同的寓意，有的表示吉祥如意，有的表示爱情幸福等。"背篓会"开始时，首先由部落的头人把小伙子和姑娘召集到槟榔树林里，高声地为他们祝福，祝愿每个年轻人都能找到自己的心上人，获得爱情和幸福，使部落能保持繁荣和强大。祝词完毕，小伙子们便高声地欢呼起来，争先恐后地奔向槟榔树，开始摘槟榔了。高高的槟榔树，一般都有十多米高，表皮光滑，又无枝杈，要爬上去是很不容易的。同时还规定，爬树时肚皮不能碰树干，这就要求小伙子有强壮的体格和气力了，这是为了保持民族强壮的体质而采取的一种优胜劣汰的方法。这时姑娘们则聚集在一起，一面高声地呼喊着，为自己的心上人助威加油，一面和女伴们悄悄地评论着小伙子的矫健和勇猛。而小伙子们此时都爬得非常卖力，他们都想在众多的姑娘面前显示自己的本领，以博得她们的青睐。当爬上树顶后，就飞快地摘下槟榔果，装入身上背着的绣有美丽图案的挂包里，迅速地滑下来向姑娘们跑去。姑娘们看到小伙子跑过来，便哄笑着跑散开了。然而小伙子早已暗暗地选中了心上的姑娘，于是向着自己的意中人追去。这样，姑娘在前面跑，咯咯的笑声似银铃般悦耳；小伙子在后面追，气喘吁吁而又幸福无比。当小伙子追上姑娘后，就将槟榔投入姑娘的背篓中，此时姑娘便放慢脚步，微笑着细细地打量着追逐者，如果发现不是自己看中的小伙子，便会歉意地一笑，摆摆身子，耸耸肩，把篓里的槟榔抖出来，笑着跳着跑开了。如果是自己的意中人，便会停下来手牵着手，低声地交谈，相互倾诉自己的爱慕之意。如果双方情投意合，姑娘就会掏出自己精心绣制的荷包，送给小伙子，以表达自己真挚的情意，然后他们手拉着手，走进槟榔树林里，互叙衷肠，表达自己对纯真爱情的追求和对幸福生活的向往。这样的活动，往往通宵达旦，直到天亮。

高山族"笼子"幽会是干什么的？

在台湾山区一些参差错落的村寨里、修竹茂林之中，经常可以看到构筑着式样别致的独立小屋，这就是高山族青年男女夜晚谈情说爱、进行幽会的"笼子"。当姑娘长到十五六岁，成为一个亭亭玉立、妩媚动人的少女时，她的父母就要为她精心构筑一间小屋——"笼子"，让她独居，这意味着姑娘已经长大成人，可以参加成年人的各项活动，也可以结交男朋友了。于是，这间"笼子"就成为青年男女在一起谈情说爱、相互交流感情的地方。每当夜色笼罩大地，月儿从树梢上升起，山寨沉浸在一片宁静之中时，年轻的姑娘和小伙子们，心中就像暴风雨中的日月潭一样起伏翻腾，热切地期待着那激动人心而又难忘的时刻来临。住在"笼子"里的姑娘，早早地点起了松明灯，将火塘的火烧得旺旺的，屏声息气，等候着心上人的到来。而高山族的麻达（男青年）则换上了干净整洁的衣服，打扮得像新郎似的，趁着月光，悄悄地向"笼子"走来。按传统的规矩，到"笼子"里与姑娘相会的麻达是不能敲门的，那样被认为是不礼貌，没本事，姑娘会瞧不起，永远也不会开门。眼看心爱的姑娘近在咫尺，却不能相见，可真是终身的憾事。但这难不倒机智聪明的麻达，只见他从怀里拿出小巧精致的嘴琴含在口中，手儿轻轻地拨动，于是一阵阵悠扬动听的琴声，伴着清风，飘进了"笼子"里。这琴声是在告诉姑娘，麻达已经来到了。麻达围着"笼子"，嘴琴吹了一曲又一曲，然而"笼子"的门往往却依然紧闭着，一方面是出于姑娘的腼腆，另一方面也是姑娘在有意地考验着麻达。麻达当然是经得起这点考验的，他会毫不灰心地鼓足劲一遍又一遍地吹着嘴琴。悦耳的琴声时而如山泉般淙淙作响，时而如花间双燕私语呢喃，一声声地打动了姑娘的心弦。姑娘终于打开了门，满面春风地把麻达迎进屋里。"笼子"里火塘火光熊熊，映红了姑娘和麻达的脸，他们围炉而坐，一面烧烤着花生和芋头吃，一面轻声地交谈，相互表达对真挚爱情的追求。随着感情日益加深，心中的激情如烈火越烧越旺，麻达会禁不住放开歌喉，用低沉雄浑的歌声，倾诉对姑娘的爱慕；姑娘用水灵灵的双眼看着麻达，也深情地对唱起来。双方你唱我和，歌声把两颗心紧紧地连在一起。这样的幽会，通常持续到鸡叫头遍，他们才会分手。这时，麻达常从贴心的胸袋里掏出槟榔送给姑娘，姑娘则将自己精心绣制的烟荷包送给麻达，双双依依不舍挥手惜别。经过一段时间的"笼子"幽会，男女间情投意合，便可以告诉双方的家长，把婚事定下来。

阿美族有什么特点？

　　阿美族古称"阿眉族"，"阿美"乃北方的意思，由于大多数人居住在平地，因此也称为"平地山胞"，主要分布在立雾溪以南的东台纵谷和东海岸平原，包括台东县的东河、池上、关山、长滨、成功、卑南、台东市，花莲县的新城、吉安、寿丰、凤林、光复、丰滨、瑞穗、玉里、富里及屏东县的牡丹、满州等，共 19 个乡镇市，13 万多人，是高山族中人口最多的一个族群，也是典型的处于母系社会的一个族群。妇女往往是家庭中最重要的人物，在亲族社会中有绝对优势的地位，家中重大决定均由母亲作出，家中土地和财产均由女性来继承，结婚时采取招赘方式，男子始终处于从属地位。但是妇女的权威仅止于在家族中而已，当有重要庆典、祭祀或对外的活动时，还是由男性代表。头目也大多是男性。

阿美族人的服饰，女孩子几乎都是以鲜红色为代表，衣服上并没有特殊的图腾，多以素面为主；男孩子的服饰则更简单，一律都是短裤，赤膊。以红色为代表色，在原住民族群中，阿美族人属于鲜艳活泼族群，因此在歌舞表现上，也相当热闹，而在举手投足间也表现出阿美族人乐天知命的个性。

阿美族人的宗教信仰，在基督教尚未大举进入之前，每一个部落都有一位专属的巫师，针对部落中的大小事情，例如出征、出海捕鱼、一年的收成，甚至家中的事故等，都借由巫师的一套卜卦方式，来决定事情的结果。可以说族人的生老病死都和巫师脱不了关系。传统巫师也帮助族人驱魔、消灾和治病。但是随着基督教及天主教的传教士进入阿美族的社会后，阿美族人也渐渐放弃了传统的宗教活动，改信耶稣，尤其是基督教告诉族人不得祭拜后，更使传统的祭祀和信仰流

▲ 阿美族成年祭（独木舟下水）

失。不过，1983 年以后，在阿美族人自己的觉醒和有关部门的协助下，每年都举办阿美族人最重要的庆典活动"丰年祭"、"播种祭"和"捕鱼祭"，才又重新唤回属于阿美族人自己的文化，并让现今年青的一代了解到以前的传统信仰和生活方式。

阿美族人和其他高山族人一样，每一个部落都有属于自己的酋长和头目，但是阿美族的社会阶层的划分并非相当严格，主要原因可能是每一个部落的头目并非世袭而来，而是由全体族人共同选举推出一位深孚众望和受敬重的人来担任，可以说是人人都有机会。经推选出来的头目在部落中具有相当的权威，除代表部落和其他部落来往外，部落中的任何纠纷他都有裁决权，族人也必须对头目的决定予以尊重。然而在时代不断的进步下，现在的头目仅有象征性的地位了。另外，阿美族在传统文化的传承方面，由于没有自己的文字，跟其他的高山族一样，也是以口语相传方式传承下去，不少神话故事就是族中耆老以说故事方式告诉小朋友后流传下来的，例如海中龙王就是保佑族人出海捕鱼满载而归的神，他们相信在冥冥之中都有先祖神灵在周围保护他们。

鲁凯族有什么特点？

鲁凯族全族有 1 万多人。其社会组织采取的是一种社会阶层制度，建立在土地制度和长男继承上，土地所有权的获得也是靠长男继承。鲁凯族的社会阶层共分三层：一是贵族、特权阶级，成员多为地主的近亲；二是士，社会地位低于贵族，高于平民，其长子为士，余嗣为平民；三是平民，是地主三从以外的兄弟，有些是地主的远亲，有些是无关人员，大部分都是佃农，社会阶层最低。在贵族中，只有头目才可以在住屋入口的檐桁上，雕刻有蛇、鹿、人头等花纹。且住屋的面积也比较大。室内正堂迎门的

▲ 鲁凯族的妇人与小孩

柱上有人像雕刻，宅前有司令台。妇女的织布和编篮、男人的木雕艺术，非常优秀、细致。尤其是木雕技艺优异的男人，在部落中最受人们的尊重与爱戴。琉璃珠为他们重要的装饰器物，祖灵瓮是他们重要的礼器。鲁凯族人不会制作琉璃珠和陶瓮，这些器物都是从他们的祖先一代一代地传留下来的，所以他们很注重和礼载这些器物。

鲁凯族人传统的图腾分别为灵卦、守护神、伙伴（百步蛇）、瓮、圣人（人头像）五大种，并以图案显示在木雕、石板、墙壁及住房上。尤其在黑陶壶手工艺品、头饰、服饰中也会出现其不同的图腾，表现族群不同的阶层、身份。百步蛇是族里传说的祖先，所以他们将百步蛇的图案视为族灵的一种象征，运用在家屋的族灵柱，檐桁、门扉等的木雕，身体的刺青、衣服的刺绣以及其他生活器物上。

基督教尚末传入鲁凯族群时，鲁凯族人的传统信仰系属"多神"，分别是天神、宇庙神、太阳神等。平时就在自宅前朝天膜拜，丰年祭时，族人就聚集于活动广场，由大头目带领朝天膜拜，或以传统的山地歌舞朝天膜拜。自基督教传入鲁凯族群后，族民大部分转变为信仰基督教，对传统"神"的信仰已渐式微，改以基督教"祷告"的仪式。唯祭拜祖先及丰年祭的传统习俗尚保存，并于每年的农历八月中旬举行，借以阐扬该族群的文化精神。在祭典仪式上，男子身上通常均披挂番刀，其刀柄、刀鞘上刺满了百步蛇图腾和人形纹，或饰以银铜钉片。另在头饰处可见到鲁凯族人的另一个标志就是佩戴百合花。百合花是鲁凯族的族花，戴在头饰上是象征高贵和无上的荣耀，族人对于百合花的敬爱已提升至精神意义，甚至也代表了族群的社会秩序与伦理。

鲁凯族传统的经济生产方式仍以农耕为主，从烧垦到定耕。主要作物是谷子和芋头（旱芋），其他的有树豆和甘薯。芋头收成后，以火烤干加以储存，可供一年的消费。其次的生产有狩猎、畜养和山溪捕鱼。这些地方大都位居高山峻岭，丰富的鲁凯族风情，保存着固有山地文化特色，蕴藏了独特的旅游产业资源。但由于族人收入极有限，且社会资源缺乏，为了工作、就业、求学等谋生需要，人口严重外流，尤其数鲁凯族部落及人口数量最多的屏东县雾台乡，目前一所初中、高中都没有，仅存的一所小学，校本部及大武分班加在一起，学生才 70 位。

卑南族有什么特点？

清康熙六十一年（1722 年）担任巡台御史的黄叔敬在他的《台海使搓录》上，称卑南族为"卑兰觅"，其族人的活动范围大致不超出台东平原，也就是现今台东县卑南乡的利嘉、泰安、初鹿、龙过脉、阿里摆、下宾朗村及台东市的知本、建和、南王和宝桑村，每个村都是一个部落，总人口 1 万多。他们虽然有共同的语言和风俗习惯，但每个部落都是独立自主的政治单位。部落与部落间，可能因一些小的纠纷引起仇杀或袭击；但在某些方面却以另一种方式

▲ 卑南族女巫祈禳

连在一起。在环境上，东北接马兰社的阿美族，西面有东鲁凯族的大南社群，南邻太麻里的排湾族。在他们的系谱上偶尔也会有和阿美族人或排湾族人发生婚姻关系的。

卑南族人的来源有"竹生"和"石生"两种说法，以知本（村名）为主的部落较趋向主张来自"石生"的传说。部落采取了山田烧垦的游耕，以石材建屋，人出生和安葬都在石板屋内。而以南王（村名）为主的部落则相信"竹生"的传说，其向平原发展并采取定耕，以竹子和茅草建屋，人出生与人生活或安葬也都在竹屋内，这也显示出卑南族族群的复杂性。可是他们都有巫师，相信巫师能与鬼神沟通却是一样的。他们有关个人生命礼俗的各种祭祀都由巫师来主持，家庭对祖先的各种祭祀也经巫师之手。巫师祈禳作法都在灵屋举行。卑南族人据说每一世系或氏族都有一间灵屋，所以在部落中常见到许多灵屋分散各地。灵屋以往为住房，现在则专作祭祖灵的处所。巫师所施行的巫术主要有普通巫术和特殊巫术两种：普通巫术用在一般的祭典、葬礼或为人消灾祈福上；特殊巫术则又分为白巫术和黑巫术两种，白巫术为人消灾祛病，而黑巫术则专门害人。

卑南族人最特殊的祭典一是猴祭，二是感恩海祭。猴祭即由10～12岁的少年用尖尖的竹竿，将绑在竹架上的猴子血淋淋地刺死，借以训练少年的勇气和胆识，让少年亲身体验割裂不舍的心情感受，进而能理智地面对现实，在当断则断时避免犹豫而丧失先机。因为现在重视动物保护，而改为多以草扎的猴子代替。祭猴结束后，族人展开4天的"大猎祭"，届时部落男子集体上山狩猎，所有族中成年的男子都要参加，前往山上的猎场进行三四天的野外生活训练。部落里的妇女则在家中忙着编花冠、准备食物，以及协助搭凯旋门，迎接猎人的胜利归来。族中的男人返回后，进行成年礼与舞蹈庆祝。如今卑南族人仍相当重视猴祭和大猎祭等传统祭仪，每年均盛大举行，让该族的传统文化能继续传承下去。感恩海祭每年 7 月在海边举行。关于海祭的由来，相传是这样的：卑南族的祖先"的马拉少"为了寻觅可以当食物的植物，一天乘船来到了太平洋上的兰屿岛，其间爱上了雅美族的姑娘"代班"，并娶她为妻。但他不忘到兰屿的目的，在不断寻找下，果然发现岛上有一种珍贵的主食——小米。由于当地规定不允许将小米种子带离兰屿，对种子的管制相当严格。他多次携带均被发现而告失败，最后"的马拉少"灵机一动，试着将种子藏在自己的下体包皮下，才将小米种子顺利引进住地及台湾本岛。感恩海祭就是为纪念"的马拉少"而设的。每年 7 月，族人在长老率领下来到海边，以小米酒和槟榔遥祭。祭典简单隆重，只有族中男子才能参加，当天下午在少年会所广场进行摔跤比赛。

卑南族在社会组织上，属于年龄级型，有小孩、少年、青年、壮年和老年阶层组织，但却不像阿美族那样划分严格；有自己推选出来的头目，但其地位也不像排湾族那样崇高，而且土地的管理也不属于他们。会所是整个部落公共事务的推动中心。组成会所的成员理论上是本部落的男性青少年。会所分"青年会所"和"少年会所"，是年龄阶层的养成教育场所，也是军事组织中心和部落财产单位。

卑南族在亲属组织上则是以血族型认亲法则为基础，而受长女继承的影响。血族型认亲法则的特性是：父母双方的亲属完全相等，子的后裔与女的所生也是完全相等亲疏地位。因为受长女继承的影响，长女继家招夫，实行从母从妻居，次女以下的女性虽然婚后另行建家，过核心家庭生活，但次女以下的女性初婚时，必须先与长女居住一段时间，直到生下第一胎后，始另行建屋。建屋材料、人工都须由长女供给。如此使长女在与双亲和同胞姊妹间的关系较为密切，而在第一等亲属的范围内，女性的地位较为优越；超出这个范围，男女两性在亲属地位上是相等的。

卑南族人性格较为开放，与其他民族接触融洽。在文化上受汉文化影响深远。他们通过汉化而逐渐走向现代社会。

排 湾族有什么特点？

排湾族由两大系统组合而成，一是拉巴鲁系，属屏东县三地门和高雄县茂林。一是布兹鲁系，包括东排湾的台东县达仁、金峰、太麻里、大武和卑南等，北排湾的屏东县玛家、泰武和来义等，南排湾的屏东县春日、狮子、牡丹和满州等。涵盖区域北起大武山以南，西至隘寮至枋寮，东到大麻里以南，均在海拔1500米以下，而以100~1000米的浅山为主要分布区。总人口6.3万多人，仅次于阿美族和泰雅族，为台湾高山族中的第三大族群。他们传统的生产方式，以山田烧垦为主，兼事狩猎畜养和山溪捕鱼。生产的目的除自用外，一部分作为交给贵族的租税。小米、肉类、槟榔、芋头等也习惯作为交易品。农作物以小米、芋头为主要粮食作物，其他还有花生、树豆、甘薯等。芋头以火烤干后加以储存，可供一年的消费。狩猎是男人的工作，与畜养同为肉类食物的主要来源。狩猎分团体狩猎和个人狩猎两种，但在观念上猎物属于某几家贵族所有，因此猎获之物必向猎场所有人交纳猎租。他们都拥有制作小米糕、奇拿富、腌肉和抓溪中鱼、虾的好手艺。每当族人家中办喜事时，亲戚朋友就会自动上门帮助制

▲ 排湾族妇女在舂米

作以酸酱菜叶包制的奇拿富，并挨家挨户分享喜气，共同食用。碰上大型祭典节日，还会以特有的小玉米酒待客，其中使用最有传统意味的交杯酒杯，酒杯用木头雕刻而成，有两个连在一起的饮酒口，也被称为鸳鸯杯，外头雕刻许多图腾，看来非常精美。但在热情族人一次又一次敬个不停之下，往往是不醉不归，使得不胜酒量的贵宾不得不临场想出脱身之计，否则必会醉得不成人形，这是最可爱又最可气的待客之礼。

排湾族和其他高山族一样，也没有属于自己的文字，流传下来的文化极为稀少，完全靠口述相传，造成许多文化史迹有诸多不同的传言，成为一大遗憾。但是他们最拿手的山地舞，最擅长的雕刻技艺，最注重的丰年祭活动和五年祭活动，却都一代一代传了下来。山地舞步伐简单，有固定旋律，只要音乐一响起，每个族人不管男女老少都会跳起来。另外，还有激烈的勇士舞，整个舞姿摆出战斗步伐，显露勇敢出征的精神，很有振奋人心的作用。排湾族人擅长木雕、石雕和织布（织绣），其中木雕和织绣的图形与技巧非常细致，其细致程度和图形的不同与其严密的社会阶级制度有关。除房屋梁柱、门窗、墙壁上的雕刻外，生活用具如木皿、谷筒、织布机、蜡版、连环、木盾、巫箱、刀、梳子、匙等上面都有。编竹用具也是生活上重要的器具，如各式篮、盘、盒、雨具等，也非常精致。青铜刀、古陶壶和蜻蛉珠为排湾族的三大宝，这是该族贵族阶级视为无上珍贵的家传宝物，其制作方法和来源已不可考，只知道是祖先传下来的，为社会阶层贵族家世的象征，在民俗艺术价值上也有很高的评价。织绣色彩以橙、黄和绿为主，南排湾族还增加红、黑等两色，各有独特风格，但其图案离不开该族图腾中经常可见的百步蛇和人面等，不过这都是头目级领导人物即贵族的专利品，平民不能随便使用，族人极为忌讳。特别是贵族中的地主，拥有农田及宅地，可享有特权：有税收，如土地税、猎税、山林税、水源税等，文身的花纹为整个人形；家名、人名与平民不同；住宅、房子较大，门楣上有蛇、鹿、人头等雕刻花纹；室内正堂迎门的壁上有人像雕刻，宅前有司令台等；婚前有与其他未婚女子同居的权利；可穿豹皮衣。地主的近亲可免租税，其他装饰近似地主。边缘贵族与士社会地位相似，但边缘贵族有贵族之名无贵族之实。其权利仅在刺墨的纹样与人名方面与平民不同，其他和平民一样，是靠自己的劳力赚取生活上的物质和精神所需。丰年祭活动，排湾族都称为小过年，届时各部落都有传统技艺竞赛，并以狂欢式的山地舞收场。五年祭活动，在排湾族最为盛行，每五年轮流举办一次，屏东县来义乡古楼村是典型部落。由于有巫婆作法及迎鬼神的神秘意味，在族人崇信基督耶稣之后，认为不能再有信奉第二个神的意念，丰年祭逐渐受到排斥。这种祭祀活动在南排湾族只有少数部落尚风行不断。实际上丰年祭才是被正式接受的一种祭典活动，但又止于文明的活动。

排湾族长期以来面对着与平地人生存竞争的恶劣环境，无奈，只好背井离乡外出找寻奋斗天地，有些已闯出成功的一片天，有的仍浪迹天涯，流落他乡。目前，部落内只留下老弱看管小孩，守护着山坡地上的农作物，经济未曾有所好转。一般族人没有经济观念，不会想到储蓄，只知道赚多少就花多少，过着没钱再作打算的日子。

泰雅族有什么特点？

泰雅族包括泰雅亚族和赛德亚族，清代文献称其为"大么族"和"纱绩族"。泰雅族名，意思是真正的人，勇敢的人。主要分布在台北县乌来乡，桃园县复兴乡，新竹县尖石、王峰二乡，苗栗县泰安乡，台中县和平乡，南投县仁爱乡，花莲县秀林、万荣、卓溪乡，宜兰县大同、南澳乡，共8县12乡，总人口8.4万多人，是台湾高山族中第二大族群。

传说泰雅族的发源地是在南投县仁爱乡发祥村瑞岩部落附近。泰雅族人在传统信仰中养成了祖灵崇拜的习惯，他们相信祖灵主宰一切，而祖灵庇佑子孙的条件是所有族人都必须遵守祖先所留下来的习俗、教训和规范。

▲ 泰雅族丰年祭

泰雅族人除了祖灵崇拜举行祖灵祭外，还有播种祭、收获祭等大小祭祀活动。祖灵祭充满灵圣的气氛，但播种祭与祖灵祭的方法有所差别。也有祈祷丰收的祭典，祭司在各户的家长面前举行庄严的祭典并宣读祭文。收获祭分为粟的收获祭和小麦的收获祭等不同的名称，但都是表达对丰收的满足和喜悦。全部由祭司主持。祭司多由头目担任，但有些地方则由有势力的人或特殊的精神人物担任。他们既信神又怕鬼，既勇猛又胆小。为了避邪，还养成了一种"黥面"的特殊风俗。黥面就是用刺针在面部刺出色彩复杂的花纹。男子在前额和下颌中央刺纵带纹1条或数条，女子在前额中央刺纵带纹3～5条，或以中央纵带纹1～3条的两侧，作短带形平行横纹，全纹构成十字形，或两颊自耳根至两唇中央，斜刺带纹2条，交于两唇中央至下颌上部，再抹上煤烟，这样一面刺花纹一面抹煤烟，反复进行，通常需要1天，有的甚至需要一个星期，一直到他们认为完美为止。关于黥面的由来，说法很多，

33

但主要意义是为了避邪气，并且死后还可以和已死去的亲人会合，当然也是为了美丽和英俊，也是一种"种族标记"，是社团或吸引异性的成人象征。而家里死了人，则像"叶公好龙"，又会把旧房子遗弃，另觅新宅。就连穿衣服也不入时，更不赶时髦，因为他们有一种说法，"恶"最怕红色，所以将衣服染成具有吓鬼作用的暗红色，后来多采用红毛线夹织衣服，也是相同的道理。衣服的前面大多织成单一的菱形花纹，象征祖灵的眼睛，具有保护作用；背面则常用较复杂的花纹来吓阻恶鬼。但最贵重、最漂亮的是礼服，只有头长、族长或勇士才可以穿。

泰雅族也不是一切都守旧，或者说落后，严守一夫一妻制却是应该受到肯定的。他们规定，族内不允许重婚，同姓、近亲之间也禁止通婚。无论哪一个部落都视婚姻外的情感为罪恶，对于未婚男女的私通，都采取严厉的制裁手段。但他们也举行抢夺新娘的仪式。他们偏爱男孩，可是对女孩子也一样爱护。

邹族有什么特点？

邹族在早期的文献里称为"曹族"，日本人称之为"阿里山番"（指世居阿里山的邹族），但该族人认为此译名与他们的族语原意有误，而于1999年要求正名为"邹族"。该族分为三个语言群：阿里山群（邹语）、四社群（沙河鲁阿语）和简仔雾群（卡那布语）。主要分布于玉山两侧，高雄山地的卡那布与沙河鲁阿，包括嘉义县阿里山乡、南投县信义乡和高雄县的三民乡、桃源乡部分山区。总人口6200多人。其生产方式以山地耕作为主，兼以狩猎、捕鱼及饲养家畜为辅。狩猎曾一度为主要生产，至今狩猎在祭仪中仍占有重要地位，但由于受限于保护野生动物观念的兴起、森林公园的设立、猎物的减少等因素，已少有人以打猎为生。

农作物以小米、旱稻、李、梅、桃、生姜、甘薯为主，其中以竹笋为生产大宗；较特殊的作物有香菇、板栗、棕榈、油桐、山茶、爱玉子等；嗜好品有粟酒、薯酒、竹筒饭与烟草。生活比较简朴，或者说是比较艰苦，但非常重视祭典和人人能歌善舞却是一大特色。

重要祭典有小米祭（即丰年祭）、马雅斯比祭、粟收获祭、年终大祭、成年礼等，主要为祭战神，而是否举办及何时举办，均由长老和头目聚会决定。丰年祭每年8月15日或2月15日起举行3天，视收获情形，一年举行1次或2次；依传统习俗规定，必须在会所举行。会所平时为青年训练与部落守卫中心，凡成年的未婚青年都要住宿会所。阿里山达邦会所为一座木造房屋，房前有一棵大榕树，被视为神树，祭仪包括象征性的敌首祭、家族团结祭、路祭及建祭，统称为丰年祭。参与者皆盛装出席，以戴花入场、砍树枝除罪恶为序幕，展开一连串虔诚的仪式，最后以最吸引人的轮舞作为结束。歌舞时无性别种族之分，只要有兴趣者，皆可下场狂欢，将整个丰年祭带入最高潮。

马雅斯比祭一般在外出取得重大成果凯旋时，男子兴建或修建会所或大丰收时举办。演变迄今已成为丰富的综合性祭典，内容包括迎神祭、男婴初登会所礼、成年礼、送神礼、妇女引火祭、家祭、歌舞祭等。祭仪必备的祭品有圣火、山猪、米酒、木槲兰（邹族神花）、赤榕树（神树）、树皮签条、糯米饭、茅草等。参

▲ 邹族迎神祭

35

与人员则必须着盛装，包括皮帽、禽尾羽、腰刀、枪、矛、皮套、山猪牙环、头饰等，氏族长老则另佩戴臂铃。最吸引人的歌舞祭一般要进行 2~3 天，有时也邀请游客加入同乐，但因游客参加会破坏祭典的神圣性，曾经被拒绝参观，不过顾及游客带来的经济效益，开放参观的时候还是比较多的。祭典均由特富野和达邦两大社轮流举办。地点在邹族圣所库巴（男子会所）或称为公廨的会所，妇女和游客不准进入，因为库巴是政治、文化及信仰中心。库巴的茅草屋顶种有木槲兰，柱子蛀蚀后另加新柱，旧柱仍保留，以示传承不息。内有火器、圣物神柜和装敌人首级的敌首笼。库巴前的圣树是战神来去的天梯。

邹族的传统歌舞经十几年来有系统的整理改编，已经有丰硕的成果。阿里山乡每一个原住民村都组织有歌唱舞蹈团，在祭典和各种活动场合应邀演出，也曾到大陆及外国演出，颇受好评。以原住民子弟占多数的香林国中也有专门培训教习，是邹族文化的精华，唯因年轻人多往都市谋生，歌舞队的成员年龄偏高。这其中最重要的创作是歌谣，他们独钟于瀑布的声音，族人前往学歌的瀑布有发安、彩红、神秘和里佳瀑布。因其古歌谣旋律起伏形式和多音性质，确像飞瀑和山林形成的特殊共鸣，令人荡气回肠。以马雅斯比祭中最特殊的迎神曲和送神曲最为典型，所用的几乎都为延长的母音，有人猜测这是邹族的古语言，至今仍保留有原始特色。且原始歌谣多以词、乐、舞合一的方式呈现，如果不是边唱边舞就唱不出来。歌舞队应邀演出可以得到些许车马费，但不足以养家糊口，平常仍要投入农耕，或从事邹族之特有工艺——鞣制皮革，以及从事竹编手工艺等。

邹族的社会组织是以父系氏族为构成单位，而定居在一个固定地区的地域团体，其中心部落称为大社，为最先形成的聚居单位，以会所为其组织的中心。由于耕地的扩展，自大社移民到新开拓地建立的部落为小社。部落的管理以长老会议为首，长老会议中最大氏族的长老为头目，是部落会议的召集人，一切重要部落事务皆由部落会议来通过决定。部落会议的执行命令则由各氏族的族长来执行。社（部落）有社神，即为土地神。粟收获祭后有一个年终大祭，在会所广场赤榕树下举行，故此赤榕树即为社树，平时禁止接触。

达悟族有什么特点？

达悟族居住在台湾本岛东南方西太平洋上的兰屿岛，隶属台东县兰屿乡，共 4900 多人，分布于 4 个村 6 个部落，即红头村的红头、渔人部落，椰油村的椰油部落，东清村的东清、野银部落和朗岛村的朗岛部落。

达悟族即"雅美族"。最近几年，他们拟以"达悟"取代一向沿用的"雅美"，但由于当地人尚未达成共识，故其正名的工作仍在进行中。

达悟族人在兰屿岛上居住的环境是背山面海、坡度不大的山坡，村落四周有广大的水芋田和旱田。各家住宅紧密相连。主屋沿着微倾的山坡建筑，依山坡的高低挖成阶梯式的地面，并将挖出的土壤置于房屋周围，因此从外面看，只能看到屋顶的一部分。主屋的前侧是工作房，盖在地面，有地下室，作为堆积杂物使用。另一侧是凉台，在适当的地方盖产房和小米仓库。产房也为祈福小屋，主要为新人结婚而尚未分家独立前的住房。通常建于主建筑屋的附近，建筑物为矩形的小规模家屋，一个出入口，内有板床及炉灶等简单设施。婚后若生下男婴，则在产房外用一根竹竿绑一条细麻线，线端绑一只小螃蟹插于屋外为记号。主屋前空厅铺卵石，石缝间植马尼拉草，厅内竖立有 2～4 块大石头，作为休息时靠背用，并搭有晒鱼肉架。房舍的四周用卵石堆砌成石墙，石墙上面即作为行走的道路（他们将道路分为日常行走的与出葬、捕洄游鱼季进出的道路两种）。墙壁石缝种植四季常青的越橘、叶蔓榕、雷公根或台湾天胡荽，沿墙攀生，非常美观。他们在自己制造的器物、工具上加以浮雕装饰，使其具有超过使用的观赏价值。他们有季节、月份的工作分配，按年龄长幼分工合作，担任不同的工作。成年男子从事开垦田地、造船捕鱼、建屋、编笼、冶金、制陶等工作；女性则从事照顾田地、采收芋类、炊事、纺织等工作。制造金片项饰、银盔及以小叶桑木栓接合船板等高级技能的工作，都由技术纯熟、经验丰富的老人承担。这种老人受大家敬爱，而常常被推举为管理水渠、领导集团播种小米、督导族人遵守规律捕鱼等工作的负责人。

根据兰屿当地的口传历史，达悟族源自菲律宾的巴坦群岛。据语言学、考古学、民族学等方面的专家调查，达悟族和巴坦群岛上的居民现在语言上仍能沟通。许多出土的考古文物，如瓮棺葬、玻璃珠等，也都证实了两者之间有密切的关系。物质文化方面，两者更是几乎无法明确地分辨。

达悟族人的社会组织，在亲族结构上的基本观念是父系世系群，在居住、土地所有、使用和生产有关的组织上也是父系群；但在婚姻禁忌、工作互助、馈赠分配、血仇责任等参与关系时，他们又运用双系血亲法则。他们有村社单位，却无统一的权威（即无头目），但他们有许多自然的社会调节和社会控制制度，如敬重老人、财富竞赛、集体责任与禁忌等。财产经济观念也很强，一方面用馈赠、分配、宴食等方式调节经济；另一方面用禁忌、标记和集体享用、分配等方式保证公私所有关系。在婚姻方面，实行严格的一夫一妻制，认为胎儿是由父亲的精子和母亲的经血结合而成，怀孕期间丈夫必须与妻子共同遵守一些特定的禁忌，以确保胎儿平安顺产。孩子的出生稳定了夫妻婚姻关系，并提升其社会地位。一对新婚夫妻在妻子分娩时就另搭小屋，与父母分居，另起炉灶而食，同时成为一个独立自主的家庭个体。

达悟族同胞在接待岛外的来客时，有时使用一种自古相沿的奇特礼节——点鼻礼。这种礼节就是客人上岸后，部族的长老在手举火把的人群中，以亲切温和的姿态，用自己的鼻子轻轻地摩擦客人的鼻尖片刻，然后再发表欢迎词，以示对登陆来宾的友好感情。

兰屿是台湾少数几个尚未被污染的地方之一，也是保留先住民传统文化最多的地方。爱好和平、乐天知命的达悟族，他们在兰屿这个四面环海的环境中，创造出了生命的光辉，表现出了人性的伟大。

布农族有什么特点？

布农族在清代文献里称为"武仑族"。"布农"亦为"人"。最早住在台湾西部平原，原有峦社群、卡社群、丹社群、卓社群、郡社群和兰社群6个部落。目前主要分布于南投县仁爱乡、信义乡，高雄县三民乡、桃源乡，台东县海端乡、延平乡，花莲县万荣乡和卓溪乡，共4县8乡，总人口4万多人。

布农族人生活居住地域很广，大多沿溪而设。布农族人居住地海拔高度都在100～200米之间，甚至有少数住在2000米以上，又因农耕地分散关系，其聚落分布不很集中，有的住屋和住屋之间的距离也很远。其住屋颇有特色，平面配制多为矩形或狭长矩形。入口开在横向长边的中间，室内前面三分之一部分，也就是入口两侧都是床铺，中间为走道，内面三分之一狭长部分为谷仓。若家中人口太多时，谷仓的两侧或单侧再加床铺。在谷仓与床铺之间的走道末端，各设有炉火一处。在海拔较高或粘板岩建造的

▲ 布农族打耳祭

住屋，室内高度比室外稍低。室外有一前庭，也叫"内厅"，是生活饮食和家人去世后埋葬的地方。布农族人从出生到死亡之间有许多的祭典及禁忌，丧葬祭就是其中一种。传统的葬礼，布农族人会在死者断气之前用绳子予以捆绑，然后将呈坐姿的尸体移至墓穴，尸体的头部朝西，而家人在 5 天的守葬期间，不能吃糖、盐、辣椒、花生等食物。布农族人将去世的家人埋葬在屋中，具有保护屋内在世家人的意义。由于布农族是大家族制，因此墓葬占满时，就只好另觅他地建筑新住房。在住屋附近搭建鸡舍、猪舍。兽骨架则置于住房入口上方墙上或檐下，也有将兽骨挂于屋边的树枝上。首棚（头骨架）则建在头目住家前面或旁边。里面摆的头骨越多，就表示族人越英勇，战果也越辉煌。剽悍、骁勇善战的布农族男子，个个都是天生的猎人，每一个成年男子都将打猎当作神圣的任务。但是往往为了获得更多的猎物和为了炫耀英勇或报仇，而引发战争猎取人头。这种野蛮而落后的风俗，已在七八十年前就被明令禁止了。

早期布农人也有黥面（身体刺墨）和缺齿的风俗。这些行为都是社会组织团体标记，也是成年过程中的一种符号。女子从 10 余岁月经初潮之日开始刺墨，为结婚做准备。男子除了将花纹刺在脸部外，也有的在胸部和胳臂黥刺，当作一种护身符。缺齿是拔去左右两颗门齿，也有的拔去侧门齿各一颗或犬齿各两颗。这种特殊的风俗随着社会的变迁，已经消失了。

布农族人采用太阴历法，他们把一年分为 12 个月，一个月分

30 日，以结绳记日，一结代表一日，结满 30 结为一个月，以一根小木头插于第 30 结中。猎人到山中狩猎，亦结绳记日。农业生产方式一直以山田烧垦为主，小米是他们的主食，岁时祭仪，也以栽培粟的活动为中心。一年以开垦旱田、播种粟为开始，以收割粟后的一连串庆祝仪式为结束。他们根据月亮的圆缺有无，又将一个月分成八段：新月、半月、将圆、满月、稍缺、缺月、残月、无月。各月份的祭仪，也将按照月亮的圆缺来举行。

日本人占领时期，为了消除原住民的抵抗，以及进一步同化布农人，采取了高压与强迫的办法，将布农人由山区驱赶到平原地区，致使该民族的文化大量流失。近代以来，布农人对台湾最大的影响，就是有一支著名的棒球队——红叶少棒队。这支球队带起的台湾棒球热潮，至今不衰。

赛 夏族有什么特点？

赛夏族是最早在平地与汉族文化接触的土著族之一，尤其是氏族姓氏的汉化，诸如豆、高、朱、丝、夏、樟、日、根、蟹、莒、狮、风、藩、钱、胡、詹等姓，和汉族一模一样。

赛夏族共 4600 多人，是台湾高山族九大族中人数最少的一族，也是分布范围最狭窄的一族，主要分布于新竹县五峰乡的五指山区、苗栗县狮潭乡和南庄乡的加里山区。居住的高度约在海拔 500 ~ 1500 米之间。

▲ 赛夏族矮灵祭

赛夏族古称"狮设族"，分为南北两大方言群。北赛夏群又称大隘群，大致分布于鹅公吉山北麓一带；南赛夏群又称东河群，则分布于鹅公吉山南麓附近。历来受东北泰雅族强大势力威胁，西部又受平地汉人的影响，所以大部分赛夏族人不是和泰雅族人混居，就是因接近平地，而被编入普通行政区域中，故而其文化习俗受此影响较大。

赛夏族人首先是以地域和亲属关系的图腾民族为社会组织的基本构成单位，三五同姓（同图腾）家族聚居为一聚落并形成一个基本地域团体，也是与氏族祭团一致的单元。其次，若干个毗邻的聚落联合成一个村落，村落中的同姓家族则组成各姓氏的氏族祭团，是各姓共有耕地、渔区及互助的单位。再次，则若干个毗邻的村落联合成一个部落，为共有猎区及祭典单位。最后，若干个同区域的部落联合成一个部落同盟，也就是现在所称的南赛夏群或北赛夏群。

在经济生产活动方面，赛夏族早期也是从事游耕、山地烧垦和山区狩猎，后来渐渐受到周围强势力民族的压迫，土地利用范围逐渐狭窄，而转变为定耕农业和林业的形态。

赛夏族与泰雅族、布农族等一样，也有黥面的风俗。据说这是青少年男女已成年的标志，同时也是为了增加外表美丽的装饰，来引起异性的注意力。另外，他们住家房屋竣工的祭祀也很有意思。每逢住家房屋建筑完成时，要招集亲族及建屋者，举行建筑祭祀。宴会在黄昏举行，大家聚集在室内，由屋主站在房屋中央，以少量的酒、米饭及猪肉，向主梁告祭，呼请祖灵来享用。仪式完毕，亲族即可饮宴，酒宴方酣又歌又舞，至深夜才散席。若被招待的客人很多，则分成几次举行，而祭告的仪式也要举行好几次。

台湾同胞用什么语、讲什么话？

台湾同胞使用最为普遍的语言是"国语"，最为流行的方言是"闽南语"，其次是"客家语"。

所谓"国语"，就是"普通话"。国民党退踞台湾后，曾设立"国语推行委员会"，研究并推广"国语"。把普通话称为"国语"，反映了台湾同胞对祖国大陆的国家认同感，强烈的"中国心"。日本人占领时期，殖民当局强制推行所谓"皇民化运动"，只许台湾使用日语，但广大台胞不顾禁令，仍偷偷学习"国语"。台湾光复后，台胞更以能讲"国语"为荣，如今就连许多高山族同胞也能讲一口流利的"国语"。"国语"是台湾各族群的通用语，是学校教育使用的正式语言，是新闻、出版和公文中使用的官方语言。越是都市地区，越是经济发达地区，越是年轻人，使用"国语"频率越高。

"闽南语"俗称"福佬话"。"福佬"即"福建人"之意，但"福佬话"并非发源于福建，而在黄河、洛水流域的中原地区，故又称"河洛话"。相传西晋永嘉之乱时，中原一带林、黄、陈、郑、詹、丘、何、胡"八大姓"人家相率南迁，来到一条无名江边定居下来，他们把这条江命名为"晋江"（晋江在福建境内），以示不忘自己是晋朝人。

唐末，中原战乱再起，王潮、王审知兄弟率数万人从河南固始南迁，在福建境内创建"闽国"，割据达半个世纪之久，同时也把河洛方言带到福建，并逐渐形成了闽北、闽东和闽南三种不同系统的方言。由于早期台湾移民大都来自福建南部，故而这种带有古代中原一带河洛语音的"闽南话"也就随着闽南籍移民人口的不断繁衍而成了台湾各地的通行方言。

台湾流行的"客家话"则传自广东嘉、惠两州（今梅州市和惠州市），是"客家人"所使用的一种汉语方言。和福建人一样，他们的祖籍也在北方中原地区。"客家人"聚居地一般都在土地较为贫瘠狭小的山区或半山区，谋生不易，耕地原本不多，人口一繁衍，不得不再度寻求向外发展。广东嘉、惠州一带的"客家人"正是在这种情况下被迫背井离乡东渡台湾的。由于粤籍"客家人"渡台较晚，那时台湾西部沿海平地大都已被先期赴台的闽南人所占据，因此他们一般都只能到接近山胞的内地半山区落脚谋生。这些"客家人"聚居的拓垦区，自然也就流行"客家话"。

台湾称腊月十六为"尾牙"是什么意思？

台湾从腊月十六开始到正月十五元宵节，都算春节。他们称腊月十六这一天为"尾牙"，家家户户不约而同都打扫卫生、置办年货、准备衣着等。这一天还要祭拜土地公，土地公就是守护神，尤其是做生意的人，为祈求新年发财，十分铺张，晚餐还要宴请所有的员工"食尾牙"。"食尾牙"时，老板如果把鸡头对向哪个员工，就表示他要被开除了。否则，鸡头总是对着老板自己。

腊月二十四是"送神日"，也就是大陆说的"祭灶"，不过大陆的时间比台湾早一天，是腊月二十三。祭品中不可缺少的是"甜圆子"（即汤圆），粘在灶口，让灶神"好话传上天，坏话丢一边"。这一天，同样也要打扫卫生，也就是"清纯"，将家中一切"晦气"扫除掉，好迎接新年。腊月二十八是灶神回府的日子，也要摆上供果，上香鸣炮。腊月二十九是小年夜，这是一年最繁忙的一天。大小单位和家家门楹都贴上春联、门楣，以示春回大地，万象更新，吉祥如意。其内容以各行各业的性质和特点用吉祥的诗句在春联中表现出来。如"新年纳余庆，佳节庆长春"、

"爆竹声中除旧岁，梅花香里报新春"，商家则喜欢"门迎春夏秋冬福，户纳东西南北财"，学界的人常用"学成乃致用，道大亦能容"，一般住家正厅贴"福、禄、寿"等五彩福符。但在丧家就不能贴红春联了，死男的要贴"青纸联"，死女的则要贴"黄纸联"。还有住家要用柏树枝穿插柿子、橘子挂在墙上，以预祝新的一年"百事（柿）大吉（橘）"。

台湾同胞怎样过除夕？

腊月三十是除夕，台湾统称"过年日"，也叫"二九暝"、"三十暝"，主要以当年农历十二月的大小而别。"暝"是岁暮的意思。天色未晚之前，家家准备供品，像甜橘、柑果（年糕）、"春饭"、"压岁钱"等。"春饭"就是盛得尖尖的一碗米饭上插上春字剪纸——"春仔花"或"饭春饭"。台湾话"春"的谐音为"剩"，寓意是"岁岁有余粮，年年食不尽"。此外，还在大门后面，竖放两根连须带叶的甘蔗，叫"长年蔗"，取又长又甜以坚定"家运吉利"之意。

到了晚上，一家大小欢聚一起举行"辞年"仪式，人人焚香祝福，以示与旧年辞别。由于这是一年中的最后一次祭祖，因此显得特别隆重。台湾人始终认为："没有祖宗就没有祖国，没有祖国就没有台湾。"除夕之夜的"寻根念祖"气氛相当浓烈。

近年，许多台湾人喜欢在酒店里享用年夜饭，这些年夜饭的菜式非常讲究，每道菜都有吉祥别致的名字，比如"龙马精神"的西芹龙虾，"九代同堂"的鱼翅跳墙，"年年有余"的清蒸石斑，"水晶金元宝"的饺子，还有桂圆莲子银耳汤取名"鸿运连年"，花椰菜里裹虾泥取名"春来花开"等。

在台湾，"守岁"也叫"长寿夜"。全家围坐火炉边，共话家常，甚至国事天下事。传说越晚睡觉越有福气。"守岁"就是为父母长辈添寿。

台湾欠债人怎样过年？

依台湾习俗，欠债不欠过年，讨债要到除夕夜为止。于是不少寺庙为过年了仍无法还债的人想出了一个十分有人情味的节目——演"避债戏"。凡是过年无法还债的人，就很早偷偷地跑去看"戏"。讨债或收账的人如果硬闯到"避债戏"台下找人要钱，就会引起公愤。所以这些"看戏者"都可以安度春节。通宵演出的戏，成了躲债人的护身符。

台湾春节怎么过？

大年初一大早，人们就起床集合老少，用红白米糕来敬祀神明，并祭拜公妈（即祖公祖婆），然后大放爆竹，以迎春接福。许多家庭都喜欢用大红纸写上一个显眼的"福"字，倒贴在家门口，其缘由是"倒"与"到"同音，倒贴"福"字，意味着"福到"了，表明大家追求幸福的强烈感情。祭拜公妈完毕，全家一起吃年饭，又名隔年饭。那是昨夜留下来的饭，表示年年大有余。饭桌上还有甜果、发果、菜头果、豆干、冰糖、茶、花生仁、柑子等。初一的早饭还有个讲究，要求多吃素菜，力求新年清净健康。与此同时，男男女女都穿上新衣裳，到亲友家中拜年，雅号叫"贺正"，有的叫"走春"。拜年时，用毛笔把自己的名字写在红纸片上，每到一户，送上一张，主人收下后，贴在正厅的墙上，以示自己亲友之多。主人对前来拜年的客人，一般以甜茶、糖果招待，称为"吃甜"，表示主客间亲密无间，并还要说些吉利的话，如"吃个甜，祝你长寿万万年"，或"吃个甜，祝你大赚钱"。客人告辞时，主人和客人互向对方的孩子赠红包。

另外，台湾过年，家家自制名为红龟果、发果和菜头果的年糕。红龟果的形体像一只龟，外染红色，上打龟甲印，用来象征人们益寿延年，并特用这种年糕来敬奉抚育万物的天公，使得新年风调雨顺、五谷丰登。

台湾地区除了讲闽南话的人以外，还有讲客家话的人，他们也有一些独特的过年习俗。客家人过年的"煎堆"和"酿豆腐"独具一格。"煎堆"就是用糯米粉加粳米粉做成丸子用花生油煎熟。"酿豆腐"则是用猪油做成肉酱后再酿入豆腐中煮熟。客家人在新年只拜神不拜人，小辈可以从长辈那里领到红包，都用不着跪拜行礼。

在台湾，大年初一还有不少"清规戒律"：为祈求安宁、和平、幸福，整天不可动用刀、剪、针之类的金属物；过年期间不吃稀饭，只吃干饭，以避免招来过多风雨。舞龙灯，在台湾叫作"弄龙"，长9～11节的龙身上披挂着长帛彩绘的鳞甲，在流光溢彩的灯球指引下，上下飞舞。

大年初二，是"迎婿日"。夫婿，特别是头年刚结了婚的新女婿要陪同妻子一起去岳父家拜年，就是归宗，台湾话叫作"返客"、"双人返"。有的地方则叫"女婿日"。如女婿春节外出未回，做妻子的（或叫作媳妇）也一定要带些年糕等食物在这一天回娘家。

大年初三，是"赤狗日"，不兴拜年。其原因是相传赤狗系熛怒之神，遇之则有凶事，又因"赤"字与台湾当地语"窃"字同音，所以人们在这一天多数不出门了。如果偶尔有客人来到，也可以拒之门外。

台湾同胞的饮食有什么特点?

　　称台湾为"美食岛",或者说"食在台湾",都不过分。全岛共拥有餐馆约10万家,饮食摊位25万家,走在台湾大小城市的街头巷尾,餐馆、小食店比比皆是。综观台湾人的日食三餐、宴宾佳馔和风味小吃,大致与闽菜、粤菜相同,但又有以下特色:

　　第一,台湾的饮食传统源于闽、粤,但有变化,兼具台湾的地方风味。例如闽南著名风味小吃"蠔仔煎",在闽南是以地瓜粉调蠔仔和蒜叶丝煎成,食前蘸辣酱或姜醋,通常是冬蠔盛时上市。而台湾的"蠔仔煎"常年皆有,以地瓜粉和蠔仔为主料,配料除蒜叶丝外,尚有韭菜、葱或其他叶类菜,食前佐以辣酱、姜、醋、沙茶、咖喱、花生酱等。又如粤民有食蛇者,闽人有食鼠者,而台湾民间鼠蛇皆吃,且创造出别具特色的鼠蛇菜馆,比闽粤更胜一筹。

　　第二,台湾风味小吃特别多,大陆各省有的,台湾无不具备,而且有许多独具台湾乡土特色的小吃食品。诸如饮料类的木瓜牛奶、爱玉冰、泡泡水、芋头冰等;糕饼类的金螺、银馃、大红色"米糕"等;面食类的度小月面、鳝鱼面等;肉品类的贡丸、山河肉、"棺材饭"等;海鲜类的炒生螺、炒九孔、西施舌、龙虾火锅以及彰化肉圆、基隆甜不辣、新竹贡丸;滋补类的四神汤、当归鸭等,无不有其独特风味和乡土气息。

　　第三,台湾食品中以米制品居多,且以甜为特色。台湾是中国著名的"米仓",各种米制品特别多,如馃、糕、糍、粽、饭、丸、卷等,其名目不下百种。台湾的糕馃店也很多,各店都有自己的祖传秘诀,精制各类"招牌糕馔"以招徕顾客。由于台湾产糖多,故台湾食品一向有"甜"的特色。宴席上的珍馐佳肴多有加糖者,如"炸鸡卷"上席,盘上兴撒少许白糖,菜心肉丝蛋汤也必加糖。至于小店食品,则是甜品多、蜜饯多,即使是汤品亦然。

第四,近几十年来,台湾民间饮食"路向"有些变化,主要是由于有大量自大陆东西南北各省的人士入台。他们羁旅台湾多年,向往家乡风味菜,故台湾各城镇酒楼饭店都新添有纯正的京、川、津、闽、浙、湘、赣、豫、鲁、皖等菜式,而且还有满、蒙古、回、维、藏等民族的独特食品和一些千奇百怪的特色食店。与此同时,随着外国旅台游客的增加,台北、台中、台南、高雄等旅游城市还新设了法国、日本、韩国、越南等不少西餐馆及冷饮店。现在赴台旅游可以享受到地道的大陆各省各族菜系和西方食品。

台湾同胞的住房有何特点?

台湾民间住房,属于中国住宅建筑的体系。传承闽南泉州和漳州一带的房屋式样,一般平房分为一条龙、辘轳把、三合院、四合院、三落大厝、五落大厝等。房屋的造型也很别致,如飞跃的燕尾,古朴的马背造型,屋脊形成单纯而有力的曲线柔和浑厚,别具飘逸美感,呈现出独特的风格。房屋建筑台湾北部为散居型农村,南部属集居型农村,澎湖村落亦属于集居型,唯多建于山凹水隈之处,以避风沙。在城市,人们住房有两种类型,一是"透天楼",二是"公寓房"。台湾的土地是买断的,买了一块地建房,这块地从地下到空中都是属于自己的。有经济实力的人都愿买这种房,可以随着经济实力的增强不断加高。如果买一块20多坪的地,建上两层小楼,这对于一个中等人口家庭也是相当宽敞了。一楼是客厅、厨房、办公室(书房)或门面,二楼是卧室。

这种住房叫"透天楼",若购买至少得 400 万新台币(折合人民币 100 万元)。"公寓房"类似大陆的单元房。由于近十几年台湾地价、房价涨得惊人,不少人只好买公寓房。这种房的配套设施比较完善,有共用的休闲、娱乐场地。没有"透天楼"或"公寓房"的怎么办?那就得租房住了。租一间 20 多坪的"透天楼"每月要租金 7000 多新台币,租一间"公寓房"每月要租金 6000 多新台币。租来的房子人们一般不愿意花大钱去装修,自然住得就不舒服了。所以只要可能,台湾人总是要拼命攒钱购买住房。无怪有人说台湾人活得很累,真的在拼命"为一栋房奔忙一辈子"。

台湾同胞在"行"的方面有什么变化?

往昔台湾陆上交通主要靠肩挑和牛车,水上则依赖竹筏、帆船、渡船等。清光绪十一年(1885 年),直隶陆路提督刘铭传首任台湾巡抚,始修基隆至台北铁路。后来渐次出现人力车、脚踏车、汽车、飞机、轮船等。目前人力车已告绝迹,而由计程车代替;脚踏车也相对减少,而由摩托车取代;私用汽车日益增多。基隆、台中、高雄、花莲、苏澳已成为台湾水运主要港口。由于桃园和高雄国际机场的启用,北起基隆、南迄高雄,途经台北、桃园、新竹、苗栗、台中、彰化、云林、嘉义、台南等中山高速公路的畅通,铁路电气化和北回路线通车,使台湾本岛的交通有了新的发展。

在私用汽车方面,由于这在一定程度上代表了一个人的身份、地位和成就,代表一个家庭的消费档次,因此发展飞快。据台湾官方统计,台湾目前有 475 万辆汽车,平均每 4.5 个人便拥有 1 辆,而有一半以上的家庭甚至拥有两三辆。由于车多,塞车严重便成了普遍现象。在台北,每天超过 200 万辆机动车涌上街头,上班族有45%以私车代步，小汽车多得如过江之鲫，而数不清的摩托车又穿行其间，站在街头一望，除了一幢幢紧挨相连的高楼大厦，就是密如蚁阵、蠕蠕而动的大小机动车。汽车平均时速约12公里，上下班高峰时间，平均时速不到8公里，碰上较长的休假日，如圣诞、年关、春节，连高速公路也堵塞得寸步难行。有时，车龙的头在台北，尾部一直要堵到台中，于是，高速公路成了一个巨大的停车场。夜幕下，一片红色的汽车尾灯一直延伸到路的尽头，倒是颇为壮观。流行的笑话中就有一个谜语："台湾什么车最长？"答案是"塞车"。台湾人对交通问题一向期望很高，但配合意识却很低，结果收效甚微，人人都开车，人人都塞车，大家都是受害者，但愿能"携手共渡交通难关"。

大众交通工具——公共汽车在台北有10条专用道，本应该线路简短，迅速直达，可是台北的公共汽车却九曲十八拐，借口是"体贴"乘客，使他们免受转乘之苦，实则是为了生意不致被别人抢去。结果，这些车也成了台北交通的一大乱源，常常卡死在狭窄的街道拐角处，使跟在其后的大小汽车也遭殃。"请客容易集中难"，这是台北人常挂在嘴边的一句话。说的就是请客花钱花得起，但由于交通不畅，按时集中人太难了。有趣的是，台湾的公共汽车专用道没有"八路"，原因是国民党被"八路军"逐出大陆后，犹如惊弓之鸟，生怕"八路军"追到台湾。为了避免引起联想而造成心理恐慌，所以不准有"八路"。

台湾客家人有哪些婚俗？

台湾客家人的婚俗丰富多彩，其中有"带路鸡"、"挂尾蔗"和"泼面盆水"三种规矩，独特而有趣味。

带路鸡 由一只公鸡和一只母鸡组成，结婚当天，女方随新娘礼车由女傧相用花篮子提到男方家中，也叫"主婆鸡"。"带路鸡"一定要大要壮，最好一带进新娘洞房中，放在床下当日就会下蛋最佳。"带路鸡"由女方母亲亲自准备，用一条长9尺（3米）的红色带子绑住鸡脚，带子两端各系一只鸡的双脚放于花篮中，其用意是希望女儿嫁出去后和女婿和好相处，不但永浴爱河，白头偕老，而且还要像鸡一样，要百子千孙，子孙满堂，俗称"好命"。其9尺长的红带子，则借"九"与"久"谐音，表示长久之意，希望女儿、女婿能"长相厮守"。

挂尾蔗 这是女儿出嫁后第二天回娘家时，由母亲所赠给的。过去是用南江蔗（一种专供挂尾蔗用的大型甘蔗，高二三丈），现在则多用红甘蔗来代替。"挂尾蔗"顾名思义，就是保留着蔗尾的甘蔗，要用从田中连根拔起仍保留着青蔗叶的甘蔗。它与"带路鸡"一样，每逢"转妹家"（回娘家）都要带2株，也是用9尺长的红色带子绑在甘蔗的两端，由新娘和新郎带回夫家，以表示"有头有尾"，时时敦促着夫妇，要"万事忍耐"、"和好相处"，才能"有头有尾，白首相偕"，同时要像甘蔗一样"青春永驻"、"生机勃勃"。其绑蔗用的9尺红带子所代表的意思与绑"带路鸡"的红带子一样，也有"长久"之意。

泼面盆水 举行婚礼当天，新郎前来女方家接新娘时，当新娘、新郎一登上车，车子要开回夫家时，新娘的母亲或家族中的长者，手端一盆水（少许），往新娘车子上一泼，车子开动，紧接着新郎便把手中的扇子由车中抛下，泼面盆水者即刻拾起扇子猛扇，边扇边念着："扇凉一点，很凉啊！很凉啊！"这个习俗，不外乎是在提示新娘，"嫁出去的女儿，如泼出去的水"，要好好对待夫婿，永相厮守，就如同"覆水难收"，不能轻言离婚，而泼水者拿着扇子猛扇猛叫，则是代表着更深一层的意思，因为"女儿嫁出去了，又了了一桩心愿"，所以"好高兴，好凉快，好痛快啊!"仿似为女儿找到了一个理想、如意的归宿而高兴。

台湾民间有哪些忌讳?

关于民间忌讳,台湾一般和闽粤地区相同,和大陆大部分地区类似。如到别人家去,不能随便进卧房和厨房,不能站或坐在门槛上,进屋也不能踏着门槛。不能穿草鞋去别人家,因为台湾民间死了人披麻戴孝送葬时才穿草鞋。门板不能当床板,厅堂忌讳搭铺睡人,扁担也忌人坐在上面。灶头上不能放鞋、袜、裤等东西。吃饭时不能说"吃白饭",也不能把筷子插在饭上(因为孝敬刚死不久的亲人才把筷子插在饭上)。吃鸡、鸭、鹅时不能吃头尾、翅膀、脚爪。在渔民家吃饭不能翻碗,吃鱼也不要把鱼翻身(说这样出海会翻船)。"死狗放水流,死猫吊树头"也是民间习俗之一。住有孕妇的房屋里不能搬移固定放置的东西或在墙上打洞、钉钉子,也不能在房屋周围破土,否则认为会引起孕妇腹痛或流产。青年男女恋爱时不能相互送伞,送伞即表示"分散"。谈恋爱外出一般也不带伞,即使中途下雨也任凭雨淋。

男女订婚、结婚时,不能互送镜子,镜子容易打破,"破镜难圆"。另外还可以理解为对方长相不好,让他(她)"引镜自鉴"。结婚时,朋友贺礼一定不能送钟,因为送钟与"送终"谐音。

台湾民众的宗教信仰如何?

台湾是一个信仰多种教的地区,正式登记、有组织的宗教活动有道教、佛教、伊斯兰教、基督教、天主教、大同教、天理教、五里教、轩辕教、天地教等,未登记的也有很多,主要有救世教、夏教、摩门教、真空教、望教和存在教以及灵魂崇拜、祖先崇拜、图腾崇拜等。由于各种教多,所以寺庙也多。据台湾报纸报道,目前全台湾寺庙已有1.2万多座,平均近2000人就有一座,真可谓"三步一小庙,五步一大庙"。这些寺庙,大多是福建、广东一带寺庙的分灵。据统计,早在清代,台湾的寺庙种类就达30多项,平时常见到的有:寺、庙、庵、宫、堂、观、坛、祠、轩、阁、厅、院、府、社、洞、祠堂、宫庙等。奉祀的主神有249位,连同副神共计有1500多位,但大多数都离不开佛、道、儒三大教。

哪位皇帝批准台湾建省?

1684年,康熙皇帝统一台湾,在台湾设府,下辖台湾、凤山、诸罗三县,后改一府八县四厅,台湾一直隶属于福建省。

1884年,法军入侵台湾,福建巡抚刘铭传亲赴台湾督战,重创法军,取得了台湾保卫战的胜利。他于中法战争结束后,即1885年上书朝廷,称台湾地处东南海中,属南洋之枢纽、七省之藩篱,战略地位重要,吁请将台湾改府为省,直属中央政府领导,以利加强建设与防务。

光绪帝批准了刘铭传的建议,下诏建置台湾省,以刘铭传为台湾首任巡抚。从此以后,台湾开始成为并列于内地各省的最高一级行政区。

台湾建省后,设置了:台北、台湾、台南三府;淡水、新竹、宜兰、台湾、彰化、云林、苗栗、安平、凤山、恒春、嘉义十一县;台东一直隶州;基隆、南雅、埔里社、澎湖、转卑南、花莲六厅。

台湾同胞为什么称刘铭传为台湾现代化之父？

刘铭传（1836～1896 年），字省三，是近代中国历史上的一位杰出人物，他对台湾的贡献，不亚于郑成功。郑成功收复台湾，刘铭传则建设台湾，奠定了台湾走向现代化的基础。

清光绪年间，刘铭传率领军队在台湾基隆击退法军，这是台湾保卫战的序幕，也是中法开战以来，中方的首次胜利。后来，中国和法国和谈，清政府就派刘铭传正式接任第一任台湾巡抚。刘铭传当了台湾的巡抚之后，希望"以一隅之设施，为全国之范"，做了许多好事：

第一步就是整顿军队，充实军备，并致力于炮台建设，在基隆、淡水、安平、高雄和澎湖五处加设炮台，添置新炮，整编军队，严格训练，并且把驻防台湾的 30 营 1 万多防军，都改用洋枪，同时自办起机器局、机器厂、水雷局、军械所、火药库，自制枪弹。这是刘铭传对台湾的第一大贡献。

刘铭传对台湾的第二大贡献是"交通建设"。他是提出在中国兴建铁路的第一人，是台湾铁路的开拓者。他到台湾后，首先开办铁路，北起基隆，南到台南。铁轨、火车分别向英国和德国购买，枕木则就地取材。这就是现在台湾纵贯铁路的始基，也是中国最早的铁路之一，而且是中国人自己集资修建的。目前陈列在台北新公园博物馆前的"腾云一号"火车头，就是当年使用的第一个蒸汽机火车头。

▲ 刘铭传

刘铭传主管台湾时，向德国购买了 2 艘轮船，在香港定做了 4 艘，加上南洋华侨捐款买的 2 艘，一共有 8 艘轮船。除了往来福建外，与上海、香港、吕宋（今菲律宾）、西贡（今胡志明市）、新加坡等地，也都有船只往来。

清光绪十三年（1887 年），刘铭传开始建设基隆港，完工后又开辟安平港，并且自造挖泥船，疏浚港口河道，于是海上交通逐渐发达起来。

刘铭传对台湾的第三大贡献是"整顿财政，振兴实业"。清政府采纳刘铭传的建议，于 1885 年在台湾设省。刘铭传为方便台北和大陆福建省的联络，把巡抚府设在了台北。之后，丈量土地，整顿税收，使台湾每年增加收入 300 多万两白银。

在实业方面，刘铭传除了设局制造樟脑、糖外，还大量开发煤矿、硫黄矿、金矿等。并在台北开公司、修马路、架电线、铺水管、建医院、设邮局等，使台北成为一个近代化的都市，奠定了台湾近代化的基础，创下了"全清国采用电灯的开始"，"全中国最早架设电报的地区"。

刘铭传对台湾的第四大贡献是设立抚垦总局，开山"抚番"。清朝官吏往往歧视台湾的高山族人民，称他们为"生番"。这样不仅激化了民族矛盾，而且使高山族地区得不到进一步开发。刘铭传设立了抚垦总局，自任抚垦大臣，开山"抚番"。修进山道路数百里，令地方官、通译和官军一同入山劝化。各抚垦局设"番学"，招收"番童"就读。"抚番"的成功，密切了台湾地区的民族关系，对高山族人民的发展进步具有深刻的意义。

刘铭传还重视发展教育，培养人才。在办"番学"的同时，还开办了书院、儒学、义学、官塾等，尤其是仿西方创办了新式学校——西学堂，除了中国经史文字，另外加上英、法、德文，史地，测算，数学，使台湾出现文风蒸蒸日上的局面。

刘铭传在台湾 6 年，大刀阔斧地扩展各项现代化建设，使台湾面貌焕然一新，"成为全清国最进步的一省"，使台湾有了现代化的规模。他是具备现代知识与能力的"奇才"，是清代少数知名的将领，有头脑、有抱负、关心大局的人物。他在台湾的突出表现，使台湾变成当时唯一有系统实施全面改革计划的省份，说他是"台湾现代化之父"当不为过。

台湾为何多地震？

据统计，20 世纪以来台湾地区曾发生 6 级以上地震 290 多次，其中 7.0～7.9 级地震 45 次，8 级以上特大地震 2 次。1999 年 9 月 21 日，南投县以东地区发生的 7.6 级地震是近年来最强烈、破坏性最大的一次地震。主震发生后，几天内余震达 1 万多次，一直持续半年之久，给台湾同胞生命财产造成巨大损失。

台湾岛处于环太平洋火山地震带上，正好在亚欧板块与菲律宾板块交界处。由于两个板块之间的强烈挤压力，致使台湾中央山脉急剧抬升，台东纵谷就是两个板块的"缝合线"。由于板块的俯冲碰撞，地应力强烈积累，地层产生断裂错动形成众多断层活动带，这些断层活动就是台湾岛上频繁地震产生的直接原因。新生代第三纪以来，由于菲律宾板块从西北方向向亚欧板块俯冲挤压，产生强烈构造运动，断层受强烈挤压，当地应力积累到一定程度，其能量就会突然释放而形成地震。

据卫星照片和有关资料显示，台湾岛的断裂活动带主要有 4 个：台东断裂活动带，是台湾岛主要断裂活动带，主要由台东纵谷两侧的断裂与沿海雁列式断裂组成；台中断裂活动带，分为恒春—大里简断裂两部分；台西断裂活动带，位于台西平原、丘陵与阿里山区相接地带，又称高雄—基隆断裂，1999 年 9 月 21 日南投 7.6 级地震就是该带断裂活动的结果；花莲—台北断裂活动带，由北北东、北北西两条断裂带组成，地形表现为丘陵直接与平原相交，反差大，这里是地震多发危险区，花莲地震就发生在此。

现在，菲律宾板块还在继续向西北方向推移，每年向西北移动 7 厘米，因此，今后台湾地区还会不断发生地震。

蒋介石在台湾有多少行馆？

蒋介石在台湾共有 47 座行馆。占地 250 余公顷的阳明山老官邸是蒋介石迁台后第一个正式落脚地，曾一度金碧辉煌、灯火通明。

怀旧情怀特别浓的蒋介石，搬入阳明山官邸后，旋即将自重庆运来的成对卧椅、书桌、沙发、靠椅一并搬入书房内。其间由蒋夫人亲自布置的卧房，如今已人去楼空，独留一片空境。绿意盎然，房舍精巧，曾收藏各类奇珍异石的阳明山官邸，虽拥有众多的房间，但是真正使用的仅 7 间。如今部分奇珍异石已不知去处，只有二三百件陈旧家具，在四周花木扶疏的山色间度着寂寞时光。

除了阳明山公园的行馆外，蒋介石生前的行馆遍布台湾全省，且行馆大都位于风景秀丽之处。如今徒留下偌大的建筑物，任风雨摧残，令人颇觉惋惜。

在 47 座行馆中，桃园县角板山及屏东县垦丁行馆是蒋介石未曾住进的建筑。蒋曾巡视花莲县，他独爱位于鲤鱼潭附近的池南，由于当地的建筑物是日式平房，林务局为使蒋巡视东部时能有舒适的歇脚地，遂于原址兴建现代化设备的池南行馆，但完工后，蒋即因健康问题而未到东部。

此外，日月潭行馆是蒋生前作重大决定时必往之所。此行馆依山傍水，景色奇佳。据说，当年退出联合国的决定就是在此处作出的。全省 47 座行馆，每年的维护、人事费用不谈，光是任"大好田园"荒废，在经济效益上的损失就很大，于是经过几年整修，已陆续开放供民众休闲旅游之用。

台湾省有哪些一级文物古迹？

淡水红毛城——在台北县淡水镇中正路 28 巷 1 号，建于清顺治二年（1645 年）；

二沙湾炮台（海门天险）——在基隆市中正公园和民族英雄墓附近，建于清道光二十年（1840 年）；

台北府城承恩门（北门）——在台北市忠孝西路和中华路交叉处，建于清光绪八年（1882 年）；

金广福公馆——在新竹县北埔乡北埔村中正路，建于清道光十一年（1831 年）；

八通关古道——在南投县竹山镇至花莲县玉里镇之间，建于清光绪元年（1875 年）；

鹿港龙山寺——在彰化县鹿港镇金门巷 81 号，建于清乾隆五十一年（1786 年）；

王得禄墓——在嘉义县新港乡安和村西北田园内，建于清道光二十四年（1844 年）；

台湾城残迹（安平古堡）——在台南市西门里国胜路 82 号，建于明天启四年（1624 年）；

二鲲身炮台（亿载金城）——在台南市安平区金城里南温 16 号，建于清光绪元年（1875 年）；

赤坎楼——在台南市赤坎里民族路 210 号，建于清顺治十年（1653 年）；

台南孔子庙——在台南市南门路 2 号，建于清康熙五年（1666

年）；

祀典武庙——在台南市永福路229号，建于清康熙末年，清雍正五年（1727年）列为祀典；

宁靖王府邸（大天后宫）——在台南市永福路227巷18号，建于清康熙元年（1662年）；

五妃庙——在台南市五妃街1号，建于清康熙二十二年（1683年）；

凤山旧县城——在高雄市左营区，建于清康熙六十一年（1722年）；

卑南文化遗迹——在台东市卑南乡南王里，为新石器时代墓葬与聚落区；

西台古堡——在澎湖县西屿乡外安村278号，建于清光绪九年（1883年）；

澎湖天后宫——在澎湖县马公市正义街19号，建于明万历二十年（1592年）；

邱良功母节孝坊——在金门县金城镇东门里莒光路，建于清嘉庆年间。

你 了解台湾的八景十二胜吗？

台湾富饶而美丽，可供游览的地方很多，最著名的是"八景十二胜"。其中八景是：位于嘉义县玉山西峰的阿里山云海，位于南投县鱼池乡日月潭的双潭秋月，位于台湾岛中央玉山的玉山积雪，位于台湾东北部苏花公路上的清水断崖，位于澎湖列岛上的澎湖渔火，位于台北市大屯山上的大屯春色，位于花莲县自太鲁阁至天祥之间的鲁谷幽峡，位于台南市"安平古堡"和"亿载金城"等古迹上的安平夕照。十二胜是：位于桃园县的角板山，位于台北市西北的草山北投，位于台北市东南的新店，位于桃园县西南的大溪，位于新竹县境的五指山，位于彰化市东面的八卦山，位于台南县新化不远处的虎头埤，位于新竹和苗栗两县交界处的狮头山，位于宜兰县境的太平山，位于宜兰大里镇海岸的大里简，位于高雄县的旗山，位于南投县山区的雾社。

你知道台湾的十个旅游风景带吗？

在台湾，有十个最适于春天旅游的风景带，每个风景带又包括许多各具特色的旅游点，它们分别是：

石门水库风景带　它是以桃园县石门水库为中心的一环状风景带，以水库风光为主要特色，并兼有湖潭、瀑布、溪流、古镇、动物园等景致。

明德·大湖·东势风景带　以苗栗至台中之间的台三号公路为主向左右两侧扩散，其特色是大湖以北，以山间庙宇景致为主，一路行于重峦翠谷间，为名副其实的山道景观。大湖至东势，视野较为开阔，此区为台湾重要的水果产地，可以尽享采果的乐趣；至于大安溪谷，则以原始山胞聚落景观为主要特色，且满山满谷开遍桃花，十分迷人。

惠荪林场·埔里·雾社风景带　位于南投县北区，以埔里为中心山，往北沿21号省道接产业道路直驱惠荪林场。它是一条拥有森林浴、探险、赏景、观瀑、洗温泉、赏花、山胞风情特质的旅游线路。

凤凰谷·溪头·日月潭·东埔温泉风景带　这个风景带麇集于南投县南区地带，以壮丽的山景、清幽的林野、动人的湖景，以及一路赏玩不尽的花色、山胞风情，成为台湾最热门的游览观光区。

大阿里山风景带　位于嘉义县东缘，以著名的阿里山森林游乐区为首，涵括分布于附近山林的风景区。该风景带隶属台湾省西部冲上断层的阿里山山脉，由于受到地层纵切的影响，全区悬崖、峭壁、瀑布等地形景观特别发达，使得这一带的村落相继开发崛起为以山水景观为特色的风景区。

　　曾文水库·珊瑚潭·关仔岭风景区　以曾文水库、珊瑚潭和关仔岭这三大风景区为主，三者恰成鼎足之势，该风景带的其他旅游景点，即多涵括于此三角形的风景带范围内，有台湾全省第一大水库曾文水库和白河水库、鹿寮水库、珊瑚潭等。

　　嘉南盐田·鱼塭·名寺古刹风景带　该风景带以西部海岸线沿岸的云林、嘉义、台南一带为主要范围，分海线与内陆两个主线：海线方面以 17 号省道为主线，由南而北寻访蚵田、防风林、盐田、鱼塭等景致；内陆则循 19 号省道，依序拜访沿线的各重要城市乡镇之百年古刹风光。

　　恒春半岛风景带　北起高雄，南迄垦丁、鹅銮鼻，东抵旭海、佳乐水，西南至白沙湾、猫鼻头，三面环海，呈半岛状的旅游风景带。主要旅游点有清水岩、旭海大草原、龙坑珊瑚礁、鹅銮鼻公园、猫鼻头、关山和高山岩寺、龙銮潭，其中四重溪温泉是台湾最大温泉之一，泉质极佳，且环境优美，为避寒的度假胜地。

　　花东海岸风景带　北起花莲，南至台东间的海岸公路沿线风光，并向南扩及台东近郊的知本风景区，形成由北至南的线状风景带，以及原始绮丽的礁石景观，是一条可真正领略大自然豪情的风景带。

　　花莲·天祥风景带　以花莲市区为中心，呈放射状分布，往西南可循纵谷公路至鲤鱼潭、池南森林游乐区，往东南循海岸公路可至和南寺，往西北探访中横公路东端精华风景。其特色是兼具中横东段的大理石峡谷景观、花东纵谷公路的湖潭山景，及海岸公路浩瀚壮阔的海洋风光，是一条可一窥大自然丰富面貌的风景带。

台湾环铁观光专列为什么受欢迎？

由台湾环岛铁路旅游联营中心（以下简称环铁）经营的铁路旅游行程已经占有一席之地。究其原因，除了铁路旅游本身的魅力之外，这些观光彩绘列车以舒适旅游为目的提供的软硬件配套措施功不可没。环岛铁路网更提供游客最好的自助旅游选择。

从美丽的彩绘外观、宽敞的内部配置、服务人员亲切贴心的照顾、适时的景点解说到配套的产品销售，都为铁路之旅增色不少。现有的列车均有彩绘，凸显旅游专列的特性，环铁的宗旨在于让旅客踏上旅程的第一步时就充满惊喜及愉快的心情，彩绘带来的明亮活泼气息，非常能够营造这样的气氛。

环铁观光列车上不仅有车服人员，还有督导在旁监督指导。提供的车服工作内容有：（1）车巡检查旅客需求，即时服务供应毛毯、书报杂志、茶水等。（2）负责车上广播工作，如协助寻人等事宜。（3）铁路旅游风光导览。（4）供应餐饮和湿纸巾、反映旅客意见等。督导则负责检验票证、带位、各项服务事项、状况处理及应变，并协助解决旅客各项询问及处理等工作。

硬件方便，每节车厢前后皆有LED跑马灯显示班车相关信息，车厢后方均有大件行李放置区。坐卧两用的180度回转椅，可以任游客转向，座椅上还附有脚踏板歇脚。游客可以透过超大隔热景观玻璃窗，毫无阻隔地欣赏沿路风景。商务舱座椅除了有单独音乐频道外，还提供110V电源插座。每节餐车空间宽敞，餐饮设备齐全，也贩售火车造型巧克力、纪念典藏扑克牌、火车玩具等纪念品。

国民党运往台湾的黄金有多少？

　　1948 年和 1949 年，国民党从大陆撤退前夕，蒋介石曾下令将大陆中央银行储存的黄金分批运到台湾。对于黄金如何运送，共运送了多少，外界所知不多，有的也是片纸只字。20 世纪 90 年代末，美国加州大学医学院教授吴兴镛在他的父亲吴嵩庆逝世 5 周年的纪念文中，对这段半世纪前的历史，做了详细陈述。

　　吴嵩庆是当年的"财务署长"，任职长达 15 年（1947～1962年）。据他介绍，蒋介石于 1948 年和 1949 年，曾亲自下条子，要吴嵩庆将中央银行总库全部黄金、银圆及外币作军费运去台湾。从近代史料看，央行黄金运台湾共分三批。第一批是在 1948 年 12 月 1 日，用海关缉私舰"海星"号，从上海运到基隆，计有黄金 80 多吨及白银 120 多吨。

　　1949 年前后，战事激烈，解放军攻下武汉后，上海中央银行即将 80 万两（约合 29.5 吨）黄金、无数的银圆送至厦门，存放在鼓浪屿的交通银行地下仓库里。据时任"财务署预算科长"的李光烈回忆，黄金块有大有小，外表都用牛皮纸包好。金银均装箱、箱外有封条，写上重量及数目。鼓浪屿没有汽车，金银的运送全靠交通银行雇来的挑夫，由他们把这些贵重的箱子挑上交通船送去厦门，再运上飞机或军舰。有一部分黄金则直接运往台湾。李光烈说，他印象中至少三次以军用飞机押送黄金到台湾。最多一次曾运 13 万两，分别放在 13 个木桶里。当时国民党为何不直接将黄金白银运到台湾，而要先存放在厦门鼓浪屿？李光烈介绍，蒋介石原打算到西康打游击，根本没想到要退守台湾，可是兵败如山倒，国民党军队一下子就被解放军打得溃不成军，才不得不撤退到台湾。

这批被蒋经国称为"全国同胞血汗之结晶"和"国脉民命"的黄金在台湾所发挥的功能，蒋氏本人做了如下评估："政府在搬迁来台的初期，如果没有这批黄金来弥补财政和经济情况，早已不堪设想了，哪里还有今天这样稳定的局面！古语说'无粮不聚兵'，如果当时饷馈缺乏，军人给养成了问题，那该是何等严重？"美国前驻法国及苏联大使蒲立德也曾在《展望》杂志发表文章，指出："台湾面积仅约为波多黎各4倍，它怎能维持60万的武装部队呢？这完全靠蒋经国先生将大陆的黄金运台，才安定台湾官兵的生活。社会经济的繁荣，没有蒋先生由大陆运台价值10亿美元的黄金，台湾的经济将被通货膨胀的洪流所淹没。"

人们不难得出这样的结论：今日台湾经济的发展，实系全国同胞血汗之培植。

历史上第一次收复台湾的是谁？

南宋时，随着台湾、澎湖地区大陆移民和经济活动的增加，为便于管理，开始在台澎地区设立管理机构，此时澎湖已列入福建晋江县版图，这在台湾开发史上是第一次。元朝控制中原地区后，于元至元二十八年（1291年）十月，派出海船副万户杨祥为宣抚使，与礼部员外郎吴志斗和兵部员外郎阮鉴率兵6000余人进军台湾。到1335年，元朝正式在澎湖设立"巡检司"，"职巡逻，专捕获"，捕捉罪犯，兼办盐课，这是中央政府派驻台澎地区第一个行政执法机构。

明朝初年，明太祖朱元璋为防备日本海寇侵袭东南诸省，下令实行海禁，但在军事部署上只防海岸，不守海岛，撤除设在澎湖的巡检司。由此导致倭寇乘虚而入，以台湾、澎湖为中转站，频频袭扰沿海城乡。

明万历二十九年（1601年）年底，大批倭寇在福建海面流动，烧杀抢掠，遭明军水师围歼，漏网的残部逃回台湾。镇守浯屿（今金门）的福建都司沈有容（安徽省宣城县人），挑选敢死之士、高大楼船，渡海追击。时恰值西北季风，大军扬帆东渡，经澎湖直达台湾西南海岸。

明军战船先发制人，施放火箭，多艘敌船中箭起火，立时乱了阵脚。沈有容挥动令旗，高大楼船顺风顺水横冲直撞，势不可当。倭寇力不能支，便把抢掠来的财物抛入水中，意在引明军捞取，缓解追击。沈有容洞察敌人奸计，下令不准捞拾，向前厮杀。由于他治军严整，无一违令，穷追猛打，全歼了海上倭寇。

明军在大员（今台南）登陆，沈有容张榜安民的同时，追剿陆上的残敌。在深山坚持斗争的台湾义军与明军紧密配合，合力歼灭倭寇的游兵散勇。倭寇头目见大势已去，如丧家之犬，仓皇下海逃遁。这是中国军队第一次从国外侵略者手中收复台湾，时为明朝万历三十年（1602年）春节前夕。

历史上第二次收复台湾的是谁？

1624年9月，荷军司令宋克指挥的荷兰武装船队在离开澎湖后来到台湾大员（今台南），提出借用"一张牛皮大的地方"，修建奥伦治城。后来改为荷兰的一个州，定名为热兰遮城，成为荷兰驻台湾的总督府，也称"安平古堡"。之后荷兰人又修建了第二个据点——普罗文查城，后改为赤嵌楼。靠欺骗占领台湾的荷兰人，对借给他们土地的中国人不仅不领情，反而残酷掠夺、镇压。荷属东印度公司的25个亚洲地区的商馆赢利中，台湾位居第二，占总利润的25.5％。年均运回荷兰总公司达40万荷兰盾，相当于当时4吨黄金。

1625 年 5 月，西班牙殖民者在基隆社寮岛登上了台湾，在这里修筑起圣·萨尔瓦多城，把基隆改为特立尼达，把海湾称为圣地亚哥。对于西班牙人的活动，荷兰人如芒刺在背。1642 年 8 月 21 日，荷兰上尉哈劳西指挥 690 名兵士，在基隆港登陆，向圣·萨尔瓦多城发动进攻。双方对峙 5 天，只有 100 余人的西班牙守军开城投降。西班牙人在台湾 16 年的殖民活动就此结束。

荷兰独霸台湾后对台湾人民进行了更加残酷的剥削和野蛮统治，广大台胞生活在水深火热之中，台湾民众组织起一系列的反抗荷兰殖民统治的斗争。这一时期，正在福建沿海一带进行反清复明活动的郑成功，为了进行长期的抗清斗争，深感金门、厦门地狭势逼，难以拓展，于是打算收复台湾，作为永久的抗清根据地。1661 年 3 月 23 日中午，郑成功在金门料罗湾带领水兵 2.5 万，分乘 400 多艘战船出发，29 日，大军抵达台湾鹿耳门。经过多次激战，1662 年 2 月 9 日，荷兰总督揆一正式投降，热兰遮城内降下了已经飘扬了 38 年的荷兰国旗，荷兰殖民统治结束了。郑成功被南明最后的皇帝桂王册封为"延平郡王"。郑成功第二次收复台湾，奠定了台湾开发和社会发展的基础，郑成功也成为中华民族的英雄。

历史上第三次收复台湾的是谁？

台湾初归，百废待兴，郑成功昼夜筹谋复兴大计，不幸积劳成疾，于收复台湾的当年（1662 年 6 月 23 日）去世。他的儿子郑经继任延平郡王位，继续治理台湾，与大陆上的清王朝分庭抗礼。

雄才大略的康熙皇帝一心想统一全国，为避免同室操戈，拟以招抚手段解决。为此一连几次派使者与郑经谈判，提出有理有节的条件：只要郑经接受招抚，台湾归属朝廷管辖，可给予相当权位，对所属文武各官，也都量材录用。郑经不允，要求台湾按朝鲜例，作为清朝的属国来朝进贡。这实际上是使台湾独立为国，使中国一分为二，理所当然遭到康熙帝反对。

康熙二十年（1681年），郑经去世，他的几个儿子为争夺王位自相残杀，最后由大将刘国轩、岳丈冯锡范操纵，拥立郑克塽继任王位。而此时的大陆，康熙帝已彻底平定了"三藩之乱"，民生安定，经济快速发展，中央集权空前巩固，收复台湾以达全国统一已成为大势所趋、人心所向。据此，康熙认为"台湾属国土一方，必应重置大清管辖之下，若不及时回归，恐再为外夷所侵，朕主意已决，必取台湾"。于是决定以武力统一台湾，遴选精于海战、原为郑氏旧将的施琅为福建水师提督，打造战船，操练水师，做战前准备。

一应准备就绪，1683年6月14日，三军跨海东征。经7天激烈战斗，先将澎湖攻克，全歼郑军精锐。澎湖已失手，主力丧尽，郑克塽六神无主，最终采纳刘国轩的建议，顺应时势，归顺清廷。于是派人向施琅请降。施琅立即奏请康熙帝定夺。康熙帝不愧英明之主，胸襟宽广，告诫臣下云："君子以德报怨，不可耿耿于怀于旧隙。台湾兵民同为炎黄子孙，既愿臣服，何忍再以刀刃相加？"他降旨施琅，接受郑氏请降，又重申了先前的承诺：如能诚心来归，可将前罪尽行赦免，加恩安插。

康熙帝的友善与宽容，使郑克塽疑虑消释，派其岳丈冯锡范至施琅军中，请王师择吉日进驻台湾。1683年8月11日，清军东进至台湾鹿耳门。军民百姓无不惊奇，咸称当年郑成功收复台湾时也是这般情景，台湾回归乃是天意。郑克塽率文武百官，改穿清朝服装，在岸边迎接王师，向施琅交上印玺、台湾疆域图、土地户籍册。施琅当众申明军纪，约束部队秋毫无犯。从此使与清王朝分庭抗礼22年的台湾，和平回归祖国怀抱，重又成为中央管辖下的一个行政区。

你 了解历史上第四次收复台湾的情况吗？

1894 年中日甲午战争爆发，清政府以败绩告终，被迫签订了丧权辱国的《马关条约》，其中一款，是割让台湾给日本。此后宝岛与祖国分离，沦为日本的殖民地。

第二次世界大战期间，中国成为反法西斯的主力军之一，与美、英、苏并列为"四大国"。趁着这一有利形势，国民政府将收回台湾提上了议事日程，在太平洋战争爆发后的《宣战布告》中向世界宣布：兹特对日宣战，所有一切条约有涉及中日关系者，一律废止。根据这一布告，《马关条约》也在废除之列，台湾应该归还中国。中国政府的这一原则立场，得到了各盟国的认同和支持。《波茨坦公告》、《开罗宣言》都曾载明：战后应由中国恢复对台湾与澎湖列岛的主权。

1945 年 8 月 15 日，抗日战争胜利，日本宣布无条件投降，国民政府昭告中外：日本政府已答复中美英苏四国无条件投降，依照规定，台湾全境及澎湖列岛应归还中国，本府即派行政及军事各官吏前往治理。蒋介石随之委派陆军上将陈仪为接受侵台日军投降主官，并任命其为台湾省行政长官兼警备总司令。

9 月 2 日，日本代表在载有日本接受"《波茨坦公告》中的各项条款"等项条文的投降书上签字。

10 月上旬，中国的三个师、两个飞行大队、20 艘军舰，陆续开赴台湾参加接收。具有伟大历史意义的中国战区台湾省受降仪式，于 25 日上午 9 时，在台北市公会堂（今中山堂）隆重举行。整个受降仪式只 5 分钟许，就结束了日本对台湾 50 年又 156 天的霸占。当天，陈仪通过电台宣布："从今日起，台湾及澎湖列岛正式重入中国版图，所有一切土地、人民、政事皆已置于中国主权之下。此一极有历史意义之事实，本人特向中国同胞及全世界报告周知，台湾现已光复！"

台湾同胞为什么称自己是"河洛郎"或"河洛人"?

"河洛"，是一个地域概念。"河"即中华民族的母亲河黄河；"洛"即今黄河中段南面的支流洛水；"河洛"，泛指黄河与洛水交汇的流域。以今天的地域观念，指黄河中游潼关至郑州段的南岸，洛水、伊水及嵩山周围地区，包括颍水上游登封等地。概言之就是今天河南省的西部地区。河洛地区南为外方山、伏牛山山脉，北为黄河，西为秦岭与关中平原，东为豫东大平原，北通幽燕，南达江淮，在古代雄踞于中原，为"天下之中"（《史记·周本记》），即所谓"中国"（西周何尊铭文），是古代中国东西南北的交通枢纽，地理位置十分优越。

河洛地区是上古中国的政治、经济中心。中国最古老的文字，是河洛先民炼制的；中国最基本的理念，萌发于河洛之间；寻根溯源，博大精深的中国文化——或哲学，或文史，或伦理，或政治，以及农桑、历法、医学、礼俗、音乐、舞蹈、美术等，皆发源于古河洛地区。诚如《河洛文化》一书中所说："河洛文化，诞生了中国最古老、最权威的文化经典；河洛文化，孕育了中国最原始、最具生命力的艺术萌芽。"我国进入文明时代以后，河洛文化迸发了无穷的辐射四方的力量。其影响在夏代已达到江浙一带，并不断南迁。闽台文化的渊源同在河洛，占台湾人口2％的原住民高山族是大陆百越先民的后裔，占98％的汉民大多是从东南沿海的闽粤移居台湾的，这些移民大都可以上溯到河洛地区，被河洛文化打上了深深的烙印，因此许多人称自己是"河洛郎"或"河洛人"。"河洛郎"是从台湾传回的称呼，而河洛地区的人们并不这样自称。实际上，台湾同胞对从闽南迁居台湾、而祖籍在河洛地区的人，才称其为"河洛人"或"河洛郎"。所以台湾"河洛郎"这一称呼的来历，直接来源于台、闽、豫之间悠久的历史渊源关系。

为 什么说台湾同胞永远是堂堂正正的中国人？

原中国国民党主席连战的祖父、清末著名学者连横在其所著的《台湾通史》中说，"台湾人永远是堂堂正正的中国人"，"台湾之人中国人也，而有闽粤之族也"。

台湾《青年战士报》1978年10月连载文章《唐山过台湾的故事》，从台湾同胞的姓氏、宗族、文化、风俗等方面详细考察台湾与祖国大陆的骨肉关系，明确指出：台湾的祖根在唐山，唐山就是祖国大陆，特别是福建、广东一带。

1996年9月18日至20日，首届豫闽台姓氏源流研讨会在河南省郑州市召开，这次会上得出的结论是：台湾同胞"寻根的起点是闽南，终点无疑是河南"，"台湾同胞的祖根500年前在福建，1300年前在河南"，"中原人是闽台人血缘之根"，"闽台文化虽有自己的特色，但与中原文化本质上相同"，豫闽台"地缘血缘史缘不可分割"等。

有关统计资料显示：台湾具有500户以上的姓氏共有100个，这百家大姓全部起源于大陆，其中有75姓源于河南或部分源头在河南，有63姓的族谱里均记载着其祖先来自河南光州固始（今河南省固始县）。直到今天，在河南固始一带还保留着许多中原古音，它与遥隔千里的闽台方言有着惊人的相似之处。汉人占台湾总人口的98%以上，大部分都是从闽粤移民台湾的闽南人和客家人。而闽南人和客家人是指秦汉以后历经唐、宋、元、明、清，因不堪战乱、灾疫从北方中原河洛地区移往闽粤的人民。占台湾总人口2%的原住民是大陆百越先民的后裔。百越是对古越人的统称，其中包括了于越、扬越、鸥越、闽越、南越等分支。从夏商时期直至汉代，古越人从大陆的东南沿海陆续移居到台湾岛。历史上中原河洛地区大规模南迁入闽的有：晋"永嘉之乱"时期河南固始陈、林、黄、郑、詹、丘、何、胡8姓；唐朝末年河南固始人王潮、王审知兄弟率众入闽；南宋中央政权南迁，中原人再次掀起移民高潮。（1）1930年台湾统计的人口资料表明，当时总人口为375.16万人，其中注明从祖籍福建泉州和漳州移去的有309万人，占总人口的80%。（2）1946年福建省云霄县人口统计表明，当时全县总人口为11.3802万人，81个姓，在族谱中写明先族从河南入闽的有林、陈、王、蔡、方、关、张、柳、汤9姓，共约9万人，约占全县总人口的80%。（3）1953年台湾的户籍统计表明，当时户数在500户以上的100个大姓中，有63姓的族谱上均记载其先祖来自河南光州固始（今河南省固始县）。这63姓共67.0512万户，占台湾总户数82.8804万户的89.9%。（4）1984年福建人民出版社出版的《闽台关系族谱资料选编》上篇"移民资料"中介绍，先祖来自河南固始的族谱有16部之多，分布于晋江、泉州、南安、安溪、永春、漳州、龙海、诏安、仙游、长乐等地。为收复台湾立下汗马功劳的民族英雄郑成功，其先祖也是"自光州固始县入闽"。1988年台湾出版的族姓巨著《台湾区族谱目录》收集200多姓万余族谱，几乎穷尽台湾民间所有谱牒，究其这些谱牒家族的开基祖，无不来自大陆或来自中原河南。如原中国国民党主席连战的连姓源自河南洛阳，其祖籍是福建漳州；台湾亲民党主席宋楚瑜的宋姓源自河南商丘，其祖籍是湖南湘潭。陈水扁也不例外，其陈姓源自河南睢阳，其祖籍是福建诏安；吕秀莲的吕姓源自河南南阳，其祖籍是福建南靖；被称为"台独精神领袖"的李登辉的李姓源自河南鹿邑，其祖籍是福建永定等。

这就是说，台湾同胞，不管先来后到，不管是外省人、闽粤人、客家人，还是原住民，都是中国人。台湾有一条标语，曾经镌刻、书写在宝岛每个校院里，早年也曾印在小学生的作业本上，成为很多人的儿时记忆。这条标语是："当个活活泼泼的好学生，做个堂堂正正的中国人。"

台湾同胞为什么称郑成功为开台圣王？

郑成功原名郑森，祖籍福建省泉州府晋江县东石乡（今南安县石井村）人，1624 年出生于日本，7 岁时回国，曾在南京读书，对明朝皇室尽忠职守，很得在福建称帝的南明唐王朱聿键的信任，赐他一个姓名"朱成功"。因为"朱"是国姓，所以后来的人，都称郑成功为"国姓爷"。

在清朝大军南下时，郑成功的父亲郑芝龙不顾一切地归降了。可是郑成功坚决不屈，还打起了"反清复明"的大旗，带领兵船浩浩荡荡进入长江，围攻南京。因为中了清兵的诡计，只好退守厦门。清政府不甘心，于是动用了更多的兵力来对付他。

郑成功正在进退两难时，有个叫何斌的人，原是郑芝龙（郑成功父亲）的部下，特意从台湾赶来厦门，告诉郑成功台湾通事郭怀一（郑芝龙的部下）抗荷（荷兰）被害的情况。当时在台湾的荷兰人对待老百姓非常刻薄，奴役农民种植甘蔗，制成糖外销欧洲牟利，只准台湾人种番薯当三餐果腹，同时施行"王田"政策，把全部耕地收归为荷兰东印度公司财产。担任台湾通事的郭怀一，有强烈的民族自尊心，对荷兰的压榨与剥削痛恨万分，怒火满腔，计划在中秋夜时，邀请荷兰总督府里所有官员前来参加赏月宴会，以美酒和山珍海味款待，趁他们喝得酩酊大醉时，来个里应外合，先制服荷兰官员，进而乔装打扮攻占他们的大本营——热兰遮城（即今台南安平古堡）。一切按计划进行得非常顺利，不料，郭怀一的一个贪生怕死的弟弟告密，荷兰人迅速集合大量兵力，将赏月宴会附近一带团团围住，不但害死了郭怀一等一大批爱国志士，同时也害死了四五千手无寸铁的老百姓。这是台湾同胞为反抗外来侵略举行的第一次壮烈起义。

何斌介绍到这里，抱着更加憎恨荷兰人、恳望郑成功率兵收回台湾的心情说："台湾本来是我们中国人的土地，令尊郑芝龙也曾在台湾住过，现在仍被红毛人（即荷兰人）占领，如果你能起兵夺回来，台湾物产丰富，若是在那里养兵练将，保管可以恢复明朝。"

郑成功是个明白人，当场同意了何斌的请求，并引用岳飞"只要文臣不爱钱，武将不怕死，天下就可以安定"的话来要求自己。1661年4月21日，一切工作准备就绪，郑成功留下儿子郑经守卫金门、厦门两岛，便亲自带领水兵4万人，分乘350艘战船，神不知鬼不觉地直驶台湾的鹿耳门。鹿耳门的水道，在曾文溪口，本来沙淤水浅，船只不能通行。但是何斌发现多年来，曾文溪经急流冲击，河道渐深，每在涨潮时即可通船。而荷兰人一直以为只要守住台江的唯一水道安平港口，赤嵌城就可以保住了，所以在安平城设下重炮，在安平港布下大船，严加防守，使任何船只都攻不进来。但是万万没有想到，郑成功的大军在一夜之间，算准涨潮时间，在何斌的指引和台湾人民的支援下，顺利通过鹿耳门，击退并重创荷兰海军战舰及其守军，直逼赤嵌城。

荷兰陆军听说自己的海军被打垮了，慌了手脚。许多士兵见郑成功的军队从四面八方包围上来，便丢下枪支仓皇逃命。荷兰驻台湾督办揆一见此情景，虽感败局临头，但还不死心，想来个缓

74

兵之计。5 月 3 日，他派使者去见郑成功。郑成功直截了当地揭穿了他们的阴谋，指出：台湾是中国的领土，并不是荷兰的，如果荷兰侵略者不从台湾退出，将会受到严厉的惩罚。当时限定荷兰殖民者在 5 月 4 日上午 8 点钟表明态度，如肯退出台湾就挂郑成功的旗，如不撤离就挂红旗。

在限期内，敌人没有投降，战斗继续进行，一直持续了 9 个多月。1662 年 1 月 25 日，郑成功发出总攻击令，限三天之内攻下敌人盘踞的热兰遮城。先用 28 门重炮发射 2500 发炮弹，接着，士兵扛着云梯，向 3 丈多高的城堡进攻。人人争先，个个奋勇。同时，郑成功又命人驾着小船，装满火药，顺着风势焚烧荷兰的舰船。

这一仗郑成功打得非常漂亮，大获全胜。死守在安平城里的荷兰人，凭着重炮的掩护，尽管负隅顽抗，但也没有维持多久，终于在 1662 年 2 月 1 日乖乖地举起白旗，开城投降。

荷兰人投降后即离开了台湾，郑成功迅速收复失地，洗雪了台湾被异族统治 38 年的耻辱历史，南明最后的皇帝桂王封郑成功为"延平郡王"。郑成功胜不骄，迅速掀起了开发建设台湾的高潮，一方面派了很多部队开荒种地，一方面组织了一些有经验的人向高山族同胞传授耕作技术。同时还鼓励大陆人民到台湾垦殖，使台湾的农业呈现出一派兴旺的景象。

可是，收复台湾后仅 4 个月，郑成功就生病了。在生病期间，他经常挣扎着登上将台，眺望辽阔的海洋，想念祖国大陆。到了 6 月 23 日，便与世长辞，但他的义举，是他一生中对中华民族的最大贡献。他作为民族英雄、台湾的开山圣王，当之无愧。台南市开山路的延平郡王祠（又名开山圣王庙）、金门县金城镇南郊夏墅村的延平郡王祠等都是为纪念郑成功而修建的。

清朝时期台湾最大的一次革命是什么？

在清朝统治台湾的 212 年间，其中最大的一次革命就是林爽文起义，历时有三年之久，这次起义的规模遍及整个台湾。

林爽文原是福建漳州平和人，后来住在台湾彰化县大里代庄，因为他懂得经营农业，所以很快就成了富翁，并暗地里参加了反清复明的天地会，担任台湾中部的领袖。

清乾隆五十一年（1786 年），台湾知府孙景燧派士兵焚烧参加天地会人员的房屋，有些妇孺无辜地被烧死。林爽文看到这种惨状，便集结了天地会的党人攻打清兵，一路攻下台中、彰化县城、淡水，接连攻下几座城后，林爽文被拥为盟主，继续率军南下攻陷嘉义，然后会师台湾南部天地会领袖庄大田，又一起攻下了凤山县城。

清廷在此期间，不断调兵遣将去疯狂镇压，但仍然无法打赢林爽文，于是又派大学士福康安率领四川、湖南、贵州和广东四省的兵力全力一搏，在乾隆五十二年（1787 年）十月抵达鹿港，和林爽文会战于仑仔头，结果林爽文被打败，逃到了阿里山，后被俘。不久，清廷把林爽文押解到北京处死。另一革命领袖——台湾南部天地会的庄大田和其他人员同时也在台湾被害。台湾天地会之变从此就结束了。

钦差大臣沈葆桢对台的贡献是什么？

沈葆桢祖籍福建侯官，学识渊博，办事果断，是两广总督林则徐的女婿。清同治年间便当上了总理各国事务大臣（相当于现在的外交部部长）。清同治五年（1866 年），派任福建船政大臣。

76

同治十三年（1874 年）春天，台湾发生牡丹社事件，日本出兵到台湾南部，情势紧急，清廷立即派沈葆桢为钦差大臣，到台湾负责处理，并且督办台湾防务。

沈葆桢到了台湾后，马不停蹄，一面和日本兵交涉退兵事宜，一面抓紧加强台湾防务建设。他早在任总理各国事务大臣时就深深知道，台湾物产丰富，地理位置十分重要，如果不加强防务，一定会被强盛的国家侵占。

那时，台湾的政治、军事、经济中心在台南，为了确保台南安全，他首先在安平建造了大炮台，就是现在的台湾一级文物古迹"亿载金城"。

亿载金城是 1874 年建造完成的，名字是沈葆桢起的，字也是沈葆桢亲笔写的，用石头刻成石匾，镶嵌在炮台入口处的大门上，看起来非常壮观、醒目。"亿载金城"这四个字的意思是：万万年都是固若金汤。直接指的是炮台，当然也包括台南和整个台湾了。没想到的是，炮台才完工 20 年，甲午战争发生，清政府就把台湾割让给日本统治了。

建造亿载金城的工程师是法国人，建好后的第三年，沈葆桢又聘请英国工程师在高雄建了"东港炮台"。如今这座炮台和亿载金城一样，仍然存在。

接着，沈葆桢又重建了"台南城"和"恒春城"，台南城的大南门和小西门是沈葆桢重建台南城时增建的。恒春城是现在台湾唯一保存完好的一座古城。

台湾北部，那时候刚刚开发不久，台北府和台北县，都是沈葆桢奏请皇上批准设置的。同时，他还奏请在台湾建立郑成功专祠，永久祀奉为收复台湾立下汗马功劳的延平郡王郑成功。

清光绪元年（1875 年）七月，沈葆桢奉旨被调回京，调升两江总督。他在台湾历时一年半，在这有限的一年半时间里，沈葆桢对台湾的建设确是做出了无限的贡献，不管是在经济方面，还是国防方面，都是有口皆碑的。

为什么称刘永福为黑旗将军？

中法战争的时候，刘永福曾在越南把法国军队打得落花流水。后来清朝政府与法国和谈后，就把刘永福调到台湾来了。

由于刘永福的军队都打着黑颜色的旗帜，所以大家都把刘永福的军队叫作"黑旗军"，而把刘永福则称为"黑旗将军"。

面对日军的疯狂入侵，台湾百姓都把希望寄托在刘永福身上。刘永福不负众望，决心死守台南，一上任便开始筹备经费，训练军队，各地的英雄好汉不约而同，纷纷都来投靠他，支援抗击侵台日军的战争。

当时，日军已攻陷新竹、苗栗，刘永福门下的大将军吴彭年正在彰化与日军大战，但是由于台南军粮与枪械严重不足，无法及时支援，结果兵将全部都阵亡了。可是战火仍然猛烈地持续着，台湾又有许多地方相继失陷，最后日军从枋寮登陆，攻占恒春，又北陷凤山，并且还有很多兵舰逼近台南沿海一带，形成了四面被包围的局势。原先说好要支援刘永福大量军火的南洋大臣张之洞，竟然背弃诺言，连人影都不见了。就这样，台南在兵力弹药供不应求的情况下也失守了。

那时候，台南城内的乡绅认为刘永福是一位很难得的将才，千万不能被日军捉去，而做无谓的牺牲。刘永福听了他们的话，随即化装成火夫，混进船内离开了台湾。而刘永福抗日时所发布的檄文，还有用"台湾民主国"名义印行的邮票等，现在都被保存完好地收藏在台北市省立博物馆里，世人视其为稀世的历史文献。

台 北 市

你 了解台北市吗？

　　台北市位于台湾本岛北部台湾盆地的中央，是台湾省的政治、经济和文化中心，台湾第一大城市，也是一座历史悠久的城市，三面环水，一面靠山，基隆河、新店溪、淡水河分别由东北、东南、西南三个方向流入市区，汇合后经淡水入海。早在 2000 年前，世居于台湾的平埔族"凯达格兰人"就划着木舟来到这里生活。约 300 年前，即清康熙四十八年（1709 年），福建泉州"垦号"陈赖章招募大批福建移民到这里开垦"大加蚋堡"（今台北市中区一带），在淡水河畔建起了第一个汉人的村落"新庄"。此后随着贸易的发展，人口的增多，"大加蚋堡"南边不远处——淡水河下游的艋舺（今台北市万华区）日渐繁华起来。艋舺，平埔族语意为"独木舟"，因为这个地方独木舟云集，故名。那时由于主要的交易物是番薯，所以第一条交易市街出现后不久，人们便给它取了一个名字叫"番薯市街"。这也是台北市的第一条街。到道光、咸丰年间时，艋舺与大陆沿海各地往来贸易，商业发展达到鼎盛，有"一府二鹿三艋舺"之说，成为仅次于台南府城和鹿港的台湾第三都会。可是从 1853 年起，由于艋舺发生了惨烈的"顶下郊拼"移民械斗，元气大伤，其下游淡水河畔的大稻埕（今台北市大同区南段），又形成一处新的聚落，英、美等各国商人也纷纷赶来设立洋行，很快形成"外国人居留区"。仅仅几十年，原来荒芜的大稻埕一跃而成为富冠全台的繁华之地。如今，在台北市的老城区迪化街，仍然还闪烁着几星大稻埕昔日的华泽。清光绪元年（1875 年），清朝的钦差大臣沈葆桢奏请建台北府，获准后，始有台北之名。光绪四年（1878 年），设置淡水厅，台北始设府治，下辖新竹、淡水、宜兰三县。光绪八年（1882 年），台北城垣完成，大稻埕、城内、艋舺联成今日台北市雏形。1895 年，清廷与日本签订丧权辱国的《马关条约》，台北从此沦为异族殖民统治的指挥中心。1945 年日本投降，台北市先是作为省会，1949 年国民党从大陆撤退到台湾，台北市遂成为国民党当局的所在地。1967 年，台北市成为"院辖市"，划分为 12 个行政区，面积一下子从 70 平方公里扩大到 270 多平方公里，人口目前近 300 万。台湾规模较大的工商、金融、贸易等机构的总部大都聚集于此，并以该市为中心，包括台北县、桃园县和基隆市在内，形成了台湾最大的工业生产区，主要有电器、纺织、化学、建材、钢铁、汽车、食品、造纸、制茶、机械行业等。台湾大学、政治大学、师范大学、中兴大学、东吴大学、台北医学院、文化学院等 23 所大专院校和台湾的新闻、出版、广播、电视中心以及全省最大的图书馆、博物院也都设在台北市。这里交通发达，是台湾陆路交通的枢纽。纵贯铁路、南北高速公路都贯通台北市。纵贯铁路，以台北为中心，向南至高雄，向北至基隆，火车均由此发车。台北桃园机场，是岛内的航空中心。台北市也是台湾北部的游览中心。主要风景名胜点有故宫博物院、台北中山纪念馆、历史博物馆、二二八纪念公园、中影文化城、台北城门、龙山寺、孔庙、阳明山、剑潭、双溪公园、大屯山火山群等。

台北"故宫博物院"建筑的最大特色是什么？

台北"故宫博物院"位于台北市士林区至善路 2 段 221 号，

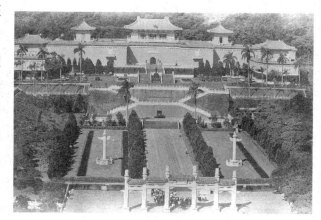

▲ 台北故宫博物院

中国电影文化城东北侧，背山面溪，地理位置十分理想，动工兴建于 1962 年，落成于 1965 年 11 月 12 日孙中山先生诞辰纪念日，从这时起，中国有了北京和台北两个故宫博物院。台北故宫博物院，又名中山博物院，占地约 1 公顷，是一座仿北京故宫式样设计建造的钢筋水泥大厦。碧瓦黄墙，雕栏玉砌，矗立在院前大眺台上观瞻全院，令人恍若置身北京故宫；而紧贴博物院的是覆盖着浓密树林的陡峭山峦，又令人宛如站在南京紫金山麓。颇具气势的六柱牌坊上有孙中山先生手迹"天下为公"四个大字；拾级而上，在平台处可见到有孙中山先生手迹"博爱"二字的大铜鼎。从外形看，建筑物似为 2 层，实则 4 层，建筑平面呈梅花形。第一层分别是讲演厅、办公室、图书馆；第二层是展览室、大厅及画廊，用来展示书画，四周共有 8 间展览室，陈列铜器、瓷器及侯家庄墓园模型和墓中出土文物；第三层陈列书画、图书、文献、碑帖以及玉器、珐琅器、雕刻和织绣品等；第四层为各种专题研究室。巧妙的是，第三层楼后面架了一座长廊天桥，直插入后山之腹，原来是一个深 180 米、高 6 米、宽 3.6 米的山洞，洞内建有近千个小室分类收藏文物，全部设有空气调节系统、防潮系统、防火系统和防盗系统。1983 年，又花巨资在全院安装电脑自动监测系统，无论哪一地方出现潮、火、盗、腐等隐患，中央控制室的仪表即会显示出来，同时在全院的各个角落，还安装有"电眼"随时将现场情况呈现在控制室电视屏幕上，发现异常，警报会立即响起，整个保安系统极为严密。

台北故宫博物院文物主要分为几大类？每类各有多少件？

台北故宫博物院文物主要分为器物、书画、图书文献三大类。器物部分包括铜器、瓷器、玉器、漆器、珐琅、文具、雕刻等共计 6.872 万件；书画部分包括书法、名画图像、碑帖、织绣、成扇等共计 9132 件；图书文献部分包括善本图书、满蒙图书、档案文献等共计 56.8547 万件。

台北故宫博物院器物类中青铜器的精品是什么？

台北故宫博物院的青铜器馆藏反映了中国历代君王研究古铜器铭文的兴趣和对古代书法的喜爱，他们把刻有铭文的古铜器视为象征中国文明代代相传的历史文献。博物院中有不少精品，但传世品不多，较之大陆当逊一筹，然而其中有四件重器：毛公鼎、商代兽面纹方鼎、散氏盘和装饰有战争场面的青铜鉴。青铜器毛公鼎高 53.8 厘米，口径 47.9 厘米，重 3470 克，上面有铭文 497字。根据器形和纹饰考证，是西周宣王时所铸，为宣王告诫和赏赐臣下之物。此器除了反映西周晚期的政治不稳定的情况之外，器腹内所刻铭文字数之多是现存国内外所有商周青铜器之冠，有重大的历史与艺术价值。装饰有战争场面的青铜鉴又名"水陆攻战纹鉴"，1935 年出土于河南省卫辉市山彪镇战国墓中。该鉴高29.6 厘米，深 26.2 厘米，口径 54.6 厘米，底径 29.6 厘米，壁厚0.2 厘米，器重 20 公斤，容量 44.6 升。为四耳平底，沿缘宽厚，敛口鼓腹，底平，沿腹间有两对兽耳。其腹部刻画镶嵌有一幅精美的人物作战内容的装饰纹样，共刻画人物 292 个，表现出格斗、射杀、划船、击鼓、犒赏、送行等种种姿态，富有动态旋律，给人以力感。图案中有水陆交战、坚壁防守、云梯攻城，有冲锋击杀、交战阵势、执戈执戟等战争场面，这是中国唯一的饰有战争场面的青铜器。

台北故宫博物院书画类中绘画的精品是什么？

台北故宫博物院珍藏宋、元、明、清绘画达 4000 余件，几乎拥有中国所有大画家的作品。大多数博物馆能有这些画家的一两幅作品就引以为荣，然而台北故宫博物院则往往珍藏好多幅，其中不乏这些画家的代表作，足可以研究 9 世纪至 19 世纪中国绘画的全部历史。其中有一幅年代最久的著名山水画，题为"明皇入蜀图"。现存的唐代以前的画卷已寥寥无几，且取材多为人物或佛像。于是，这幅画风古朴、色调明快的绢画便填补了人们对中国山水画发展情况的理解中一个十分重要的空白。表面上，这幅画的题材是描写唐玄宗（谥号明皇）在叛臣安禄山占领皇宫后逃往蜀地（现四川）山中的情景，然而画家之意不在明皇逸事，在乎似利刃高耸入云、如石笋洞底直立的崇山峻岭之间也。

谈论历史上著名藏画，不能不提到北宋画家范宽的《溪山行旅图》。这幅作于 11 世纪的卷轴在中国艺术史上是一件无可争议的杰作，以其对景造意雄健、不取繁饰而备受景仰。画面着重渲染巍然耸立的山峰，壮气夺人，表现出典型的奏陇风光，给人以"高山仰止"之感。宋代山水传统画的另一幅代表作是郭熙的《早春图》，画于1072年。该画的题材基本上同于范宽的《溪山行旅图》：一座高耸的山峰，一挂狭长的瀑布和一潭曲折的春溪，但风格却迥然不同。范宽坦白豪放，郭熙则神秘精巧，前者刻画了大自然的条理与永恒，后者则表现出和季节特征紧密相连的狂暴与稍纵即逝之感。郭熙生于1020年前后，年轻时即被点入翰林画院，后被誉为一带山水画杰。金代武元直所绘《赤壁图》，被专家评之为"笔意圆润，如刚针镂铁。画山穷其凸凹，写水状其盘涡"，为古画中独具特色之杰作。《清明上河图》虽为乾隆时仿作，但用笔熟练，刻画桥梁屋宇及人物，无不精妙，且在设色等技法上自创新意，为清代画院之佳作。

台北故宫博物院器物类中瓷器的精品是什么？

　　台北故宫博物院珍藏的瓷器十分丰富，约有2.4万件之多，其质地与种类也是无可比拟的。它拥有出自所有重要瓷窑的精品，包括著名的宋代青瓷、明代青白瓷和清代釉瓷。皇家珍藏中没有在中国大陆和西方许多博物馆中时常见到的宋荊陶瓷及雕塑，这是因为中国历代皇帝都认为收集殉葬品是不吉利的。宋代青瓷中质地最好也是最为罕见的是汝窑瓷（汝窑在河南省汝州市），它以细腻的胎体、精巧的片纹和浅蓝、天蓝与蛋青釉的虹彩而闻名，现存于世的仅67件，其中台北故宫博物院就有23件（另外北京故宫有17件，上海博物院有8件，英国大维德爵士基金会有7件）。最典型的精品之一是瓶底烧印有"丰华"二字的一只铜樽形的青蓝色瓷瓶尤其名贵，是南宋皇帝宋高宗的贵妃刘夫人的宫中之物。

台 北故宫博物院器物类中玉器的精品是什么?

台北故宫博物院的玉器馆藏不以古玉为本,而以宋、明、清代的玉器见长,号称"自史前新石器时代以降,迄于明、清,各代精品胥集于是矣"。由于清高宗极好古玉,咏玉诗句甚多,常将其刻于玉上,为宫中藏玉之特点。又由

▲ 翠玉白菜

于体积较小便于搬运,所以在该院中藏玉极为丰富,设专库储存,最具魅力的珍品是一棵用翠玉雕成的大白菜,原陈列于清末时瑾妃所居住的北京永和宫,是清代艺人巧妙地运用一块一半灰白、一半翠绿的灰玉雕成,把绿色的部位雕成菜叶,白色的雕成菜帮,菜叶自然翻卷,筋脉分明,上面攀爬两只红色小憩的螽斯虫。这棵白菜鲜嫩逼真,刀刻功力非凡,好像用指甲招一下就会出水一样,增添了活意,令人叹服。在当时,白菜象征家世清白,螽斯虫则有子孙绵延之意,可以说这是件别有含义的嫁妆。另外还有一块几乎乱真的"红烧肉",肉块表皮可见毛孔,上色深,下色浅,原质上乘,雕刻之细,形象之逼真,世上少有,它主要是利用玉的自然形成的颜色雕出来的,堪称天人绝妙配合之佳作。

台 北故宫博物院书画类中书法的精品是什么?

书法是台北故宫博物院藏品的精华部分,无与伦比,中国人

把这一艺术形式看得比国画还重、还传神。中国的知识界引书法为豪，把它视作才学和德行的量度。该院最有名的书法首推王羲之的《快雪时晴帖》。"字势雄强"，被梁武帝比作如"龙跃天门，虎卧凤阁"。该帖为纸本竖行，高 23 厘米，宽 14.8 厘米，共 24 字，是王羲之致书山阴张侯的一封信札，唐宋人书录中已有此帖之记录。帖后有著名的书法家元代赵孟頫、明代文亨震、清高宗（乾隆）等人题跋甚多，曾经宋绍兴内府、贾似道以及元、明、清诸家收藏。清代收入宫廷，乾隆皇帝将其与王献之的《中秋帖》、王珣的《伯远帖》视为珍宝，誉之为"三希"，珍藏在紫禁城内的"三希堂"中，三希堂也就由此而命名。这三希之中尤以《快雪时晴帖》最为有名。其余两帖曾一度流矢香港，1951 年由中国政府以重金购回，现存北京故宫博物院内。所幸者，"三希"珍宝均还无恙，分存于两个故宫博物院内。此外，该院所藏著名书法还有历代大家颜真卿、怀素、米芾、苏轼、宋徽宗、朱熹、赵孟頫、董其昌等人之作。

台北故宫博物院图书文献中主要内容有哪些？

在台北故宫博物院超过 24 万册（卷、件）的图书文献、档案中，有全国仅存四部的《四库全书》完整一部，有敦煌卷经 100 多部，有明、清两朝编纂的方志 1500 多种，宋、明的善本书和抄本若干等，还有 1928 年河南安阳小屯出土的商代甲骨（文）2.5 万多片，占全国当时已出土甲骨总数的二分之一，从中选出了较完整的 17 片展出，其中有牛骨 8 片、龟甲 9 片，上边主要记载商代晚期武丁、祖辛、祖甲、廪辛、康丁五个帝王占卜时刻辞等，从中可以看到中国最古老的文字。

台 北故宫博物院文物是如何陈列展出的？

　　台北故宫博物院按照展出文物的年代和性质分为若干个展室，展品室全是面对面呈现在观众面前，个别的细部，如对"翠玉白菜"，甚至可用放大镜仔细观察分析。每个展品都有准确的中、英、日文说明书，欢迎参观者取阅，但限每人一份。若需要一部分的复印件，立刻可办，但要付一定费用。所有展室展柜的材料和颜色全一样，都是恒温、恒湿并且装有防盗报警设备。为了营造良好的参观氛围，每个展室都是冷光源，只有展柜里的灯具散发着柔和的光线。在入口处，配置有各种讲解导游系统，光语言就有"国语"、英语、日语和法语，押一个有效证件和新台币100元，就可租一个语言导览器，这样就不用解说员，到时只要输入眼前文物的编列序号，导览器就会告诉你，这件文物从哪里来，哪个朝代的，有什么用场，以及奥妙在哪里。

　　由于藏品数量巨大，台北故宫博物院文物展出分为两线，一线是不更换的，多是珍品；另一线是每隔一段时间更换的。平均3个月更换一次。如果展品不重复，大约可供展出100年。日常展出的，平均都在8000件至1万件之间。同时辟有"华夏文化与世界文化关系"特展及"多媒体放映室"，按历史脚步组合排列，使人对错综复杂的华夏文化与世界文化的发展脉络及重要文物历史源流、艺术结构一目了然。除了常年展览外，还经常举办各种专题展览，如"乾隆文化大展"、"成吉思汗文物展"、"宋代文物展"、"历代册页名画展"、"西湖十景展览""金铜佛教供具展"、"吉祥如意文物特展"、"吉祥图案瓷器特展"等。这些专题展览，大多较具体、全面反映了中国文化的一个分支或层面。

　　台北故宫博物院门票成人是新台币100元，军人、警察、学生凭证优惠票价 50 元，6 岁以下儿童及 65 岁以上台湾民众免费。20
人以上团体优惠价 80 元。

台北故宫博物院和北京故宫博物院两院孰优？

"中国之美，美在文化艺术；文化艺术之美，尽在故宫"。台
北故宫博物院实际是由北京故宫博物院、南京国立中央博物院、
沈阳故宫博物院和承德避暑山庄组成的。台北故宫博物院和北京
故宫博物院只有合在一起，才是一个完整的故宫。两院都以清室
宫廷收藏为基础，追溯其历史都说是建于 1925 年 10 月 10 日，都
是中国人管理，藏的都是中国国宝。两院孰优？有人说北京故宫
是"有故宫，没文物"，台北故宫是"有文物，没故宫"，也有人
说迁台的文物仅占原南迁文物的四分之一，台北故宫根本不可能
与北京故宫相比。具体情况到底如何？应该说是各有千秋，但都
不完整。台北故宫博物院 65 万件藏品堪称中国文化艺术之宝库，
北京故宫博物院超过了 100 万件的珍藏同样无可匹敌。迁台的学
者当时认为金石是最重要的，鼎是国家的象征，所以拿走了不
少（2382 件）青铜器；文人重视书画，书画本身也好运载，能拿
的尽可能拿，共拿走了 5424 件，其中仅宋画即达 943 幅，宋元山
水画系列可构成台湾故宫博物院的极品特展。中国有君子佩玉之
说，故玉器也拿走不少。陶瓷在故宫的数量很大，只拿走了一部
分，计 1.7934 万件，但却集中了故宫博物院各瓷器陈列室与敬事
房的精品，可谓名窑毕备。被乾隆皇帝视为珍宝的著名"三希堂"
帖，北京故宫博物院藏有"三希"中的"二希"（王献之的《中
秋帖》和王珣的《伯远帖》），而台北藏有其中的"一希"（王羲
之的《快雪时晴帖》）。郭熙的《早春图》，现在台北，北京没有。
龙袍，中国历代只有清王朝留下来了，当时的学者认为清朝的东

西价值不大，没有拿，所以台北故宫博物院一件龙袍也没有。北京故宫博物院可以举办慈禧太后生活用品展，台湾就办不了。限于当时运输能力，皇帝宝座太大，搬不动；家具也太大，无法搬。今天来看，家具很珍贵，现北京故宫的明清家具，特别是清代家具非常丰富，大条案、大桌子，都很精美。佛教塑像、工艺品，只拿走了极少一部分。而最不能忽视的是北京故宫建筑的美轮美奂，本身就是无与伦比的古代建筑和伟大文物。有人说，完整的故宫应有完整的文物，完整的宫廷文物和完整的宫殿建筑相辉映，才是名副其实的故宫博物院，也才更能充分地显示中华民族古老悠久的历史文化。"宝剑该入匣，瑰宝应还家"。综观台北故宫博物院发展的历史，有如一个人的成长，经过生于忧患、成于艰难的里程，终于有所成就。但它是否也具有中国人坚守的传统——落叶归根呢？

北京故宫博物院的文物是如何从大陆迁徙到台湾的？

　　20 世纪 30 年代，正当北京故宫博物院各项工作正常发展时，由于日寇侵华，北京处在了日本侵略者的炮口之下。当时我国的有识之士担心北京故宫博物院院藏国宝遭到日寇破坏和落入敌人之手，上书国民党当局，分期分批迁往敌后安全地带，自此开始了举世闻名的"文物万里大迁徙"。大迁徙在极其艰难困苦的环境中进行，天上有日本飞机的空袭，地上有日军大炮机关枪的追击，跋山涉水，火车、军车、轮船全都搭乘过，于 1933 年 2 月到 1936 年年底，几经周折，先后将北京故宫博物院的 24.5592 万箱（还有颐和园、国子监、古物陈列所的 6000 余箱）书画、青铜器、瓷器、玉器精品及古籍善本图书经天津、上海运到国民党政府所在地南京。1937 年 7 月 7 日抗日战争爆发，南京的飞机场和军工厂连遭日军飞机的轰炸，随即又将这些国宝和南京国立中央博物院的国宝一起于 1937 年 8 月 11 日和 1938 年 12 月分三批分别经长沙、安顺、郑州、汉中、汉口、重庆、乐山转了一大圈，于抗日战争胜利后的 1947 年 12 月又运回南京。前后历时 14 年，行程上万里，饱尝千辛万苦，屡遭险阻不测，但文物未丢失一箱，无损坏一件，不能说不是中国文物历史上的一大奇迹。日本学者称之为"世界文明史上最不可思议的大迁徙"。

早在 1933 年 2 月 5 日第一批北京故宫博物院文物南迁时，就曾遭遇到反对的呼声，当时的国民政府曾公开表示：一旦时局稳定，仍将南迁的文物返回原地。但是抗日战争胜利后，国内战争又起，正成惊弓之鸟的国民政府鉴于当时的形势，于是来了个 180 度的大转弯，于 1948 年 12 月 22 日、1949 年 1 月 6 日和 1949 年 2 月 22 日，马不停蹄又将存放南京的文物，分三批运到台湾。这三批文物共 2972 箱（加上以后陆续接收、捐赠和收购的文物共计 64.5784 万件），数量上虽然不及故宫博物院所藏，但在质量上却都是精品。对此，1983 年 6 月美国《读者文摘》转载英国《泰晤士报》的报道说："1948 年 11 月，人民解放军以破竹之势，迫近南京。当时由中央研究院、故宫博物院、外交部向海军咨派军舰两艘、商船一艘装重要档案运往台湾，其中从北平运出的箱数有 2972 箱。此数中大部分为故宫精英，包括历代名画书法、清宫藏书和精美宋瓷，总数约占故宫全部所藏的十分之六。"当年曾参与护送故宫博物院文物到台湾的原国立故宫博物院副院长庄严撰文说："北京故宫博物院文物迁徙的过程由北平到江南，由江南搬到西南，由西南再搬到江南，中间又从国内搬到欧洲，再由欧洲搬回国内，最后更由南京搬到台湾，在台湾最初 20 年中又曾搬到美国，再由美国搬回台湾。"

这些文物运到台湾后，先保存在气候最干燥的台中市，掩蔽在一个马蹄形的山洞里。1950 年 4 月台中雾峰乡吉峰村仓库落成，随即迁入新仓库存储。1955 年台湾成立"国立故宫·中央文物院联合管理处"。1956 年在美国亚洲基金会的赞助下，在原库房外又建起一座小型陈列室，分批公开展览所藏之物。1965 年 11 月 12 日设备先进、造型雄伟的新馆在台北落成，正式搬入展览。自此，中国有了两个故宫博物院，但台北故宫博物院比北京故宫博物院成立晚了整整 40 年。由于台北故宫博物院仍不敷存放，至今还有 2345 箱文物原封未动堆放在台北一个防弹坑道里。

台北中山纪念馆的重点工作是什么？

台北中山纪念馆位于台北市基隆路与光复南路之间的仁爱路四段 505 号，1972 年为纪念孙中山百年诞辰而兴建，主要以孙中山史料的整理、研究和展出为重点工作，占地面积 3.3 公顷，外形采用中国宫殿式建筑，巍峨宏伟，屋顶以黄色琉璃瓦覆盖，台基、柱廊、门扇和翘曲的飞檐都经简化，显得格外庄严大方。馆内包括一座能容纳 2600 人、灯光与设备一流的大会馆及孙中山图书馆、展览馆、画廊、励学室、演讲室、表演厅、联合文化服务中心等。正门大厅的孙中山铜像为纯铜铸造，高 5.8 米，台座高 3.1 米，肃穆庄严，供人们瞻仰。图书馆藏书 14 万册。展览馆装潢精美，设计新颖，经常展示现代名家艺术品及有关中国史籍资料。表演厅经

▲ 国父纪念馆

常举办高水准的音乐、戏剧演出。演讲室每周都有各种讲座。励学室提供自修场所。每天上午 10 点至下午 4 点半都有各种影视节目放映。周六、周日下午 3 时有加场电影。纪念馆外是中山碑林和景色优美的中山公园，九曲桥、桥心亭、池塘、假山、湖水，每天 24 小时开放，池塘周边盛开各种花卉，池中人工饲养的红色鲤鱼成群结队，悠游自在，常有许多旅游者和市民在这里散步、放风筝、溜冰、玩飞盘、打羽毛球，非常热闹。

为什么说孙中山台湾史迹纪念馆充分表达了台湾同胞对孙中山先生的爱戴和感情？

　　孙中山台湾史迹纪念馆又名"梅屋敷旅馆"、"逸仙公园"，是孙中山先生于 1913 年第二次到台湾时的下榻处，占地面积 3.3 公顷，园内广植葫芦、黑松、热带罗汉松、劲梅，加上碑亭、假山、曲桥、流水巧布，倍觉雅致幽静，恍若世外。主体建筑是一座日式房屋，分为内、外两间，外间悬挂孙中山先生手书"博爱"二字，孙中山先生当年使用过的木质方桌、茶几、屏风等仍保持原状。"博爱"二字是孙中山先生当年留给"梅屋敷旅馆"主人的墨宝，弥足珍贵。内间多为史料陈列，记述了孙中山先生为"恢复台湾、巩固中华"的奋斗历程，也展现了台湾同胞为实现台湾的早日光复而作出的英勇牺牲。旅馆面积不算大，但却铭刻着一位伟人与台湾的历史关系，也记载了台湾人民伟大的民族精神与爱国情怀，并成为台湾人民为早日回归祖国怀抱进行艰苦努力和不屈抗争的史迹。

　　孙中山先生除 1913 年外，还有 1900 年和 1918 年也曾亲临台湾，前后跨越近 20 年，都是在台湾被割让给日本期间。他每一次去，都给了日本铁蹄下的台湾同胞以巨大的希望和鼓舞。罗福星、林祖密等台湾同胞就是在孙中山先生的鼓舞下回到祖国大陆参加辛亥革命，并在台湾领导抗日运动的。正因为如此，日本统治者感到极大的恐慌和不安。当孙中山先生1918年第三次去台湾时，日本政府和台湾"总督"明石元二郎（日本人）竟然不让孙中山先生与台湾民众见面，只许他在台北市住一天就前往神户（日本）。孙中山先生逝世后，台湾人民发起了大规模的悼念活动，充分表达了对孙中山先生的爱戴和感情。

台北"国立历史博物馆"主要的文物是什么？其他文物是什么？

台北"国立历史博物馆"位于台北市中正区南海路49号，楼高四层，碧瓦覆顶，雕梁画栋，朱窗红柱，白墙玉阶，是一座典型的糅合了明清风格的中国传统古建筑。1956年首先接收了原河南博物馆迁台的5000件中原文物，不久又接收了一批战后日本归还的古物，使它的内容更加丰富。该馆以收藏、展示中原文物以及黄河流域汉文化区出土的文物为主，台湾早期文物次之，年代上自殷商下至民国，前后跨越3000多年，内容包括铜器、玉器、陶器、书画、古钱币等近5万件，其中以古钱币最丰。该馆一、四楼是特展区，二、三楼则长期展出河南文物和以"双玉交辉"命题的国画。所有这些，虽不是历朝文化的完整面，却也已经展现了洁净的文化面貌。但现在，历史博物馆已不再是一些陈列文物的仓库，而重心是在研究中国历史文化的过程与情形，以生活历史为经，配合典章制度、美术工艺为纬，辟设有史前室、陶器室、铜器室、玉器室、漆器室、瓷器室、文字室、牙雕室、印玺室、家具室、乐器室、服饰室、宗教文物室、石雕室、书画室、木刻室、茶具室、工艺室、建筑室、交通室、钱币室等。完全能够达到展现古代食、衣、住、行、礼仪、年节、信仰、游戏等生活面貌。同时还建有图书馆、资料室、文物标本室、古物鉴定室、文物修护室，提供人们研究以及进行资料的追踪，使喜爱历史文物的民众，能更接近这些前人的佳作。博物馆内还经常举办全台性美展、摄影展。最使小朋友们喜欢的是科学馆内的科学展，每逢假日，挤得人仰马翻，水泄不通。

"台北国立历史博物馆"展出的"双玉交辉"命题作品展其中的"双玉"指的是什么人？

"双玉交辉"命题中的"双玉"指的不是玉器，而是我国留法著名画家潘玉良和常玉。观瞻他们的作品，不管你经意不经意，哪怕是漫不经心地无意间一瞥，作品内在的神奇魅力，就会电闪雷鸣般地冲击你的视觉、你的心灵，甚至你的灵魂深处，使你心悸，使你敬畏、膜拜。观二位大师的作品，无论是油画、彩墨、素描，抑或是风情人物、人体和花卉静物，都以其雍容华贵的画面，纤巧的线条，透露出神奇的中国艺术的意境、韵律与诗情。

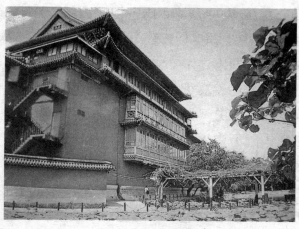

▲ 台北国立历史博物馆

二位画家均为20世纪20年代赴欧留学，与林风眠、刘海粟、徐悲鸿同期，但所不同的是二位大师均滞留法国终其一生，先后客死巴黎。潘玉良之画大陆人比较熟悉，而对常玉就比较陌生。常玉，四川人，1920 年勤工俭学留法习画，以自学而获画名，且自成一格，名重一时，其画熔中、西画技于一炉，以简单的线条形式组合，采用平涂技法，以十分单纯的色彩表达出了神秘、隐晦、深沉及浪漫的内心情感世界，深刻地冲击着观众的心灵，进而引起人们的共鸣。参观后使人许久都不能从大师们的绘画意境中完全跳出来。

你 知道台北的龙山寺吗？

龙山寺位于台北市万华龙山区广州街 211 号，"万华"昔称艋舺，是台北市开发最早的地方，清朝中期与台南、鹿港并称"一府二鹿三艋舺"。另外，万华龙山寺和哈密街保安宫、台北清水祖师庙，又合称台北三大寺庙。该寺始建于清乾隆三年（1738 年）。当时艋舺一带的住民以福建省泉州市晋江、南安、惠安三县的人为最多，他们为了求神的庇护，一起赴晋江县安海乡的龙山寺，恭请观世音菩萨分灵到台湾兴建龙山寺。龙山寺因与早期移民关系至深，一向被视为福建泉州龙山寺的分支和祖籍的标志。寺院坐北朝南，规模庞大，由前殿、大殿、后殿、钟鼓楼及左、右护龙围绕大殿而成，殿堂宏大，气象庄严，雕饰尤精，全寺仿佛是千万件石雕、木雕、瓷雕所镶成的宏丽的雕刻集合体，全出自泉州名匠之手，在龙柱之上还有雕刻华丽的网目斗拱。前殿中门前有铜铸龙柱一对，全台罕见的石雕用石相当考究，主要为泉州白石及青斗石。中殿有铜铸龙柱四对，雕工精细，尤以正殿饶有观赏价值，正殿大雄宝殿供奉主神观世音菩萨，后殿中央奉祀妈祖，各厢供奉关帝圣君、文昌夫子、四海龙王、十八罗汉、城隍、注生娘娘、土地公等。各大宗派的神祇，在此云集，信徒们大可各取所需，于是理所当然地成为人们的宗教活动中心。由于神灵多了，祭日自然也多，天天门庭若市，经常聚集着川流不息给神灵办庆典的信徒们，香火鼎盛，每月初一、十五，都有固定香客来此进香，每年元宵节更有如海人潮赶来看花灯。也常见来自日本、南洋等地的观光客。龙山寺为一座典型神佛合一的寺庙，是台湾二级文物古迹。

保安宫主祀什么神？

　　保安宫又称大道公庙，位于台北市大同区哈密街 61 号。庙中主祀医神保生大帝，俗称大道公，从福建省同安县（现为厦门市同安区）白礁分灵而来，因此被同安人视为守护神，也是药商的行神。每年农历三月十四日大道公诞辰，都举行盛大的祭典和民俗活动。保安宫始建于清嘉庆十年（1805 年），至光绪十四年（1888 年）曾修葺过。日本占领时期，曾一度成了日本国语学校和制筵公司所在地。由于缺乏照管，庙庑逐渐败落，地方上士绅乃发起募捐，整修庙宇，至 1919 年整修完毕，庙貌规模始宏大壮观。现今庙宇分为前殿、大殿、后殿和钟鼓楼四部分，正殿的屋顶为歇山重檐式，线条非常流畅优雅，屋檐与墙壁上的交趾陶多出自厦门老艺人之手，造型与色彩古味十足。不过最特别的是保安宫内的雕刻大多采用的是台湾观音山的石材，和其他列为古迹的庙宇多用大陆石材有所不同。前殿主祀保生大帝，其屋梁雕刻极其精细瑰丽，墙上有石花窗，后壁有壁画；后殿供祀神农大帝，亦即五谷先帝，神农神像乃半裸体，十足表现了太古遗风，而其香火之盛，与前殿保生大帝可以等而视之。每年农历三月十五日保生大帝诞辰，保安宫皆举行盛大的祭奠活动。

孔庙为什么不开正门？

　　孔庙又称孔子庙、文庙、孔夫子庙，位于台北市大同区大龙街 275 号，始建于清光绪五年（1879 年），占地面积 1.7 公顷。建筑形式借鉴山东曲阜本庙，以漳州、泉州文庙为蓝本，宏伟壮观，庄严幽静，是奉祀大成至圣先师孔子以及历代贤儒的殿堂。庙内设有大成殿、崇圣祠、东西厢、东西庑、仪门、棂星门、义路、礼门、泮宫黉门、泮池、明伦堂、万仞宫墙。这里没有偶像，系自明世宗嘉靖九年（1530 年）更正孔庙祀典时起，相沿迄今。这和其他寺庙是大异其趣，但是大成殿内供奉的"大成至圣先师孔子神位"，为 9 只神龙所蟠护，此神主位是以黄金镶嵌的，因孔子于唐开元中被追谥为"文宣王"，且其品德与学问更堪为"帝王之师"，实已享尽了万代世人的尊崇。现奉祀在孔庙的神位，共有 186 位。即主殿大成殿，奉祀大成至圣先师孔子、四配（复圣颜子、宗圣曾子、述圣思子、亚圣孟子）与十二哲（先显闵子损、冉子雍、端木子赐、仲子由、卜子商、有子若、冉子耕、宰子予、冉子求、言子偃、颛孙子思、朱子熹）等 17 位。后殿崇圣祠奉祀孔子五代祖先、孔子之兄、四配之父、理学家鼻祖先贤周敦颐之父、先贤二程之父、先贤朱熹之父、先贤张载之父及理学先儒蔡沈之父等 15 位。位于大成殿前左右两侧的东、西庑，奉祀孔子的杰出弟子及历代贤明学者与儒家神位，即东庑先贤 40 位，先儒 37 位，西庑先贤 39 位，先儒 38 位，共计 154 位。

　　台北市孔庙正门隔以万仞宫墙，入庙须从黉门（西门）或泮宫（东门）进礼门或义路，再过棂星门与仪门的侧门，方能到达正殿大成殿。孔庙正门不开，是因为当年的台北地区（包括现在的台北市、台北县、基隆市、宜兰县）没有出过状元。根据旧俗，必须有状元及第者，当地的孔庙才能建造正门——状元门。状元可由正门过半桥，经过中门（孔庙的棂星门及仪门各有 5 个门）入庙祭孔。因欲考状元，唯有发愤图强，所以万仞宫墙实具有鼓励后进力图自强的含意。每年九月二十八日孔子诞辰，孔庙都举行祭孔大典，古器雅乐和肃穆的八佾舞，总吸引着无数中外观光客。

为什么说关渡宫是台湾三大妈祖宫之一？

关渡宫原称灵山庙，又称妈祖宫，位于台北市知行路 360 号，与北港朝天宫、鹿港天后宫并称台湾三大妈祖宫，同时也堪称台湾北部历史最悠久的寺庙。

妈祖，原名林默，宋太祖建隆元年（960 年）三月二十三日诞生于福建省莆田的湄洲岛。河南省卫辉市的比干（林姓始祖）为其始祖，姊妹七个（一男六女），数她最小，自出生到满月，不啼不哭一声，父母——东南沿海赫赫有名的都巡检林惟悫和母亲王氏于是给她取名叫"默"。后来长大了，人们见她长得十分天真可爱，便都亲昵地叫她默娘。她在穿着、饮食和生活爱好上，和五个姐姐大不相同，喜欢穿清一色的朱红衣裳，爱给父母到海边接水亭烧香拜佛，看大潮大浪，总叫母亲给她插上敬佛之物———种清香的菜花子，五岁就跟着母亲学纺纱织布，不满七岁就和哥哥一起坐在家塾中听老师讲课，年复一年，日复一日吃斋。当时人称她是一位终身未嫁而又聪慧勇敢的传奇女子，能识气候、善于舟楫、通晓医理，在海上救助过不少渔民和商船，宋雍熙四年（987 年）九月初九死后被尊为扶贫济困、救苦救难的"海上保护女神"，历代朝廷还敕封她"顺济"、"灵济"、"天妃"、"天后"、"天上圣母"等尊称。并在湄洲湾口的湄洲岛上修建了金碧辉煌、恰似"海上龙宫"的妈祖庙（被誉为湄洲祖庙）祭祀。妈祖信仰在闽、粤、港、澳、台是信众最多的民间信仰，从湄洲祖庙分出去的妈祖庙宇（有的叫天后宫，有的叫妈祖宫）遍及全世界26个国家和地区，信徒达2亿多，其中台湾信徒就有1400多万；大小妈祖庙世界各地有1500多座，其中台湾300多座，占了五分之一。

关渡宫每月初一、十五和每年农历六月初六的"开天门"祈运祈福仪式为最高潮，都吸引了无数的信徒和游客，香火鼎盛。根据开山碑文的记载，关渡宫始建于清顺治十八年（1661年），当时称天妃庙，位置在甘答门，以简陋的茅草屋充当庙堂。清康熙十一年（1672年），修建时以瓦片代替茅草。清康熙五十六年（1717年），诸罗知县周钟瑄斥资重修，并题匾"灵山天妃庙"。清乾隆三十九年（1774年）再度重修，易名为"关渡祖宫"。清嘉庆十七年（1812年），关渡宫迁建于现址。日本占领时的大正十一年，日皇下诏再次整修，同时更名为"关渡宫"至今。宫内主要建筑有前后殿、钟鼓楼、藏经楼、菊寿阁、广渡寺和天坛等。从关渡宫的牌楼进去，步上16级阶梯，就可见到一片开阔的庭院，而耸立在庭院中的就是圣母（妈祖）殿，殿内的圣母神像大有来历。那是清康熙六年（1667年），临济宗和尚石兴自福建省兴化府莆田湄洲岛妈祖庙分灵，恭请到台湾，经淡水进港到达甘答门，建庙奉祠。说起关渡宫的圣母灵签，尚有一段可谈的话题。清乾隆四十年（1775年）四月，18岁的末将元枢从福建到台湾，于赴任台湾知府途中，经淡水入港参拜关渡宫天上圣母时，见该庙竟无诗签，乃彻夜埋首题了99首的诗签，后为了尊重当地贤士能人之计，次日即起程赴台南到任了。三年后这位知府再度参拜关渡宫时，发现第100首诗签已为关渡出身的贡员回乡补撰。

阳明山"国家"公园最主要的胜景是什么？

　　阳明山原名草山，1950年为纪念明朝著名哲学家、教育家王阳明，而更名为阳明山。1985年正式成立阳明山"国家"公园。该公园位于台湾盆地的东北方七星山腰，距台北市16公里，以大屯山、七星山等火山群为中心，范围包括士林、北投、万里、金山、石门、三芝和淡水的内陆山地，面积约1150公顷，海拔443米，是火山、硫黄、温泉的橱窗，更具有丰富的动植物资源和多姿多彩的自然人文景观，早已成为旅游胜地。它主要由前山公园（中正公园）和后山公园（阳明山公园）两个公园组成。前山公园面积较小，倚阳明湖，多小桥流水、亭台假山等，呈古朴自然的景象。公园内的中山楼，是为纪念孙中山先生百岁诞辰于1966年兴建的；后山公园为公园主体，著名的景观有小隐潭、七彩喷水池、大花钟、展望台、瀑布区、光复楼等，园区内山林清幽，幅员广袤，步径穿梭，美不胜收。后山公园中的火山——大屯山，站在其顶端可以观望关渡平原全景以及沿海一带的景色。这里是台湾岛上最主要的火山分布区，由于经过了长时间的火山活动，至今留下了温泉、喷气孔、爆裂火口、火口湖和峡谷等遗迹。其中的小油坑硫磺谷，为爆裂的火口，有迷漫的喷气、白烟缭绕和裸露的地层，诡异独特，山谷内热流滚滚，时常自地底喷出

▲ 阳明山"国家"公园

一串针状和结晶状的硫黄气体，十分特殊，为阳明山公园的胜景之一。七星山上的火山活动虽然已经停止，但地底下残余的岩浆热力仍然不断，形成了丰富的地热谷和温泉。如马槽温泉，已成为游客洗温泉、煮鸡蛋的好去处。山上石阶小径，曲折盘旋。路旁树伞如盖，荫庇游人。由于受东北与西南季风的影响，阳明山公园天气变化多端，每到冬季，山上常云雾缥缈，现出朦胧之美。而每当每年二至四月花季来临时，山上又呈现一片万紫千红，樱花、梅花、杜鹃花、山茶花等群花竞相绽放，春意盎然。山下湖面上长满层层绿草的梦幻湖，湖里的绿草是极为珍贵的寒带草本植物——水韭，已被列为重点保护的植物之一。梦幻湖边山林里的绢丝瀑布，形状像白绢一样，急奔而下，极为好看。与其相邻的游乐场——松园，遍布黑松和赤松，绿意盎然。园内的儿童游乐园、品茶区、瀑布区、温泉区、戏水区，依山傍水，美景如画。特别是在雨季过后，可以看到满山飞舞的蝴蝶穿梭在花丛中，不时还可以看到台湾野兔、猕猴、赤腹松鼠、白鼻心、五色鸡等动物。五色鸡属台湾特有品种，全身羽毛皆为翠绿色，栖息于树梢上，常"嘎嘎"地鸣叫，有人称其为台北市市鸟。其间的两个大鱼池称乐鱼园，一池红色鲤鱼，一池青色草鱼，遨游于花石假山之间。游人投食，群鱼竞跃，煞是好看。而刚开放的阳明山后山阳明书屋，原是蒋介石的北部行馆，占地约 15 公顷，林木荟郁，空气清新，有多座馆舍及三座庭园掩映其间，还有为备战而修筑的错落有致的九座碉堡，目前供游客参观的是主体建筑两层楼的中兴宾馆，除保存有昔日接待外宾的办公室外，还有蒋介石与夫人宋美龄的起居室、书房和典藏的孙中山、蒋介石等留下的史料史迹。公园中心建有辛亥光复楼，主要供游客休息餐饮用。

"总统府"的建筑风格是什么？

　　"总统府"原是日本占领时期的"总督府"，位于台北市中正区重庆南路一段 122 号凯达格兰大道上，兴建于 1912 年，竣工于 1919 年，是台湾第四任"总督"儿玉源太郎采用日本建筑师长野平治的设计图建造的，风格是当时流行的文艺复兴维多利亚风格，台阶、拱门、高柱是主要特色，造型对称的五层楼建筑中央，立起一座 60 米高塔。楼身外贴红色面砖，结构坚实，在当年曾是全台最宏伟壮观的大楼。正大门门楣上，"总统府"三个楷体大字匾额高悬，气势恢宏；进入后敞厅，巴罗克式圆柱罗列，弧形顶雕饰繁多。第二次世界大战期间，一度遭美军轰炸而部分损坏，后按原设计重修。自日本占领时期至今，一直是台湾的最高领导中枢，昔日蒋介石的办公室，今已成为"勋章"、"国玺"、"印玺"的陈列室；三楼已开放供游人参观，这里有外宾会客室，以及举行音乐会、各项庆典集会的介寿堂等。建筑物前面两侧，各有一个雅致的庭园，每年春天百花争开，芳华缤纷，吸引不少游人的眼光。

植物园最为风雅的景观是什么？

　　植物园位于台北市中正区南海路 53 号，占地 8 公顷，拥有近 2000 种来自全球五大洲的花木植物，种类之多居台北市之冠，俨然一座丰富的植物教室。全园分为 17 个区，每个区每种花木植物大都有名牌说明，好让游客得以借此认识各种花木的名称及产地特性等。其中第 10 区开辟有"诗经植物"、"成语植物"区，最为风雅。园内还有一座玻璃圆顶的热带植物温室及另一长形温室，里面的台湾林业陈列馆，为台北市古迹之一，建筑采用中国古代庙式造型，本是清朝的布政使司衙门，现在用来展览植物标本，展示内容颇具广度。荷花池是植物园中最令人驻足的地方，有"台北西湖"之美称，夏季到此可见荷花田田的景象，间有典雅的中国式凉亭及垂柳小桥。环池小径，再横过池塘一段路，筑有棚架，爬满绿藤，两侧有长椅，供人们闲坐赏湖。一到夏天，荷花朵朵盛开，娇美无比，香气袭人，游客、作家、画家、摄影家等都纷纷前来，捕捉灵感，赏荷赋诗，为书为画。

为什么说圆山大饭店象征中华民族兴旺与昌盛？

圆山大饭店位于台北市西侧，大直、士林和台北市中心的三岔地带，基隆河穿流而过，交通比较繁忙。饭店就建在圆山的小山丘上，气派雄伟，宏伟壮丽，具有中华文化特质建筑形态，不论从空中、海陆上前往台北的途中，也不论白天和夜晚，远远就可以看到它那耀眼鲜明的身影，它是世界十大旅店之一，是台北显著的地标，也是台北一个非常诱人的观光点。其历史演变经过了日本神社、台湾饭店和圆山大饭店三个阶段。1895 年至 1945 年日本占领台湾、澎湖时期，日本明治天皇派遣其弟北白川宫接收台湾，不到半年，即被台南抗日分子所杀，日本政府遂在圆山山际，建造台湾最大的神社，纪念天皇其弟及安厝使用。日本投降后，这座神社由

▲ 台北圆山大饭店

103

台湾旅行社改建为台湾饭店来经营。1952 年圆山大饭店的创办人发现这里环境幽雅清净，视野辽阔，交通便利，仿如世外桃源，便决定将此地作为接待重要贵宾的场所，开始创建圆山大饭店。当年，建成游泳池和网球场，并兴建了会员厅，扩充了会员俱乐部。1956 年建成金龙厅与附属餐厅，1958 年建成翠凤厅，1963 年建成麒麟厅。至此，圆山大饭店已成为极具现代化水准的大饭店。1968 年被美国财星杂志评定为世界十大饭店之一。

台湾大学有什么特色？

台湾大学位于台北市大安区罗斯福路四段 1 号，创立于 1928 年，前身为日本帝国大学，是台湾最老的大学，因其崇高的学术声望、典雅宏伟的校舍建筑、清新明丽的校园景观，加上浓厚的学术风气（学生们自发组织的社团有 300 多个，颇似大陆的北京大学），成为莘莘学子渴慕的学府。由于校区面积广大，学生们往往无法在下课 10 分钟内赶到另一个教室上课，因此脚踏车成为校园景观中的一大特色。校区最有名的地方，当数位于在大门东侧的"傅园"，过去是植物园，因第一任校长傅斯年长眠于此而改名。傅园宁静肃穆，常有许多人在此看书或沉思，巍峨高大的墓冢，采用希腊式神殿建筑，造型仿雅典的帕提侬神庙，外形非常美观。位于文学院对面纪念傅斯年的"傅钟"，每天在上、下课时敲响，是台大校区的精神象征。另外，台大又以"杜鹃花城"闻名，校区内遍植杜鹃花，春三月处处花海，十分艳丽。台湾大学正中央的椰林大道，也是人们耳熟能详的台大代表性景观；大道前端的植病系馆和旧总图书馆等，都是日本占领时期留存的西式红砖建筑，古意盎然。在台大校区中心的醉月湖，则表现出台大人诗情画意的另一面。湖畔湖心各建有凉亭，湖畔杨柳低垂，七里香连绵，一到夜晚，情侣喁喁私语，漫步在花径草丛中，十分罗曼蒂克。

鸿禧美术馆的镇馆之宝是什么？

鸿禧美术馆位于台北市中正区仁爱路二段 63 号 B1，占地 0.33 公顷，拥有超过 3 万件的中国历代文物珍品，如瓷器、书画、青铜器、镏金佛像、竹雕、木雕、漆器、珐琅器等，分别在 5 个展室展出。其中"釉里红地白缠枝莲菊纹大碗"是鸿禧美术馆的镇馆之宝，这是明朝洪武年间江西景德镇官窑烧制的釉里红大碗，全世界仅 10 件，唯有鸿禧收藏的是红釉涂地，纹饰反白。而馆藏的镏金佛像也极负盛名，囊括从魏晋南北朝的释迦牟尼佛，隋唐的观世音，到清朝的无量寿佛，各朝佛像风格迥异。馆中还有明清以来的各类书画，如齐白石、浦心畬、任伯年、徐悲鸿等名家的画作。其他重要典藏尚有端坐在序厅中的明朝干漆夹纻大佛、大厅里的东周青铜器"螭纹编钟"等。

为什么说迪化街充分显露出中国式的年味？

迪化街位于台北市大桥以南的一段，清代时分为南街、中街、北街、普愿街和杜厝街，是台北市现存最完整也是最具历史意义的一条老街。清咸丰元年（1851 年），第一家店铺"林益顺"在此成立，从此开始了与大陆之间的贸易，随后陆续有人跟进，生意兴隆。过去台湾北部的南北货进出口，皆经由淡水河的大稻埕码头转运，码头附近的迪化街便在"地利"的条件下，成为北部重要的商品交易中心。至今，南北货行仍在迪化街最具代表性，台北市有关部门每逢年末都在此规划"年货大街"，届时可见采购年货的人潮把迪化街挤得水泄不通，形成万头攒动的热闹景象，充分显露出中国式的"年味"。如今迪化街南端的永乐市场一带，几乎囊括了全台湾90％的布匹批发商，各式毛料、绸缎无所不有。从霞海城隍庙到民生西路口的"南街"，是全台湾最大的中药材批发中心，现有100多家中药行。接着到绥街口便是"中街"，南北货齐全，瓜子、蜜饯、香菇、小鱼干、乌鱼子……应有尽有，其中的"林复振商行"为大稻埕最老的商号之一。过了绥街便是"北街"，商业气息较淡，散布其中的住宅、农具行和老式工作坊，让人回味老台北的生活。南街与中街上一幢幢精简均衡的现代主义式或富丽堂皇的巴洛克式建筑，瑰丽的山墙和浮雕装饰，是迪化街的一大特色，值得细赏。此外，位于迪化街二段67号的大桥教会，为昔日"枋隙教会"之原址（该教会为大稻埕地区最早的基督教老教会，系1875年马偕博士所成立），部分建筑仍保持原貌。

为什么说袖珍博物馆是亚洲第一座专门收藏当代袖珍艺术品的博物馆？

袖珍博物馆位于台北市中山区建国北路一段96号B1，是台湾也是亚洲第一座专门收藏当代袖珍艺术品的博物馆，里面有8个国家200多件从世界各地搜集来的袖珍艺术品，其规模仅次于美国，居世界第二位。目前该馆展出的艺术品以描绘19世纪生活的西洋袖珍艺术品为主，主要有再现整座建筑内外布置的袖珍娃娃屋，参观者可360度地旋转参观整个建筑的每处细节；有各种房间精致写照的梦幻屋盒，如同油画般镶嵌在美丽的相框中；另外还有各式各样的洋娃娃、动植物、橱柜、桌椅、油画、车、船、蛋雕等，惟妙惟肖。馆藏中根据美国洛杉矶市文献记载而创作的玫瑰豪宅堪称镇馆之宝，做工十分考究；而造价千万、富丽堂皇的白金汉宫则显示出英国皇室的气派。

漫步袖珍博物馆犹如进入异国风情的时光隧道，从 2000 年前的罗马遗迹到 20 世纪 90 年代的美国公寓，从意大利水都威尼斯的浪漫风情到中国颐和园镜桥亭的庄严，从极尽奢华的英国女王白金汉宫到伦敦东郊的贫民窟，从童话世界的白雪公主到现实世界的士兵仪仗队，从 1800 年前的厨房到占据一个山头的采矿工地……这里包罗万象，使人惊叹之余又多点感动。一台比火柴盒稍大的电视机正在播放快乐的动画 DVD，一件像手指那样长的貂皮大衣斜挂在椅背上，散发着醇香的美酒装在 1 厘米高的酒瓶中，织着精美图案的小小地毯旁，散落着几本杂志和报纸，每本也就几个平方厘米大小，上面的新闻却清晰可见。

袖珍艺术品发源于 16 世纪德国王室间互赠的礼物，质量与造型都比照实物，按照 1∶12 的比例缩小。流入民间后，广为流传。其与模型最大的区别在于一是所有的建筑不仅要有精美的外观，而且也要真实再现室内的场景；二是讲究真材实料，除了有生命的人和动物外，其他的艺术品都要尽量接近真实：电影是真的电影，留声机可以放出音乐，貂皮是真的貂皮，酒是真的白兰地，邮票大小的油画是油彩真迹，书本用放大镜就可以阅读，还有座椅、床单、瓷器、玻璃、钥匙、水晶灯等，都是实物的翻版缩制。在博物馆中雕刻的袖珍艺术品"金钱扣"、"十二生肖"、"百寿字"等，精美绝伦，为这个充满异国情调的博物馆带来一股清新的中国传统之风。中国的微雕艺术博大精深，几千年前就已出现，现在大陆还有在头发上进行雕刻的工艺，这些是外国所不能比拟的。但是，欧美的这种袖珍艺术比较容易普及，人人都可以自己动手来做，完成梦想中的小世界，目前仅美国就有 200 多万人痴迷于袖珍艺术。通常一件稍大的袖珍艺术作品平均要耗时 3 年才能完成，价格自然也很昂贵，"白金汉宫"价值就达 300 万元人民币。

为什么说原住民博物馆是以展示台湾各地原住民文化精神、生活工具及服饰为主题的博物馆？

原住民博物馆，全称"顺益台湾原住民博物馆"，位于台北市士林区至善路二段 282 号，以展示台湾各地原住民文化精神、生活工具及服饰为主题，共珍藏有关文物 1200 多件，分别展示在三层楼中。一楼大厅和展室为"人与自然环境"展示区。除以图表与模型介绍台湾原住民的分布及起源外，并陈列原住民文化的重要象征——雅美族渔舟和排湾族传统石板建筑。二楼展室是"生活与器具"展示区，展示各族工艺用品及住屋模型，表现日常生活与社会关系。这里有雅美族宗柱、邹族男子集会所、布农族谷仓、阿美族火塘、排湾族石板屋；为防台风而建于地下的雅美族房舍，显示其特有的生活经验和智慧；宽阔的邹族男子集会所，则将其父系文化表露无遗。所有这些，为原住民适应自然环境做了最佳的诠释，也表现出这些日常生活器物与其文化脉络的关系。三楼为"衣饰与文化"展示区，展示原住民纺织、服饰之美，从早期的兽皮和无领无袖的贯头衣，发展到出袖子，还开斜襟、带纽襻，可见其受到了外来文化的影响。

博物馆还有地下一楼，这里设为"信仰与祭仪"展示区，墙上的各种图表、文字、历史照片，展出各种礼器文物，阐释原住民信仰生活的形态。

北投温泉为什么曾以放射性温泉名闻中外？

北投温泉位于台北市北投区行义路和天母公园之间的溪谷中，和阳明山温泉、关子岭温泉、四重溪温泉并称台湾四大温泉。其中阳明山温泉和北投温泉为姊妹温泉。温泉源头颇多，在山涧河谷常有温泉露头出现，性质包括强酸性硫磺泉（俗称青磺）、弱酸性土类泉（俗称白磺）和含铁的铁矿泉。青磺水色透明略带青灰，据说可以舒缓风湿神经痛，唯洗浴时不宜使用肥皂，也不能饮用。白磺水色较白，适用普通肥皂，可以少量饮用。温度有 56℃ ～ 80℃ 不等，最低的也有 25℃。内含有多种矿物质，治疗皮肤病、风湿病、关节炎等很具神效。除此之外，北投还有独特的具放射性的"北投石"，此石曾以"放射性温泉"名闻中外。如今北投温泉旅馆林立，从日式景致的小旅社到 10 余层楼高的观光大饭店。原名星乃汤的逸屯饭店及幽雅路上的吟松阁，木造庭园建筑散发着日式情致，除一般泡汤外，还可于和式房内用餐、住宿；春天酒店则是观光温泉度假饭店，属高价位享受；其他还有热海、泉都、嘉宾阁、新年所饭店等提供一般住宿。光明路 244 号的泷乃汤，是有近百年历史的大众温泉浴池，泡汤（洗温泉）文化历史悠久。1913 年"总督府"台北厅斥资兴建的北投温泉公共浴场，也坐落于此，如今已列为古迹，改成温泉博物馆；而博物馆四周也规划为温泉亲水公园，设有日本风情的公共露天温泉、露天剧场及日本栈道，与附近的北投公园景点串成一个生态博物馆区，使得北投温泉旅游内容更加丰富多彩。

北投温泉博物馆内全世界唯一以台湾地名命名的矿石是什么？

北投温泉博物馆位于台北市北投区中山路 2 号，原是 1913 年兴建的"台北北投温泉公共浴场"，系日本占领时期台湾规模最大的公共浴场。整体建筑采用日式木结构，造型则具有英国乡间别墅风格。现为台湾三级文物古迹，并改建为温泉博物馆，以记录北投风光的温泉史。博物馆有 11 个展区，展示内容包括北投温泉发展的相关史料、陶瓷与打石等地方产业、凯达格兰族北投社的记录、以北投为电影场景的老照片、温泉浴池，以及多媒体放映室等；其中二楼的"榻榻米大厅"，是过去泡汤客休息及艺伎表演的场地；一楼的大浴池，四周环绕列柱，并有精致的彩绘玻璃窗，地砖壁瓷，当年的风光可想而知；而含有微量放射性镭元素的珍稀矿物——北投石，则是全世界唯一以台湾地名命名的矿石。

为什么说大屯山火山群是大台北地区的观光胜地？

大屯山火山群位于台北市北边台北盆地的东北地带，南北长约 22 公里，东西宽约 20 公里，行政上分别隶属于台北市和台北县。共有十余座圆锥形火山体，最高峰为七星山（海拔 1170 米），山脉分别向东、西、北三面延伸，往东到万里称为东列山列，有大尖山、磺嘴山等，整个山列横切在金山与外双溪之间；往北到金山，向西到淡水，称为西列山列，有面天山、大屯山、小观音山、竹子山等，地点都在台北市与淡水、三芝的交界边缘；而七星山附近的火山群则称为中列山列，以七星山、纱帽山为主，它们系由安成岩构成，在一二百万年前即开始喷发，直到 10 万年前才逐渐熄火而成了死火山，但早期火山活动所遗留下来的地形与地底下残余的岩浆，却为大台北地区带来了奇特的地理景观和丰富的天然资源，如圆锥山峰、平台山岭、喷火口、峡谷、断层、瀑布、温泉等。这些特殊景观也使得大屯山火山群成了大台北地区的观光旅游胜地。温泉和地热，这是一般人最常接触的火山遗迹。目前大屯山火山区所开发的温泉均在北投至七星山之间，除著名的北投温泉外，还有湖山里温泉、行义路温泉、龙凤温泉、凤凰温泉、阳明山温泉、马槽溪温泉、沙温泉，全部都是含有矿物质的特殊水质，最明显的用途就是温泉浴，有极佳的医疗保健作用。和温泉息息相关的火山地热（又称地热谷）景观，也每每令人驻足。地热谷又名地狱谷，是硫气和温泉的出口，经年蒸汽弥漫，温泉泉温高，可将生鸡蛋煮熟，将食品放入硫黄溪中，不消几分钟即可取出食用。但由于是温泉水煮出来的东西，硫气味甚重，敏感的人可能很难下咽。火山喷火口景观目前在大屯山区已不多见，只有面天山、小观音山和磺嘴山等尚有遗迹。磺嘴山为锥形火山，海拔 911 米，山顶除有一个喷火口外，东侧还有大坪台地；小观音山海拔 1063 米，喷火口尚可辨认，火口直径 1200 米，深 300 米，是规模最大的一个，以前称为"火凹嵌"；面天山海拔 977 米，山上有两个喷火口，靠西的一个呈漏斗状，直径 230 米，深约 45 米，因平时蓄积雨水而称为天池。峡谷和瀑布大都在七星山、大屯山一带出现，规模较大，呈放射状河系。而大屯山南面、面天山北面与菜公坑山东南面的小溪，则呈峡谷地形，景致幽邃清秀，富有山水趣味，深获登山者的赞赏。另外这些火山群中溪谷流径各有数个弯道，瀑布急湍甚多。著名的有枫林瀑布、绢丝瀑布、不动瀑布等。此外，大屯山火山区中的"蝶道"和"蝴蝶花廊"不可错过。蝶道在大屯山火山区百拉卡公路旁和大屯山北麓，由于公路沿路生长着适合蝴蝶幼虫觅食的植物，故素为有名的蝶道。夏季是赏蝶的最好时间，还可听蝉，漫步木栈道、石阶步道，欣赏动植物生态、原生杜鹃复育区等。蝴蝶花廊在大屯山及二子山之间，为一片三侧环山的谷地，由于途中当归、马缨丹等蜜源植物众多，吸引了大量蝶类，计有 7 科 133 种之多，一年四季皆可赏蝶，但以 6 月梅雨期过后的 7 月时间最佳，并还可欣赏小弯嘴和五色鸟等鸟类。

为什么说台北青草巷是神农氏的仓库？

　　台北青草巷又名草药巷，位于台北市万华区西昌街 224 巷，古刹龙山寺之侧，是全台湾贩售草药最集中的地点。台湾空中艺术学院的教材称这里是"神农氏的仓库"。放眼望去，一街两行，到处都是拥挤的摊位，堆积的药草，高高低低的药柜和"一通"、"四知"、"万安"等一幅幅古意盎然的招牌。传说 100 多年前，这里是台北开发最早、最热闹的所在。当时疾病盛行，缺医少药，许多先民前往龙山寺求得医签后，就会在周边的草药店抓药，久而久之，草药店愈开愈多，青草巷大名远播，渐成气候。如今，商业中心转移，多少繁华都成过眼烟云，唯有寄托着民众平安健康的龙山寺和青草巷，依旧香火鼎盛、生意兴隆。这里供应的草药品种繁多，每当夏季，铺面上摆的大都是蒲公英、左手香、半边莲等败火解毒的药材。这些药材基本上都是台湾岛所产，新鲜的来自北部，南部地区供应的则是晒干的。夏季炎热，各草药店自产的各种凉茶也成为青草巷的一大特色，芦荟、冬瓜、半边莲……减脂、养胃、保肝……应有尽有。但并没有什么统一的标准，都是各家祖传的配方，老祖宗的惠泽，店的历史动辄在半个世纪以上。"德安行"是青草巷里第一家草药店，民国初年落在此地，至今已有五代传人了。老板娘人称"阿来嫂"，她拥有一手治疗带状疱疹的绝活。全岛各地前来求诊的病人络绎不绝，许多影视名人也辗转来求医，"阿来嫂"因此名声大噪。像这样的传奇与秘方在这条巷子里还有很多。走在巷子里，随时可以看到许多外地人带着大塑料袋来采购药材，这里不仅有最古老的中国街道、最传统的中国草药、最神秘的祖传秘方，还有着中国人街坊之间特有的和乐相濡的亲情，如同空气中化不开的药香，隽永而清新。

你 了解林语堂这个人吗？

林语堂（1895～1976年），福建省龙溪县人，早年曾求学于厦门寻源书院和上海圣约翰大学，并曾在上海生活了9年。1936～1966年客居美国，先后获硕士和博士学位。1966年后到台湾定居，相继担任台湾国际笔会会长、国际笔会维也纳第40届大会副会长。是位著名作家、哲学家、语言学家和幽默大师，一生著作颇丰，有散文、小说、政论、词典、教科书等。1934年在庐山用英语写的《中国人》是其代表作，他以中国文化为出发点，对中西文化做了广泛深入的比较，旨在向西方介绍中国文化，使西方人能够确切而客观地了解中国。其他著作有《吾国与吾民》、《生活的艺术》、《京华烟云》、《老子的智慧》、《苏东坡传》等，最令人耳熟能详的是他常说的"演讲要如女生穿的裙子，愈短愈好"，博得好评。20世纪30年代，他在《晨报副刊》上发表《征译散文并提倡幽默》、《幽默杂话》两篇文章，第一次把英文Humour音译为"幽默"，从此使"幽默"这个名词广为中国人所知。

林语堂故居有什么特点？

　　林语堂故居位于台北市阳明山的山腰，蓝瓦白墙，融合了中式四合院的外形和地中海式的建筑风格，高两层，简朴不华丽，为一处集文学、休息、讲座、餐饮、研究于一体的多元化空间，是林语堂"脚踏中西文化"的生动写照，完整保留了他生前规划的书房、卧室、客厅、餐厅等，"宅中有园，园中有屋，屋中有院，院中有树，树上有天，天上有月"，如今已成台北市新的文化地标，台北市民纷至沓来，亲身体验林语堂提倡的"生活的艺术"。

　　故居后院临阳台的起居室，现为可观赏阳明山景的"有不为斋"（林语堂墨宝）用餐处，参观者可以在这里坐下来，好好用餐，或点一壶茶，或者坐在阳台的凉椅上，观赏阳明山的一景一物。书房内，有深咖啡色的旧式皮沙发、黑色的长形书桌，桌上摆放着一排排的典籍、经史子集藏书及一摞摞的手稿等。史料特藏室，主要典藏所有出版的著作及各种版本的书80余种。文学生活馆，除陈列有出版的著作、手稿和藏书外，还有长衫、烟斗、信笺、照片、笔、墨、眼镜，为夫人设计的座椅、亲手改良过的"国语罗马拼音法"资料，名为"明快"的中文打字机等遗物。为延续林语堂故居的文学情调而不定期举办的"邂逅文学下午茶"和"有不为斋书院讲座"活动，有诗歌朗诵，有小型音乐会，有学术研讨会，也可在这里观中庭的池鱼一整天。天天有"文学咖啡"，点一盅茶、一杯咖啡、一本书，待一天、半天都无人干预。

阎 锡山茅屋有什么特点？

阎锡山茅屋位于台北市金山山麓。这里距台北市几十公里，依山并不傍水。阎锡山选择在这个半山上，用石灰、水泥、沙子、砖盖了三孔窑洞。窑洞上边盖一层厚厚的茅草（现茅草没有了，窑洞上抹了一层水泥），所以也叫茅屋，面积不是太大，分别为起居室、卧室和书房。他以自己的所谓种能宇宙观，将窑洞命名为"种能洞"。后来，他又向附近的台湾金铜矿务局租了一大片地，建成了一座"种能农场"，种植了许多柑橘和桃树。写作《三百年的中国》一书时，写累了，就在这里锄草种地，打发时光。现在三间窑洞和墓地已破旧不堪。墓地在茅屋后边。这里茂林修竹，远山如屏，淡水、基隆两条河流左右潆绕，山下的台北市历历在目。茅屋里全是尘土，有一间屋子放着20世纪50年代的西洋式沙发，据说是外国人送的，也破烂不堪。一间屋子放着书柜，柜里堆着被尘土封住的书，抹去尘土翻看，有阎锡山写的《三百年的中国》、《世界大同纲要》等，还有阎锡山纪念会整理的纪念文集。另一间屋子更乱，简直无立足之地，桌上堆着书，桌子下面放着经过裱糊的框子，歪歪扭扭倒在地上，屋中很暗，透过一丝窗光依稀看到的是阎锡山死后蒋介石送的四个字——"怆怀耆勋"。

茅屋窑洞门口的墙上镶嵌着一块质地很次、发黄的石头，上面刻着："我到台湾因不耐炎热与暴风雨的侵袭，建茅屋于金山山麓。移居以来，想起内地冬暖夏凉、不怕风雨的窑洞来，我问台湾同胞：'台湾为什么没有窑洞？'他们说：'窑洞有三个缺点，一是潮湿，二是空气不流通，三怕地震，适于北方不适于台湾。'这三个缺点经研究全可补救，使用洋灰就防住了潮湿；开前后窗就能使空气流通；至于防地震，窑洞与楼性质一样，是看建筑上的设施如何，我遂动念建筑一所窑洞。台湾房屋中国式、西洋式、日式均有，特取三式所长，融合为一，为台湾同胞做试验。此窑洞命为'种能洞'，因我向以种能观察宇宙，为配合我的宇宙观而名之。阎锡山书于金山茅屋中。"

　　阎锡山去台湾时带的警卫员已 70 多岁。自 1960 年 5 月 23 日阎锡山去世至今他一直守护着这三间茅草屋和茅草屋后边的阎锡山墓地。前些年当地政府修路，差点把阎锡山的坟平了，由于他出面阻拦，后来台北派来几位专家考察，才保存下来。

台北的五座古城门分别叫什么名字？

　　台北的五座古城门名字分别叫景福门——东门、宝成门——西门（已拆毁）、丽正门——南门、重熙门——小南门、承恩门——北门。

　　台北城是由石垒成的方形建筑，筑有东、西、南、北、小南门五个门楼，东门通锡口，西门通艋舺，北门通大稻埕，南门也通艋舺，小南门则传说是为了通板桥而开设的。清光绪元年（1875 年）六月，钦差大臣沈葆桢奏准新设台北府于艋舺统筹台湾北部时，当即决定筑城。光绪四年（1878 年），知府陈星聚集民众共商确定兴建台北府城事宜，并募得银两二十余万；于光绪五年（1879 年）正月动工，至光绪八年（1882 年）三月竣工，费时三年三个月，城垣皆以坚石堆砌为墙，中实以沙土，全城呈长方形，城壁厚一丈一尺、高度二丈，可作为驰道，以通行人马，城外则以壕堑为环，并辟有五座楼及门楼；五座门就是景福门、宝成门、丽正门、重熙门、承恩门。

木 栅观光茶园和猫空品茗一大特色是什么？

木栅观光茶园和猫空品茗位于台北市文山区指南里的山坡上，以满山茶园和饮茶餐馆而闻名，是台北市第一座观光茶园，也是台湾省铁观音茶和包种茶的唯一生产区，其中以铁观音茶最著名。并设置有茶推广中心、水土保持教室等，专门介绍和推广当地茶农文物展示。休闲茶坊错落茶园间，俗称"猫空"品茗区，假日或入夜后每每吸引人潮来此品茗聊天，更可远眺台北市美景，十分惬意。茶坊共有53家，大部集中在指南路三段，从庭院景观到露天茶座兼具，各有特色；部分茶坊还推出美味茶肴，搭配山产、野菜料理。

有关方面为积极推展这座观光茶园，特在每户茶农前放置一块说明板，上面注明每家茶农的编号、姓名、地址、电话、茶种及所属范围。另外，又建了一座台北市铁观音茶、包种茶展示中心。在这里，游客可一睹茶农穿梭茶园间利落的揉茶情景，或是在展示中心内品茗、休息一番。临走时，还可顺道访问茶农，参观制茶过程，现场购买最新的、上好的铁观音茶，保证货真价实，物美价廉。

薇 阁精品旅馆的六大主题是什么？

薇阁精品旅馆位于台北市林森北路419号。醒目的帆布招牌以深蓝色和鲜黄色的布幕写着全新开幕的字样，简单大方的矩形建筑搭配时尚前卫的外墙设计，看上去似一间引领风潮的精品店，实则为展现万种风情的薇阁精品旅馆。旅馆主人将客房精心规划为热带休闲馆、名牌时尚馆、东方风情馆、现代主义馆、主题风味馆、视觉艺术馆6个主题，同时截取每个主题的视觉特色，做相辅相成的装潢及家具陈设，更突显每间客房的风味与格调。如东方风情馆的夜上海，以暗红色系的视觉感受，呈现夜晚街道华灯初上的风情，细致的布帘滚上蕾丝花边，墙上挂着身着旗袍的仕女照片，完整地表现了夜上海永远华丽而又古典的谜样风采。同时，每间客房还都规划了大坪豪华浴室，宽敞精致的造景浴室，让人仿佛置身于度假胜地，除了可以悠闲享用专属蒸汽室、烤箱、液晶电视、音响等设备，还可体验一下特殊的大型幻彩水疗按摩浴缸。在轻松浪漫的氛围中，身心皆能充分放松，尽情享受难得的片刻闲情。

"蒋介石、宋美龄故居"为什么被台北市定为"古迹"？

"蒋介石、宋美龄故居"位于台北市北区士林。建于1950年，是蒋介石抵台后第二个寓所。他本来住在草山行馆（草山即今阳明山），到士林巡视后对此地大加赞赏，决定在这里建造一座永久性的官邸。直到1975年病逝，蒋介石在士林官邸居住了25年。其后，宋美龄虽然仍继续在此居住，但她经常赴美国，在台

▲ 蒋介石、宋美龄故居

北的时间实际不多。1991年，宋美龄离台长居纽约，直到去世未返回过台湾。1996年这所故居被台北市列为市定"古迹"。古迹部分包含官邸正房、招待所、凯歌堂、慈云亭等。

官邸正房是蒋氏夫妇

实际居住的两层楼公馆，也是士林官邸最核心的建筑。从外表看，两层楼高的正房分为前后栋，前为斜屋顶日式，后为平顶钢筋混凝土结构，花圃中架设有升旗台。面向后花园的一、二楼，有大扇落地长窗垩挂着白色布帘，外人难窥究竟。

从大门口进入后，左右两旁是武官、秘书办公室及起居室，进到小客厅、餐厅，穿过落地的玻璃窗，便进入一间大会客厅。这里是蒋氏夫妇接见宾客的地方，是因应官邸宴请岛内外宾客的需要，大约可容纳二三百人。蒋家的第三代都在凯歌堂内受洗，蒋孝勇、蒋孝刚的婚礼也在这里举行。凯歌堂里面的座位是中式的太师椅加软垫，共 60 个位置。而花样繁复的西式吊灯微微透着些许往日的繁华光彩。

此外，位于官邸正房上方福山山顶有座二层楼高的方形亭慈云亭，这是蒋介石为怀念母亲王太夫人于 1963 年兴建的。之所以称为"慈云亭"，是因为王太夫人逝世所葬的墓庐"慈庵"，孙中山先生曾题写"为国效劳"、"慈云普荫"匾额。

1996 年，台北市当局收回蒋介石士林官邸并开放给公众参观，已经成为台北市北区一景和台北地区新郎、新娘结婚照外景的场地。当时，蒋氏夫妇所居住官邸最核心的正房并未对外开放，后经历史学者等组成的人员进入官邸正房进行鉴定，现也已对外开放。正房一桌一椅保持良好，在宋美龄的梳妆台前还摆放着她自小到大的毕业证书原件，以及她自上海携来的嫁妆。蒋氏书桌上泛黄的便条纸，阳台上的两张摇椅中间磨损凹陷的藤垫，更让参观者产生"好像随时准备主人回来住"的感觉。

由 1941 年起，随蒋介石自昆明、重庆一路千山万水到台湾，直到蒋介石去世，高龄已届八十的官邸主任钱义芳回忆说，"老先生"与"老夫人"最喜欢坐在阳台上观看景致，多少个晨昏日夕，两张斑驳的摇椅承载着蒋氏夫妇的言谈笑语。他说，"老先生"每天早上起床都会唱诗歌、做运动，然后到官邸的四周散步。还说，每一年王太夫人的忌辰，他一定会前往慈云亭，每每逗留良久不见他下山。

台北 101 大楼创下了多少世界第一？

▲ 台北 101 大楼

台北 101 大楼，又名台北国际金融大楼，位于台北市信义计划区精华地段，自 2003 年 11 月 14 日开业以来，每天差不多都有 5 万~10 万人前往游览参观、购物或洽谈业务，成了台北市一个新的旅游亮点。该大楼共有 101 层，高 508 米，其中塔尖顶出塔顶 60 米，超过了美国芝加哥的西尔斯大楼和马来西亚吉隆坡的双子星大楼，成为新的名副其实的世界最高大楼。它创下了多个世界第一：世界最高建筑物；世界最大防风阻尼器；世界最快电梯——四部直达电梯从 1 楼到 89 楼观景台只需 39 秒，时速高达 60 公里，比日本横滨大楼电梯每分钟 750 米的速度还快；第一座盖在地震（台风）区的高楼；安全结构最值得骄傲，美国世贸大楼被撞后，20 多分钟轰然倒塌，但 101 大楼因结构设计不同，即便发生火灾，8 根巨大钢柱里灌入 1 万磅防火混凝土及封闭式逃生设计，可以支撑 3 个小时使高层民众安全脱险。

台北市有哪些夜市和小吃？

台北华西街夜市为一条著名的小吃街，是经过当地官方规划的观光夜市。这里原名叫"艋舺"，是台北市区的发祥地，夜市已有100多年的历史。有各式小吃店160多家，多数经营乡土小吃、海鲜野味，如青蛙汤、赤肉羹、牛罣丸、烧酒虾等小吃，烹制独特，极富乡土风味，游人无不交口称誉。活蛇、活鳖是这里小吃的特色，每当华灯初上，海鲜野味店前摆列着活蛇、活鳖，客人可以任意选购，当场杀剥、烹制，如现场杀蛇，饮鲜蛇血酒，吃鲜蛇胆肉等。

台北饶河街夜市在松山火车站后站附近，交通十分方便。这条街由八德路四段与抚远街交叉口起，到八德路四段的慈佑宫止，全长约600米，虽只是一条迷你小街，却也是松山、南港一带入夜后灯火最辉煌的地方。这里夜市的摊位紧凑密集，除了街道两侧的商店外，商店前也有两排摊位，道路中央更有两排，令人左右逢源、目不暇接。夜市在傍晚5时起便人头攒动，直到午夜时才休市人去。

台北园环夜市每天至夜晚人潮不断，附近小吃经济又实惠，吸引着大批食客前来，均集中在重庆北路二段与宁夏路两侧，招牌小吃有蛤仔煎、生蒸鹅肉、木瓜牛奶等，其旁饰品、化妆品等摊位林立，可顺

▲ 台北夜市

便逛逛。木瓜牛奶是一种用搅拌过的木瓜配以鲜牛奶及碎冰块所调制成的饮品，喝起来非常香甜可口，令人回味无穷。

台北辽宁街夜市是个迷你型夜市，位于长安东路与中兴中学之间，聚集各式各样小吃摊，有鹅肉、蛤仔煎、沙威玛、上海卤味、筒子米糕、雪花冰等，价格低廉且美味可口。

台北公馆夜市在台湾大学旁罗斯福路上，茶艺馆、咖啡厅、书店林立；附近汀州路上有各种风味的餐馆，如牛排、炸鸡、川菜、火锅、炝锅面及东南亚口味的餐馆。这里与众不同之处是有浓郁的校园气息，有些小巧的古籍、精品店，在店中另辟一角，放置两张小桌供人喝咖啡和歇脚，甚是雅致。

延平北路、迪化街一带是台北昔日繁华之地。当地小吃有鸡卷、鳝鱼米粉、鱼丸、油饭等，都是脍炙人口的小吃；香火鼎盛的霞海城隍庙及历史悠久的永乐市场，为当地特色。迪化街为南北杂货交易中心，代代相传，货真价实，吸引着众多人前来采购。

台北士林夜市，以经营豆腐花品种繁多、质量上乘而闻名，许多人对甜酸怪辣、样式俱全的豆腐干也颇感兴趣，品尝过后无不啧啧赞叹，真是到了士林方知豆腐好吃。另外流行的还有槟榔，据说全世界约十分之一的人喜嚼槟榔，而这十分之一的人中就有不少台湾人。槟榔咀嚼久了，苦涩便渐渐淡化，取而代之的是一丝丝幽幽的清香，因为它是"四大南药"之首，药用保健价值很大。

台 北 县

你了解台北县吗？

　　台北县位于台湾岛最北端，其名称是清光绪元年（1875 年）船政大臣沈葆桢上奏请求设立台北府而来。清光绪四年（1878 年）台北府设置于艋舺、大稻埕之间，才开始了台湾府治的历史。光绪二十一年（1895 年），日军占领台湾，在北部设立台北县，下辖基隆、宜兰、新竹、淡水四个支厅。1925 年，新竹改为县，宜兰改为厅，同时改废四支厅为 13 处办务署。1945 年日本投降后，台北县所属范围不断变化，最后在 1950 年实行地方自治，台湾行政区域重新调整，便没再更动。台北县紧紧围绕于台北市四周，面积 2052 平方公里，和其他各县市相比，虽然居第七位，但因其良田多，土地利用比别的县市大，土地价也比别的县市高。人口 365 万，除台北市外，和其他各县市比，居于首位，人口密度为台湾省之最。纵贯铁路经板桥、莺歌南下。另有至淡水、八堵至苏澳、三貂岭至菁铜坑等地的铁路。南北高速公路、环岛公路和北部滨海公路，把全县乡镇贯通。由于东北和西北两面濒海，风景优美，有淡水、白沙湾、金山、万里、瑞滨、福隆 6 个海水浴场和淡水、红毛城、富贵角、狮子山、妈祖田、金山、平溪、乌来风、碧潭、燕子湖 10 个风景区。古寺庙有清水祖师庙、十八王公庙和圆通寺。

海事博物馆最值得一看的是什么？

海事博物馆位于台北县淡水镇英专路底王虎岗上的淡江大学校院内，由原商船学馆改造而成，是一栋占地 2134 平方米的船形五层大楼。馆内软硬件兼备，可充分了解海运的发展史。此博物馆一楼、二楼展出模型，三楼、四楼分别为图书馆、视听室和驾驶台。进入海事博物馆，经过架设的"船桥"即可看到 40 多艘从 15 世纪到 17 世纪的大航海时代由世界各国名家手工制作的船舰模型，除了中国以外，还有挪威、俄罗斯、丹麦、阿根廷、荷兰、德国、英国、瑞典、西班牙、意大利、法国、日本、葡萄牙这 13 个国家，造型之美，镂刻之细，令人叹为观止。每艘模型价值都在台币 100 万元以上。其中最值得一看的是"海霸王"号战舰，也是该博物馆内造价最昂贵的一艘船舰，它的船舷和船尾镶金，极其华丽耀眼，是海权极盛时期的代表船舰。另一艘清朝中国舰，也是船舰中的精品，原建造于 1930 年，是由比利时名模型师鲍威尔斯费时三年由整块原木制作完成的。

为什么要立抗日纪念碑？

抗日纪念碑位于台北县贡寮乡盐寮村。纪念碑的建立，可远溯至《马关条约》把台湾割让给日本的时期。当时，日本见基隆守军甚严，为安全之故从盐寮登陆，澳底海岸边的义军奋勇抵抗，终因寡不敌众而全军阵亡。日军占领台湾后，就在盐寮立了一座炮弹形登陆纪念碑，直到日本投降后，随即被乡人捣毁，改为抗日纪念碑，碑座上镌刻了这段史实，以纪念义军的英勇壮举。纪念碑周围风光绮丽，为东北海岸风景区之一，同时建有凉亭两座供游人休息。所在的海滨公园东侧，是东北海岸特定区内面积宽广、游息设备最完善的公园，也是当年日军抢登的滩头，面积80公顷，全年营业。内有长达3公里的金黄色沙滩、中国式庭园建筑、水陆活动项目。更难以想象的是这里拥有全台湾独具特色的植物景观，随着晨曦、落日、微风和细雨的变化，而各有不同的胜景，令人流连忘返。

红毛城如何得名？

红毛城位于台北县淡水工商西隅，是一座用红砖砌的方形建筑，由西班牙驻军于明崇祯二年（1629年）所建，作为传教化民之地。后来荷兰人将西班牙人逐出淡水，重新修葺。当时台湾人都称荷兰人为红毛，故名红毛城。之后又被英国人和美国人占领。前后300多年的历史，是淡水最具历史文化意义的建筑，也是台湾多年来的沧桑缩影，现已列为台湾一级文物古迹。主楼建筑呈正方形，长宽各50米，两层高10米，外壁有2米多厚，城内有一栋主楼、别墅及楼间的小宿舍；城外有四尊清朝嘉庆年

▲ 红毛城

间的旧式大炮。四周林木苍郁，庭院幽寂，具有拱形回廊的英国领事馆就在旁边，外墙上仍可看见象征英国维多利亚时代的蔷薇饰砖，内部依旧时领事家居情形摆设，并陈列近代中国对外关系、台湾开发过程、淡水发展历史等有关资料。城顶的观望楼，非常适合登高望远。站在上边，远眺观音山和淡水，东望大屯诸峰，西望汹涌大海，真是风光无限。尤其在夕阳渐落之际，一轮红日余晖洒沧海，风景令人叫绝，可以欣赏到难得的"日落黄昏，沧海浴日"的极佳景色。昔日曾以"戍台落日"荣登淡水八景之一。

九 份风情为什么吸引人?

九份是个地名，位于台北县瑞芳镇，是北台湾昔日的金矿产区，相传100多年前陆路尚未开通之时，一切物资供给依赖海路进行，由于村落中只有九户人家，故对外采买时皆要求备妥"九份"，久而久之，人们便以此命名此地。从清末（1890年前后）当地居民在福山宫土地祠距金瓜一带发现藏金之后，吸引了众多淘金客，一直到日本投降，光辉岁月持续了100多年，形成了一处风格独具的矿村。当时日本人将大量的黄金运回其国内，致使九份产金量达到巅峰。20世纪30年代，随着金价上涨缔造了"亚洲金都"繁华绚丽的辉煌盛况，那时由海上遥望九份聚落，灯火灿烂，时人称之为"小上海"、"小香港"。台湾光复之后，金矿因前期的开采殆尽，产量大幅下滑，终在缺乏开采价值与经营不善之下而结束，采金事业也因此走入历史沧桑中。如今矿源枯竭，由繁华而趋于平淡，只剩下当年的工厂废墟，徒留后人去想象昔日的风光景象。然而特殊而完整的矿村风貌，以及无数的传奇故事，却吸引了众多的游客前往，去看采矿时期遗留下来的庙宇和矿坑，以及台阳公司创办人颜云年的纪念碑，为安慰矿工亡灵的招魂碑，保留原始风貌的大竿林聚落，曾经繁华一时的基山街、戏台口……同时拥有高山屏障与辽阔海景的九份，除了有首屈一指的山海风光外，春夏秋冬晴雨晨昏的景致也各具特色。区内任何面海窗户、阳台，均可欣赏到不同季节、不同时段的自然景观、苍郁尖耸的"鸡笼山"与碧蓝的港湾海滨。九份最繁荣的商店区与特产小吃集散地为基山街，因店家紧邻，顶棚屋宇相接，使得宽仅3.4米的街道昏暗不明，故有"暗街仔"之称。这条暗街仔上，最多的就是小吃店与艺术品专卖店。每逢假日游人如织。如一家怀旧的小吃店"悲情城市"，因特殊建筑景观与电影《悲情城市》拍摄地而声名大噪，门口张贴了许多有趣的台湾谚语，店内家具陈设仿日本占领时期的古老风，贩卖台湾口味的家常小菜等。九份处处有传奇，一趟九份之旅也是一次丰富之旅。但由于九份在假日总是人满为患，很难感受到真正的九份之美，因此建议最好非假日再去游览，并在九份过夜，特别能感受九份的夜和清晨独具的动人之美。

清水祖师庙远近驰名的是什么？

清水祖师庙位于台北县三峡镇民生路旁，原名长福岩，创建于清乾隆三十四年（1769年），由三角勇（三峡古名）及莺歌等地福建安溪人迎安溪清水严祖师来此祀奉，道光十三年（1833年）重建，1895年遭日军焚毁后第二次重建，全部运用石材，五门三殿纯中国式，铜门铜雕，石柱变化特多，集圆形、方形、菱形、螺形、四角形、五角形、六角形、八角形、十二角形等，都是用七八厘米厚的柚木或樟木，刻出三四个层次的花样后，涂上朱红、金黄、靛蓝等中国传统的色彩，然后一块一块安装起来。而这类木刻是祖师庙雕刻作品中数量最多的，屋瓦之下、壁柱之间尽是木刻，大大小小，上上下下，里里外外，错综结构，而又互相连接，将中国传统式建筑的精细、典雅、宏伟等各种风格表露无遗。比如石柱上所雕刻的百鸟异兽和反映历史上忠孝节义的故事"花木兰代父从军"、"岳飞精忠报国"、"孔子问礼于老子"、"苏武牧羊"、"田单火牛阵复国"等，神情姿态无不栩栩如生，常令游客叹为观止。

鼻头角海岸的标志是什么？

鼻头角海岸位于台湾东北角的台北县瑞芳镇，与三貂角、富贵角合称为"北台湾三角"。在地形上属造山时代最后隆起的岩岸。由于长年受东北季风的吹袭和海浪的侵蚀，附近留下许多奇岩怪石，如海蚀平台、海崖和海蚀凹壁等，非常发达，海蚀平台上布满了蕈状岩、蜂窝岩和豆腐岩及生痕化石等，其发达的程度居全台之冠，有的像宝塔，有的像鳄鱼，有的像青蛙，举不胜举，各种各样的岩石物象，令人赞叹不绝。据地质专家介绍，这天公造化至少要一万年海水"加工制作"才能完成。又配合了渔村海滨及竖立在海岸边小山丘上的白色灯塔，构成令人难忘的画面。小山丘上巍峨耸立的灯塔为著名的鼻头角灯塔，高 20 米，塔身雪白，系采用自动点火式，傲视海面，为人们护航，是鼻头角的标志，在塔下的古塔废址间，仍可见第二次世界大战期间飞机扫射的弹痕。灯塔连着雄伟的浅草斜坡，在海风长期的吹袭下，形成短而平整的草坪，这就是著名的"望月坡"，夏夜在此赏月，颇为惬意，而草坡彼端是直下海岸的陡峻山崖，形势险要，也使得整个海岸景致显得美丽壮观，呈现了一幅令人难忘的自然风光。来此游玩，可以同时露营、戏水，看海和听涛等，任你选择。

东北角海岸风景区最能代表北台湾丰富多彩的海岸景观是什么？

东北角海岸风景区位于台湾岛东北隅，陆域北起台北县瑞芳镇的南雅里，南迄宜兰县头城镇的北港口，海岸线全长 66 公里，面积 9.45 公顷；海域从鼻头角到三貂角，面积 4.275 公顷，总计全区海陆域面积 13.72 公顷。漫长的海岸线与地层走向垂直且正切，海水深邃，又因太平洋上吹来的狂风直奔而来，长年惊涛拍岸，气势非凡。由于水浪和大风的长年雕塑，海岸石岩具有明显的海蚀现象，最能代表北台湾丰富多彩的海岸景观。区内依山傍海，湾岬相间，山海交错，极富海蚀地形、海底珊瑚、嶙峋的奇岩耸崖，热带鱼和白色沙滩。并具有沙丘、草原、山野、古迹等景观。沿北部海滨公路南行，步步都是景，其间有奇岩怪石罗列的南雅，鼻头角公园，攀岩戏水两相宜的龙洞，玩沙戏水的金沙嘴，弄潮逐浪的福隆海水浴场，具沙雕之美的盐寮海滨公园，有淳朴渔村的卯澳湾，如海上明灯的三貂角，世界级的莱莱莺歌石钓场，古意盎然的草岭古道以及山海听涛的胜地观海关等。

充分表现三貂角阳刚之气的是什么？

三貂角位于台北县福龙海水浴场旅游线上的滨海公园旁，是台湾最东的海岸和台湾北部沉降海岸的终点，与富贵角、东北角合称为"台湾北三角"，也为雪山山脉的北尾端，有岩层走向控制山脉走向的特殊地质景观。此地名的由来，溯自 1625 年，当西班牙舰队来到附近岬角时，曾惊讶于它的美丽，于是在此建立圣地亚哥城，准备大量移民，如今，仍能于山坡草地上找到昔日建堡的遗址。由于日复一日、年复一年终日受海水的侵蚀，岸边的礁

129

块出现了奇形怪状的景象，充分表现出了三貂角的阳刚之气。位于滨海公路旁山丘上的三貂角灯塔，有"台湾的眼睛"之称，是三貂角的地标，塔高 16.5 米。由于位居台湾深入太平洋的岬角之上，每天引航着太平洋区的船舶，也是游客经常慕名造访的景点。这里是全台湾早上观看日出最佳的地点。

沙仑海水浴场绝好在什么地方？

沙仑海水浴场位于台北县淡水河口北岸，三面被沙仑环抱，是一个绝好的浴场地点。其特点是沙滩平广，风浪不大，水的深浅适度，没有污染，很适合游泳。从浴场入口进入，黄白细沙的沙滩即横在眼前，左右横竖数百米，两边夹有岩岸，沙滩与深水区相距甚远，落差极小，在其间捞鱼、戏水，大人小孩均很安全。夏天每逢假日，来自台北的游客不绝于道，海上浴场常常人满为患。游客中，无论老少，在沙滩上堆沙、抓蟹，在水中逐浪，或是撑把太阳伞做日光浴，热闹非凡。浴场内设有更衣室、冲洗室、休息室、餐饮室，同时，西侧辟有儿童游乐场，东边安排有跑马场，为台湾北部弄潮的好去处。人们到了这里，除以上活动外，还可以玩些新潮活动，如滑翔翼、风浪板、风帆等。

为什么说林家花园"园林之胜冠台湾"？

建于清光绪十九年（1893 年）的林家花园位于台北县板桥市西门街 9 号，又名板桥别墅，也叫林本源邸园。面积 572 万平方米，占当时板桥市的一大半，所用的木材都是采用大陆和台湾名贵的樟、楠，并重金礼聘大陆名师巧匠参与设计建造。设计风格模仿当时晚清大臣盛宣怀在苏州的"留园"而兴建。亭台楼榭皆雅近画意，建筑风格又注意体现八闽情调，为台湾首屈一指的古式庭园代表。建造庭园全部完工耗时 40 年，耗费 50 万两银子。而同时兴建的台北府城垣才花费 20 万两银子，足见林宅是何等的气派。因此，有"园林之胜冠台湾"的美誉。

林本源并非一个人名，而是林家的家号。板桥林家的源头在福建。清乾隆四十三年（1778 年），福建漳州府龙溪角美橘上村人林应寅从祖家迁到台湾，居住在台北新庄，以教书为业，生活颇为清苦。后他的儿子林平侯也从祖地来到台湾经营米业、盐务及船运，家居桃园县大溪镇。由于经营有方，生意渐旺，家业日兴，一时成为台湾有名的大富豪。到了林平侯的三儿子林国华时，林家家业更是声名日盛，如日中天。林国华把林家从桃园大溪迁到台北县板桥镇。林平侯共有 5 个孩子，依"饮水本思源"而分为五记，其中国华（本记）和国芳（源记）较杰出，并以"本源"作为家号，后人遂以"林本源"称呼其家族。所以所建房屋取名"林本源邸园"，意思是希望林家族人世世代代不忘源本，不忘祖国大陆。

林家花园是"林本源邸园"的一部分，面积约 2 万平方米，有大门、中门两重。游览应自园内第一景汲古书屋开始，接着到方鉴斋，经过廊道探访来青阁、香玉簃、月波水榭，再进入定静堂，而后穿过回廊到榕荫大池，最后至观稼楼。汲古书屋是仿明代毛晋的"汲古阁"命名，屋前有一造型奇特的雨亭，内外俱十分雅静，为林家子弟读书之所。方鉴斋曾为林维源读书及文人雅士聚集之处，斋前有一水池及戏台，每有宴客时必于此欣赏歌舞，而经水面倒映出的水中戏更值得玩味。过了方鉴斋，经回廊右转即为来青阁，楼高两层，主要是招待贵宾居住之处，昔日登楼可远眺青山绿水，故名之为来青。此阁也是园中雕琢最细致、花费心力最多的建筑，门楣、栏杆上均饰以彩绘及雕刻，可看性甚高。

阁前尚有一戏台，名"开轩一笑亭"，为园中最美的亭子。香玉簃为一观赏花卉之处，簃之意即为楼边小屋，簃前花圃中秋菊锦簇，游客可在此欣赏其景致之美及铺陈的雅致。越过香玉簃，可到月波水榭，其结构十分特殊，为两个菱形建筑相连，周围则环以池水，旁有扶梯可登其顶，在此观赏初升的满月与水中倒影别具一番特殊风味。月波水榭旁为定静堂，取自《大学》首章"定而后能静"的意思。此是林维源昔日宴请贵客之处，也是花园中占地最广的建筑。定静堂采四合院式，围墙上用一对蝙蝠和蝴蝶构成的漏窗分隔内外，其意为"四福"——天官赐福。而前廊上运用具有各种象征意义的闽南砖，其中六角形代表寿，圆形代表圆满，八角形代表八吉，钱形代表发财，"卍"字形则是避邪之用。出了定静堂，便有回廊通往榕荫大池，池畔仿林家故乡漳州的景致而设，层峦叠嶂的假山、微波荡漾的池水加上浓荫老榕树，俨然一幅中国江南的诗情画。榕荫大池周围尚有各式凉亭，分别题有"云锦淙"、"海棠池"、"钓鱼矶"、"梅花坞"等楣额，现字迹虽有剥落，但仍不难想见当时之风雅及情趣。每一个建筑前都有简单明了的文字介绍，可以增加游客对林家花园的了解。

为 什么会有白鸡行修宫？

白鸡行修宫位于台北县三峡镇嘉添白鸡巷155号，因建于白鸡山上而得名，与关渡的忠义行修宫同为台北行天宫的分宫。关于白鸡行修宫的建立，有一段传奇性的由来。一名矿场主人，原籍傅云，来到白鸡山下开矿挖煤，夜以继日，连续几个月过去了，片煤没出，但巨额的资金却不断地投注进去。这位矿场主人在耗资千万元而无所获的情况下，前往台北市的行天宫向关帝爷祈求，不久，掘获煤矿，财源滚滚而进，为他带来了无以数计的财富。

132

这位矿场主人感激神灵的佑护，特在白鸡山上建庙，并自台北市行天宫引来分灵供奉，以谢神恩。今日白鸡行修宫之名气播及台湾全省，而当年这位矿场主人的饮水思源举止，同样令人赞赏不已。

白鸡行修宫庙宇高大恢宏，门厅之后有拜亭，左、右厢房是办事处及斋房，香火鼎盛。其门柱上题"忠厚留有余地步，和平养无限生机"，道尽出家人的养心修性之道。除了庙宇本身外，此地背依白鸡山，面向三峡镇，环境地势绝佳。从停车场上来经两层长石阶后，上抵寺地，寺前有大片修剪整齐的花园，从寺旁小径可至后半山，是俯瞰全庙最佳地点。其旁有凉亭，连着弯弯曲曲上山下山的羊肠小道，绿荫浓密，非常清静幽雅。庙后山上盛产柑橘，每当秋末初冬时，满山遍野都是金黄色的累累果实，一眼望去，无边无际，煞是好看。

行修宫主祀武圣关公，其庙门上"行修宫"三个大字由已故国民党元老于右任先生所题。

金 包里老街现在怎么样？

金包里老街位于台北县金山乡，是过去金山最繁华、最热闹的一条街道，也是北海岸唯一的一条老街道。此街形成于清代，当时药材店、米庄、布庄、杂货铺林立，风光一时；不过由于曾在地震与日本占领时期毁损，再加上中山路改造抢走老街的商业地位，现今短短 200 多米的窄小街道里，只剩下几家古味盎然的米店、中药行、杂货店等，掺杂着一些有日本占领时期遗风的红砖洋楼，让人依稀遥想当年。位于此街东段的慈护宫和中间的广安宫，都是百年的老庙宇。当地人称慈护宫为"大庙"，是金山乡一带的信仰中心，内奉祀金面妈祖神像；而主奉开漳圣王的广安宫，对祖先多来自福建漳州的金山乡民，却别具意蕴。广安宫前有家近 40 年历史的鸭肉摊，远近闻名，摊位扩及四周店面与骑楼，颇有乡下流水席的风味。酒足饭饱之余，还可到一旁的传统市场采购金山当地的农特产茭白笋、芋头、红心番薯等。

为什么说野柳是世界级的岩层景观？

野柳位于台北县万里乡野柳村港东。野柳为一突出于海面的狭长岬角，长 1700 米，高 62 米，远望犹如一只昂首拱背、蹒跚离岸的巨大海龟，因此也称野柳龟。主要是受造山运动的影响，深埋海底的沉积岩上升至海面，形成了附近海岸的单面山、海蚀岩、海蚀洞等地形，经海浪拍打，岩石风化，海蚀、风蚀等在不同硬度的岩层上作用，又形成了蜂窝岩、豆腐岩、蕈状岩、姜状岩、风化窗等世界级的岩层景观。一进入野柳风景区，便可尽览奇特的地质景观，千姿百态，像什么的都有，如女王头蕈岩、仙女鞋、象石、烛台石、玛玲鸟石等 40 多处，都是旅游者和文人看后根据自己的想象而命名的。有的在阳光下看起来像是青铜珊瑚，其中有一个岩石的侧面看起来像埃及女王。行至岬角尖端，可以看到高大白色建筑的野柳灯塔，在此展望海天一色，最是心旷神怡。岬角尖端周围的潜礁地形，孕育了丰富多彩的海洋资源，海王星乐园推出的玻璃底游艇，不用潜水就可欣赏美不胜收的海底世界，另外还有飞鱼特快艇驰骋海上，可以在海上，从

▲ 野柳风景区

不同角度品味野柳海岸之美。在野柳风景区入口处右侧，新建有野柳海洋世界，这也是整个台湾唯一的海豚、海狮表演馆，除了海豚、海狮20余项精彩可爱的表演外，也穿插高空花式跳水、高空弹跳或水上芭蕾等表演。此处长约400米的"海底隧道龙宫奇景"，内有上千尾各式各样的鱼儿穿梭来往，也十分有趣。

为什么说龙洞湾公园是台湾首屈一指的攀岩胜地？

龙洞湾公园位于台北县东北角海岸面积最大的海湾，复杂的断层陷落地形造就了龙洞湾及其附近优美险峻的地质景观。中心点龙洞是一个高30米到100米不等，绵延1公里的海蚀崖洞，在岩下就可以从事矶钓、潜水、戏水等活动，爱好攀岩者，则可由被称为"校门口"的第一块岩壁开始爬，向内深入还有许多名称怪异的岩场，非攀岩者无法一睹其壮美。龙洞周围岩层系因板块作用海底上升，再经长期分化，造成海蚀平台、海蚀崖、海蚀沟、生痕化石、小阶地等地形。

乌来风景区最显眼的温泉是什么？

乌来风景区位于台北县最南端，是泰雅族的世居地。相传300年前，台湾的原住民泰雅族猎人追猎物来到这里，看到河边高温的泉水从底下冒出，遇到四周的冷空气形成雾柱，不约而同高呼"乌来"（泰雅族语"乌来"即"冒烟的热水"——温泉之意）。这里是台湾各风景区中历史最久、最负盛名的山地乡风景区之一，与台湾中部的明潭风景区遥相呼应，各国游客抵台旅游莫不蜂拥而至。该风景区以温泉、瀑布和云仙乐园闻名。除温泉位于乌来街道上外，其余皆在游乐区范围内。温泉泉源在揽腾桥下的河床处，泉质属弱碱性碳酸泉，水质透明清澈，无色无味，水温甚高，80℃左右，最适合沐浴。经常沐浴，可以养护皮肤，除去顽疾，特别对治疗皮肤病和胃溃疡颇有效，长久饮用，还能健胃。当地居民劳作之余，三三两两浸泡在泉谷之中，享受大自然的赏赐，不是天堂胜似天堂。这里的温泉名称五花八门，其中"美人浴"的招牌最显眼。是美人在洗浴还是洗浴后变成美人，不得而知。又因温泉源头一部分由山麓石缝流出，一部分由河滩乱石中涌出，所以得用马达抽送温泉水到旅舍，因此输送水管横越溪谷，又成了温泉旅舍的特殊景观。

三 峡老街仍存留着的昔日遗风是什么？

三峡老街位于台北县西南方的三峡，旧称"三角涌"，为淡水河上游的重要城镇，百余年来，附近山区盛产的樟脑、茶叶、煤炭都从这里输出，一度造就出繁华的商业盛况。然而随着河川淤积，物产减少，三峡也慢慢丧失商业重镇的地位，倒是昔日的老商业街、民权街、和平街、仁爱街和中山路仍然保留、记录着三峡走过的辉煌时日。从前街道两旁的店面，包括了各行各业，有染坊、制材、茶行及名闻全台的三角涌米粉小店，至今仍然存留着几分昔日遗风。民权街南段长约200米，就是昔日遗风的见证。一幢幢相连的红砖拱廊建筑，加上欧洲巴洛克式的立面牌楼，幽幽诉说着日本占领时期台湾商业区街屋的流行风华。廊柱间，可见繁复华丽的仿科林斯式圆柱、多立克式圆柱；装饰性山墙上则罗列着日式军帽徽记、山尖形、圆弧形等建筑造型，房屋立面的许多角落也布满日本式及西洋风格的雕花纹饰；而女儿墙砌砖上的匾额，则仍清晰显示着旧日的商家姓氏、染坊店号。尽管许多老宅现已人去楼空，屋貌看来陈旧颓败，但今日的老街仍是古迹爱好者眼中的宝地，并出现了不少民俗艺术品商店，出售古老的农具、古董、家具、传统儿童玩具等，还有守着传统经营形态的布店、杂货店、中药行等老行业，为老街巡礼更添一番浓浓的怀旧气息。

为什么说茶叶博物馆引领游客走入了一个充满知识性和趣味性的茶艺世界？

茶叶博物馆位于台北县坪林乡水德村北势溪畔，是一座闽南安溪风格的四合院建筑，全馆分为展示馆、活动主题馆、多媒体馆、茶艺馆及推广中心5个部分，展出丰盛的茶文化，深入浅出地引领游客走入一个充满知识性和趣味性的茶艺世界。展示馆为全馆的精华，设立有茶事、茶史及茶艺三个展示区。茶事区介绍茶的专业知识，从种茶、茶叶分类、成分到制作过程，以实物、模型交相展示；茶史及茶艺区则利用雕塑解说，让游客有系统地认识茶的历史与喝茶艺术。不定期推出企划主题展的活动主题馆，美丽的橱窗与灯箱设计，呈现茶文化的另一种柔与美。多媒体馆可见识到最新3D多媒体声光立体动画，以戏剧化效果，寓教于乐地将茶的知识与文化作生动、轻松的介绍。古香古色的茶艺馆——紫竹楼、亭台楼阁、小桥流水，是休息品茶的好地方，在此泡一壶著名的坪林包种茶，将更不虚此行。坪林乡居民多种茶，茶叶品质极佳，加上茶园风光明媚，吸引大批游人前来品尝。坪林街道上茶行林立，近年商家更研制发明了茶糖、茶粿、茶馒头等各种茶的副产品，以及以包种茶特有的清香甘润入味的茶宴，风味独特。内涵丰富的茶叶博物馆，正是坪林百年茶业的缩影，充分表现了茶乡的地方特色。

为什么莺歌镇会有"台湾景德镇"之称？

莺歌镇位于台北县西部，关于其镇名的来历，《莺歌镇志》载"本镇在清朝光绪年间名为莺歌石庄，因北面山脉斜坡翠岚屹立一大岩石，其形似鹰，古称鹰哥石，清末改为莺歌石"。该镇面积仅18平方公里，却有400多家陶瓷工厂，占了台湾地区的2/3还多，大街小巷随处可见烧窑制瓦的景象，店面琳琅满目陈列的都是陶瓷工艺品，素有台湾的陶瓷重镇和"台湾景德镇"之称。关于莺歌陶瓷的发展，这要从尖山埔路说起，这是一个乡土味十足的地名，是当年莺歌陶瓷的发源地，也就是今日的莺歌镇陶瓷老街。其历史要上溯到清嘉庆年间，那时来自泉州的吴岸等人发现这一带的黏土多半含有硅酸，而且铁质含量多，十分适合制作陶器，便开始在此制陶。日本占领时期大型陶瓷场已在这里出现，直到今天，仍可见一些被烟灰熏黑的老式砖砌烟囱。近年，老街屋舍已渐失古意，但越聚越多的陶瓷艺品店却显得热闹非凡，短短不到1公里的尖山埔路，陶瓷店鳞次栉比，店面的陈设风格、品种，从各式使用的生活器皿到创意陶瓷，应有尽有。每个陶瓷厂都对外开放供参观。为方便游客参观应运而生的莺歌陶瓷博物馆，就设在陶瓷老街上。馆内展品有古老的史前陶器，也有现代陶艺作品展示，内容涵盖了莺歌陶瓷的全部发展历史和从原始到机械化的制陶方法，同时还推出了陶瓷之旅，让游客自己动手拉坯、捏陶、彩绘。

观音山如何得名？

观音山风景区位于台北县五股乡八里地区，因山形犹如横卧的观音像而得名，与北岸的淡水市镇、大屯山火山群相望，是淡水河口著名的地标。周围环绕有淡水河、八里海岸、五股沼泽区和林口台地等景观。入口处竖有巨幅石雕"龙的传人"四个大字，标志着观音山的精神。此山属大屯山火山群，地质专家考证，70万年前火山爆发时，两边的熔岩曾汇流，阻塞淡水河，产生今日的关渡；而后淡水河再度升高纵切观音山和大屯山，并衍生成一座绿意盎然的独立山峰。观音山海拔并不高，最高峰硬汉岭标高612米，但却有18座小山连绵盘踞。山上步道密布，为台北西郊热门的登山健行区，其中最大众化的路线是从五股观音山站牌出发，沿山阶上登可抵凌云禅寺，再攀可抵硬汉岭——因昔日日本宪兵曾在此训练"硬汉精神"而得名。山上名刹古寺林立，可溯溪观瀑、观鹰赏鸟，眺望半个台北盆地和淡水河出海口山海相映的壮观景象。白天上观音山，能隔着门墙老树感受楞严阁、开山院的古朴庄严，远眺淡水八景之一的"坌岭吐雾"，这是因为由大陆过海西来的锋面被山峰所阻隔，水汽环绕于山腰处盘旋流转，变化多端而形成；傍晚时分则可坐观淡水暮色，动人心弦；夜幕低垂时看淡水河畔万家灯火闪闪，别有一番人间之美。观音山下有建于清乾隆年间的西云岩寺，大殿内供祀观音菩萨，香火鼎盛，是台湾四大佛教圣地之一。大殿前神道之侧有一巨石，风吹微动，号曰风动石；寺后有三座宝塔，与古刹遥对，意趣天成，不可不看。

中和圆通禅寺的石雕大象和雄狮各有什么特殊功能？

中和圆通禅寺位于台北县中和市山坡上，建于1926年，采取纯佛教式的建筑风格，庄严古朴。四周密林围绕，林荫满布，清凉幽静。从山下沿阶梯而上，首先抵圆通寺正门，抬眼会看到左侧有一个石刻大象，硕壮庞大，唯神貌温柔宜人；而右侧的石刻雄狮，张牙舞爪，虎视眈眈地盘踞在一圆石上，神情威猛，神态逼真。两块石刻一柔一刚地镇守在寺门，气概不凡，显现出了佛家刚柔并济的精神。正门为一个城门式的拱形洞，内供奉垂耳凸肚、袒胸露乳、咧嘴而笑的弥勒佛，悠然自得的神情，令人豁然开朗。再沿阶梯而上，便是一处广场。广场左右各有一棵大榕树，树叶浓密蔚然成荫，树荫下有石凳、石椅，供游客休息之用。广场正面，是圆通禅寺的主体建筑大雄宝殿，建筑雄伟但不华丽，一石一柱皆显现出典雅朴拙的气象，引人思古怀旧。殿内奉祀着释迦牟尼、如来佛祖和观世音菩萨三尊金身盘坐的大佛，佛像金碧辉煌，庄严肃然。

从广场向右走，有座五层专为寄纳灵骨的宝塔式建筑，为归净塔，越过塔前广场即达山崖。山崖下有许多石刻的石像、石龟、石鹿及石狮，而一旁陡直的峭壁上，除了有一座巨大的弥勒佛雕像外，还刻了一个硕大的"佛"字，笔迹苍劲有力，甚是壮观。山崖上有一处石壁裂缝，顺着裂缝里的阶梯而上，可达圆通禅寺后山，山上举目尽是相思树，树多成林，阴凉幽静。从后山往下鸟瞰，可观及圆通禅寺全景和台北盆地景色，视线广阔，心胸不禁为之宽矣！

台湾的三峡在什么地方？

台湾的三峡在台北县台北盆地西南边缘的三峡镇，是三峡溪、横溪、大汉溪的汇流处。台湾三峡虽无长江三峡壮观，却也古意盎然。过去，三峡镇只是泰雅族人狩猎的地方，他们称此地为"三角躅"，意为肥美的三角形平原地带。关于三峡镇的开拓，有一个美丽的传说。民族英雄郑成功驱逐了荷兰人后率军北上，惩处了此地作祟的三怪：鹰精、龟精、莺歌鸟精。自此，汉人才敢进入三峡拓荒。

据说，开拓先锋是清康熙二十四年（1685 年）入峡的福建泉州人陈瑜。汉族移民到此后，见三溪汇流处水势汹涌，浪涛排空，遂将"三角躅"改为"三角涌（闽语的'浪'音）"。1920 年，溪水渐少，多险滩，故改名为"三峡庄"，以跟大陆三峡同名为荣。

三峡的山坡海拔 500 米左右。气候温和清爽，终年云雾笼罩，最适宜茶树的生长，所以三峡便成为台湾最大的茶叶市场。茶叶可精制成"乌龙茶"，远销海内外。三峡也是台湾唯一出产"龙井茶"的地方。现时的三峡，仍保留着一批古迹，被称作"东方艺术殿堂"的清水祖师庙就建在这里。三峡有许多风景名胜，如十八洞天、乐乐谷、云森瀑布、红桧神木群，都是引人入胜的游乐处。

邓丽君墓园在哪里？

邓丽君墓园位于台北县金山乡金宝山的筠园内，分为广场和墓园两个部分，占地 0.05 公顷，入口处有一外形类似北京天坛的圆形亭屋，那是筠园的音响和灯光控制中心，内有一台电脑储存了邓丽君一生演唱的所有歌曲，每天定时循环播放。走进园内就能听到邓丽君的名曲《一个小心愿》——"看丝丝小雨，轻轻在窗前……丝丝的小雨，悄悄来到人间。"通向邓丽君墓地的地面，铺设的是钢琴黑白键盘式地面。墓地前，有一尊邓丽君全身雕像，微笑的面容，伸开的双手，好像亲切地欢迎着所有为她远道而来的歌迷，形态栩栩如生。墓地中央，摆放着一尊黑色大理石，雕出邓丽君闭目陶醉的神态，浑然一体，十分完美；大理石的左边耸立着由亲民党主席宋楚瑜书写的"筠园"二字大石，右边是邓丽君的墓志铭，正前方摆放着她生前演唱时的瓷像，两旁围满许多鲜花，幽静中散发出温馨，整个筠园充满着既简洁又高雅的园林之美。人们站在邓丽君瓷像前，情不自禁仿佛一首首充满无限爱心的歌曲在心中荡漾。她的莺声燕语，台风迷人，能唱多种语言的歌曲，演唱时的独特神韵，曾陶醉了千千万万歌迷的心。

　　邓丽君，原名邓丽筠，台湾省云林县褒忠乡田洋村人，1953年1月29日诞生。从小就以她美丽的歌喉展现过人的表演才华，10岁时以一曲黄梅戏《梁山伯与祝英台》赢得歌唱比赛冠军，13岁那年再以《采红菱》参加金马唱片的歌唱比赛并拔得头筹，14岁时加盟宇宙唱片公司灌录唱片，同年正式在各大歌厅、饭店驻唱，开始她的演唱生涯，并涉足电影和电视剧的演出及参与主题曲的演唱，同时在东南亚进行巡回演唱，1972年曾被选为香港十大最受欢迎的歌星。1973年到日本接受专业歌唱训练，一年后便以《空港》一曲崭露头角获得新人奖的青睐，其后的《爱人》、《偿还》和《韶光流逝》等日文歌曲，更为她缔造歌唱事业无数的佳绩，甚至获得"全日本有线大唱三连霸"的优秀成绩。1979年到美国开始重拾学生生活修读语文，并首次在美加地区举办个人演唱会，创下多起华籍歌手在美国各地登台演唱的先例。1991年后淡出演艺事业，开始旅居法国和泰国之间，过着恬淡且宁静的生活，不幸在她生命最后一段旅程中，因哮喘发作，在1995年5月8日香消玉

▲ 邓丽君墓园

142

殒于泰国清迈。

屈 原宫如何纪念爱国诗人屈原？

　　屈原宫位于台北县洲美里，是台湾唯一奉祀战国时代爱国诗人屈原的寺庙。据这里的村民介绍，屈原在这儿被奉为"水仙尊王"，宫里的神像是清康熙六十年（1721 年）福建漳州郭姓村民作为保护神从故乡背来奉祀的，后来成为村民的共同信仰，由村民轮流恭迎回家奉祀，信徒则前往烧香膜拜。1980 年，村民集资建成了现在的屈原宫。

　　屈原宫共分两层，一层为村民开会和举行纪念活动的地方，二层则供奉着 1 米多高、峨冠博带的屈原神像，两边的楹联为"屈赋千秋开规范"、"原天一问见忧思"。像前的香案上则供奉着香火和祭品。西墙上有《江上龙舟竞赛图》，东壁上则为《百姓临江伤悼图》，大殿的堂柱上挂满了书写有"湘水忠魂"、"风骚千古"、"正气流芳"等内容的大小匾额。

　　"离骚一卷楚水无情葬烈士，社稷千秋蓬壶有幸祀诗人"。屈原宫内悬挂的祭悼篇章透着浓郁的古风古韵，与历尽沧桑的神像一起诉说着一种精神的传承。屈原宫以"田园稻花开，屈宫粽香飘，端午赛龙舟，洲美永传承"四句话来概括当地的纪念活动。每逢端午节，洲美乡亲都会参加郑重庄严的祭典仪式和献江、谢江仪式，举行龙舟竞渡，从未间断，至今已有 200 多年。

台 北县有什么风味小吃？

　　台北县的特产和风味小吃主要集中在淡水镇、深坑乡和东北角海岸等处，其中淡水的小吃五花八门，街巷间仍保留许多历时已久的经典小吃，尤以中正路老街为大本营。如香传千里的传统糕点、庶民化的老牌海鲜餐厅及鱼丸、鱼酥、虾卷等海味；此外，风行全台的阿婆铁蛋、真理街的阿给等也令人津津乐道，处处充满随买随吃、市井小民般的亲切自然。深坑乡豆腐闻名遐迩，而深坑老街就是品尝这一乡土美味的好地方，短短的街道上集满豆腐餐饮店，红烧、炭烤、麻辣、臭豆腐、豆腐羹等料理一应俱全，其中"深坑庙口小吃"是传统老店，"大树下豆腐店"以豆腐三吃著名，"查某人的味"、"六婶婆食府"则以怀旧风格取胜，"舜德农庄"则以加工土鸡野菜为主，提供另一选择。同时坪林乡的茶油面线、乌来的炸溪虾、溪鱼、鳟鱼餐，巨龙山庄、那鲁湾度假饭店的茶餐、樱花宴也比较著名。东北角海岸主要供应海鲜，鱼类有鲂仔鱼、四破、鬼头刀，贝类有野生文蛤、毛蚶、砗磲，还有软丝、小枣、海菜酥、石花菜等，其中用石花菜做的石花冻炖土鸡，降血压效果特别好。

基 隆 市

你 了解基隆市吗？

　　基隆市位于台湾省东北角，三面临海，一面依山，面向东北的港口，外窄内宽，形似鸡笼，故旧称"鸡笼"。以多雨闻名，平均每年下雨超过 200 天，故又有"雨港"、"雨都"之称。1875年，清光绪时台北府设分府通判于此，以稽查海防，管束四民，掌理煤务，采取"基地隆昌"之意，而改名为基隆。1887 年台湾建省，分设三府，基隆隶属台北府；1888 年，改置基隆市。日本占领时期又改属台北县，设置基隆支市，直到 1924 年才改为基隆市，隶属台北府。日本投降后，改为省辖市。现全市面积 133 平方公里，人口 39 万，是台湾北部第一大港和远东有名的国际贸易港之一，也是台湾的三大渔港之一，年产鱼量占台湾第二位。港口东北 30 海里处出产的珊瑚尤为名贵。背山面海、水静沙平的三沙湾海水浴场是台湾最早建成的海水浴场。其他还有仙洞岩、宝明寺、灵泉寺、光华古炮台、和平岛、情人湖等风光名胜。

海 门天险的作用是什么？

　　海门天险位于基隆市中正区三沙湾的高山上，俗称三沙湾炮台，占地 400 坪，沿着两旁葱郁的林间小径，拾级而上，就可抵达。据文献记载，海门天险建于清道光二十年（1840 年），是为确保台湾北部海岸的安全而设的，至今已有 160 余年的历史。经历过中英、中法两次战争，不仅是基隆市的重要古迹，也是整个台湾深具历史意义的一级文物古迹。海门天险面积广阔，形势曲折的炮台阵地，正门是粗石围砌的城门形体，如今仍保存完好，中国传统造型，顶部保留着攻击用的射口。城门上"海门天险"四个大字是这里的精神象征，入内则视野豁然开朗。平坦的地基上，沟渠井然，旁边有以"人"字形建造的兵舍及营房，如今只剩下断垣残壁供凭吊。往上是一层层的阶梯，宽阔壮观。至最顶

端便是守卫港湾的古炮区，古炮、碉堡、炮墩、弹药库、古井等遗迹，都在见证着海门天险的战绩。但原大炮早已遗失，现今看到的是 1979 年仿制的。古炮区居高临下，可攻可守。四周古木参天，虽 100 多年来饱受过风雨的侵蚀，稍有折损，但在一片翠绿的掩盖下，仍不减当年的豪迈英雄气概，"海门天险"诚非虚名。

▲ 海门天险

和 平岛最有代表性的怪石奇岩是什么？

和平岛位于基隆市北端，是孤悬海外的一座岛屿，因早年荷兰人曾在此筑寮集社，故又名社寮岛，是基隆市所属七个岛屿之一，台湾造船公司的船坞就设在这里。后来由于和平桥的修建，使其和台湾本岛连在一起故名。这里北面临海，岩壁陡峭，由于气候的变化影响和海浪夜以继日不停拍打侵蚀，而造成了岸边怪石奇岩景观，如石菇、蜂巢岩、千叠敷、万人堆、海蚀平台、波蚀凹壁等，令人目不暇接。其中的千叠敷和万人堆更是蔚为奇观。千叠敷是由于海潮经年累月侵蚀平台上的硝岩，而形成一块块四方形状似豆腐的岩石，又名豆腐岩；万人堆则是因海水长年侵蚀，形成一大片竖立的蕈状岩，远望如一个个人头，因此得名。这种海蚀遗迹分布很广，有的甚至高出在海面 15 米左右的小山丘上，这可以作为和平岛海岩陆升的证明。附近小丘旁有一个岩洞，相传是荷兰人抵抗郑成功退守的最后据点，故名"番子洞"，至今岩壁上还留有模糊的荷兰文字，极具历史意义，可供观览。从番子洞旁俯视大海，一片汪洋，狂澜怒涛，奔腾澎湃，基隆八景中的"社寮银澜"即指此地。除以上景观外，岛内的海水游泳池及儿童戏水池更是游客的最爱。其

▲ 和平岛

中海水游泳池系由九孔养殖池改建，并引天然海水入池，可享受与鱼同游的乐趣，池旁小水道及石缝里也常见鱼、虾、蟹藏身其中，十分有趣。

为什么许多植物在八斗子很难生长？

八斗子位于基隆市和平岛风景区东侧的大鸡笼山麓，三面环山，一面靠海，海滩沙浅，渔舟环列，是一个条件良好的渔港。尤其夕阳斜照，彩霞满天，景致优美至极，为昔日基隆旧八景之一的"八斗夕照"。在观海平台上，可轻松俯瞰后边的八斗子渔港和碧砂观光渔港，前边则可远眺一眼望不到边的东海。位于八斗子和长潭之间的望幽谷，四周大部分为浅海，多岩石，宽约20米，适合拾贝、抓虾蟹、游泳、戏潮和露营等，同时也是鱼、虾、贝类的天然繁殖场。鱼类五颜六色，常有教生物课的老师带着学生来此参观，是一处观察海洋生物、采集海产标本的最佳之地。由于望幽谷临海，大海浪经常打到半山采，咸咸的海风充满整个山谷，造成这里除矮树及杂草外，其余植物很难生长。夏天因缺乏可遮蔽的树荫，除海边有人玩水之外，山上很少有人停留。晚间来此，倒可观赏近海中渔船的渔火浮映海面，也算是一种风情吧。

情人湖有哪些景观？

情人湖位于基隆市安乐区大武仑山上，原称"五义碑"。由6条小溪汇入湖里而形成。湖面虽不宽大，但却像珊瑚般地分出几支独立的水域，水波碧绿，青山倒映，显得婉丽别致。从高处看，湖面呈"丫"字形，四周仍保持着原来的风貌，清纯朴实，林木茂密，宁静幽雅，在林间湖畔的情人步道上踏青，可享受天然的森林浴，偶遇在这里栖息的鸟类鸣叫，更增添乡野风味。环湖山坡上，设有 3 个平台，可从不同角度远眺景观。

为什么要建狮球岭炮台？

狮球岭炮台位于基隆市仁爱区狮球里狮球岭顶，北基高速公路隧道上，连接虎头山和基隆山的凹形处，地势险要，虽高仅 155 米，但军事地位十分重要，可以控制整个基隆。清光绪九年（1883 年），正值中法战争，清朝政府为加强海防，遂命刘铭传在此建造炮台，用以保障台北盆地的最后防线。中法战争中，法军冲破海门天险，清统领败退，据守狮球岭，因居高临下，能攻易守而免于法军占领。现今是台湾二级文物古迹，大炮已失，但留下炮座和一处石造指挥所供凭吊。"狮岭匝云"为基隆的八景之一。站在炮台上，基隆市全景尽收眼底。

光华古炮台现在的作用是什么？

光华古炮台位于基隆港口太白社区山顶，又称白米瓮古炮台、仙洞炮台或"荷兰城"炮台，外观形势雄伟险要，但始建年代已无法考证，推测可能是 300 年前荷兰人所建。目前的形貌是日本人占领时期修缮后的规模，现为三级文物。炮台上设有指挥所、观测台和面向大海一字排开的四个炮座，与基隆港东岸的社寮岛形成共扼。炮台内有可容纳上千人迂回的通道，当时军事价值极高，如今已成为可以远眺基隆屿和外木山澳海滨的旅游胜地。从山顶炮台上远眺，基隆市尽收眼底，远处港口碧海连天，舟楫云集，近看市嚣，人车熙攘，别有一番风情。

基 隆屿为什么要游客登岛每次以 1 小时为限？

基隆屿位于基隆市北方海上 6 公里处，是一座小离岛，也是一座美丽的火山岛，火山爆发后形成，由角门石、黑云母、石英安山岩所组成。四周全是山崖地形，坡度比较陡峭。由于受东北季风及海浪长期冲击，处处可见海蚀洞及奇特的礁岩异景。可在此欣赏岛上原始风光和海上美景。目前已建好的设施和景观有：人行步道、码头、矶钓场、检查哨、游客休息观景凉亭、厕所以及千姿百态的地质景观、殉难战士纪念碑等。屿上的植物均是典型的海岛植物，有榕树、百合、金花石蒜、塔花、风轮花、绒兰、林投草等。动物有老鼠、蜥蜴。海洋生物有鲷鱼、象鱼、白带鱼、贝壳和藻类等。

基隆屿属于海蚀地形，山势陡峻，管理部门基于安全性和维护景观资源，故开放旅游以来，游客登岛每次以 1 小时为限。

灵 泉寺建于何时？

灵泉寺位于基隆市东郊月眉山上，海拔 220 米，是登高望远的极好地方，基隆港全景和附近的海光山色都可以看到。山上保留有清朝修建的古炮台。清晨来到月眉山上，岚烟氤氲，饶有情调。灵泉寺为供奉祖师景峰和尚而兴建，始建于清光绪二十五年（1899 年）。寺宇雄伟庄严，极富乡土情调，足可与台北的西云岩寺、苗栗的法云寺及台南的开元寺并称。一踏入山门，即可见一红色凉亭，稳重而古朴。步上石阶，进入庄严的神门，殿宇巍然，正身燕尾高耸，原有的一些木造建筑，现已被钢筋水泥所取代，些许斑驳的梁木和斗拱，使得灵泉寺并非一般现代寺庙的建

150

筑所能比拟。庙内殿堂入门处，题有"万德庄严"古匾一方，与寺宇景观相互辉映，身临其中可感受其沉稳肃然的气氛，尤其是早晚的木鱼青磬，在宁静的寺宇内幽幽响起时，更能发人深省并涤荡俗虑，因此有人称之为"灵泉晚钟"。每到傍晚时分，聆听规则而齐整的敲击声，足可使一天的烦虑忧愁于此时刻皆化解掉，因此，灵泉寺不仅是信徒进香膜拜之地，也是旅游者寻幽访胜的最佳去处。

寺中还有望寿楼，远远望去，清新典雅；神龛、案桌用心之至，供奉的神像也栩栩如生，奕奕有神。寺宇四周有不少旧式建筑经不住风吹雨打，有的已倾圮萧条。

暖冬峡谷有什么景观？

暖冬峡谷位于基隆市暖冬区东边的东势坑林区。这里溪谷纵横，形成多处峡谷，其中最著名的也较具规模的就是暖冬峡谷。谷里有一条浅浅的溪流外流，由于溪水终年不涸，清澈见底，毫无污染，成为东势坑居民的主要水源。峡谷内峭壁夹峙，甚为壮观，石壁旁有蝙蝠洞，可顺道一游。循着石阶而上，两旁林木茂盛，花草繁密，一片翠绿，呈现极为原始的自然林相，走到石阶路的尽头，可见一大型广场，此即一般所谓的露营地，可同时容纳 300 人露营。从露营地再往前行，沿途但见小溪涓涓而流，景色天成，无人工雕琢的痕迹。不久，遇一岔路，左行可往拦水坝，坝下三股水流汇成一道小瀑布，水珠散飞四溅，声闻山谷。从右岔小路可下到瀑底，旁有洞穴，山泉清纯，甘美无比。过了水坝，整个峡谷即呈现眼前，两壁对峙，右壁上杂草丛生，左壁则光秃一片，上游溪中怪石嶙峋，相互叠立，蔚为奇观。谷中溪流清澈见底，峭壁旁即为蝙蝠洞，据说从前有很多蝙蝠栖息洞内，最近几年不堪游人的侵扰，已迁居到别处。暖冬峡谷地区盛产莲雾，又因气候潮湿多雨，也产香菇。溪中栖息着很多苦花鱼和长臂虾，还可享受溪钓的闲情逸致。

碧砂渔港观光鱼市一大特色是什么？

碧砂渔港观光鱼市位于基隆市碧砂渔港，为一兼具渔产及观光功能的综合港，其丰盛的海洋资源久负盛名，加上基隆区渔会在此设立了北部最大的渔产直销中心，供应各种现流渔货，是喜爱海鲜美食者不可错过的景点。鱼市分为鲜鱼区和熟食区，渔货多来自基隆屿近海及八斗子渔港，种类很多；鲜鱼区设有许多活水槽，石斑、白鲳、旗鱼、虾蟹等梭游其中，仿佛游逛水族馆；选购时以活体为佳，才不会吃亏上当。逛累了，到熟食区就可品尝各种活蹦乱跳的海鲜，或清蒸、或快炒、或煮汤，都可感受到刚上岸的"鲜"味，游客也可在鲜鱼区采购中意渔货，再酌付费用委托这里的摊商代为料理。碧砂鱼市以鲜活为号召，因此少见鱼丸、鱼干等加工制品，是碧砂鱼市一大特色。

碧砂渔港渔产直销中心右侧竖立的"海功号"船只，曾经远渡重洋捕捞南极虾，如今把它陈展在这里，俨然已成了渔港的地标。

基隆市有什么夜市和小吃？

基隆庙口夜市以"开漳圣王庙"为中心，该庙的庙埕就是夜市最初的发展起点，即基隆人所惯称的"庙口"。现在庙市规模已由庙口横向的仁三路扩展至纵向的爱四路了，虽然夜市街道全程不超过500米，但300多家小摊店，紧凑密集，琳琅满目，且多独创口味，口碑远播，令游客感觉好似进入一个"吃"的世界或"小食博览会"，不知该从何处动口。

庙口夜市的小吃果真是五花八门，来此"觅食"的食客都可各取所需，满意而归。由仁三路、爱三路口的夜市摊位起点步向庙口，摊位成两行，沿路边一字排开，右面有几家香喷喷的卤肉饭、排骨汤摊位，每到用餐时间不但常座无虚席，而且街上还有"第二军"顾客痴痴等候。

卤肉饭的对面"天妇罗"，其实就是油炸"甜不辣"，但基隆的天妇罗在质料与调味方面有独到之处，看起来小巧轻薄，吃起来饶有风味。

再走几步，右转进入庙埕。庙埕上最有名的首推有30年历史的"鼎边趖"，这是浆用米浆在鼎的周缘烘烤出的薄馍，剥成小片加上金针、虾仁、肉烧等配料汤而成，是一道随祖先过台湾的福州地方小吃。

仁三路和兴起较晚的爱四路路口，则以毗邻的春卷、三明治摊最受欢迎，料好价实。左转进爱四路，右面主要以现炸鱼海鲜摊为主，中间一家红烧鳗羹，摊上有许多远道而来的忠实顾客，对面一家八宝冬粉，也留住了不少人的脚步。具代表性的小吃还有奶油螃蟹、"纪猪脚"等。红烧鳗羹已卖了30多年，将裹上面粉的鳗鱼块油炸后，放入大锅中和白菜、香菇一起勾芡烩成；八宝冬粉包括金针、虾米、香菇、肉羹、笋丝、银耳、木耳、芹菜八种配料，淋上特制汤头，清淡美哝；炭烤的奶油螃蟹，兼具奶油的香浓和螃蟹的鲜美，叫人食指大动；"纪猪脚"讲究原汁原味熬煮，肉质柔嫩，口味清爽。庙口夜市除了小吃外，也有刨冰、泡泡冰、果汁等冰品冷饮摊位，是晚餐后爽口的好去处。陈氏泡泡冰已相传两代，至今仍坚持以手工搅拌打制，其招牌冰品"花豆加花生酱泡泡冰"，味道香醇，口感绵蜜。

宜 兰 县

　　宜兰县位于台湾岛东北部，原是平埔族人的村落，平埔族语称之为蛤仔难、甲子兰或噶玛兰，又名兰阳，是台湾开发较晚的一个县。由于气候温和，雨量充沛，有"兰雨"的雅号，又因土地肥沃，素有"兰阳米仓"之称。还因当地盛产兰花，至清光绪元年（1875 年），才改为宜兰。现全县总面积 2137 平方公里，人口 46 万，三面环山，右濒太平洋，地当中央山脉北端，境内有头城、兰阳、苏沃、大南沃等主要河川迂回穿插，再加上沿海的良港及龟山、龟卵二屿，形成一水陆交通发达、景致不凡的旅游胜地，在此不但没有工业城市的烦嚣，还可享受山林田园的妩媚。境内温泉和瀑布比较多，且出名。温泉如礁溪、头城、龟屿、苏澳、太平山等，均风景宜人四季不衰。瀑布如五峰旗瀑布，是著名的"宜兰八景"之一，附近的礁溪温泉，被称为温泉之乡，一年到头泉水清澈，随时都可以去进行温泉浴。此外，风景名胜点还有上新花园、梅花湖和三清宫、金盈谷瀑布、仁泽温泉、冬山河游息区、草岭古道、福山植物园、东北海岸风景线、苏澳港和苏澳冷泉等。

上 新花园有哪些景观？

上新花园位于宜兰县头城镇金盈里14号，海拔400米，面积17公顷，景色宜人，视野辽阔，有5座远木瞭望台，不但可以眺望兰阳平原，并可欣赏太平洋龟山岛的日出，风光兼有浪漫及磅礴的气势。尤其夜幕低垂，仰望星斗满天，俯瞰渔火点点，兰阳平原的宁静恬美尽在不言中。这里以人造林二叶松和杉木为主，松木成林，青翠葱茏，饶富山林情趣，景致十分秀丽。园区内由一条中心步道贯穿全区。游乐设施主要有小电车、水上碰碰车、冲锋三关、森林小火车、大型天然泉水游泳池等23种。另有刺激惊险的太空走钢索、步步惊魂等体育训练场地。还有供游客午睡休息的原始森林吊床、烤肉亭、露营区、避雨房，质朴别致，糅合了自然与典雅的凉亭等。特别是在吊床上任君逍遥，可以卧听款款动人的松涛声。花园大门右侧有陈列各式农具的农业文化展示中心，外围则有一座森林浴场，沿路香楠、红桧、珊瑚刺桐、山茶花、山樱花夹道迎接；若逢金枣、金针花季，还可免费采摘。

梅 花湖如何得名？

梅花湖位于宜兰县冬山乡得安村，因三面环山，湖面呈五瓣花状，形似梅花而得名。水域面积19公顷，湖畔有环湖公路可供行车，东岸有座20米长的吊桥，直通湖中心的浮岛，岛上有座小型公园，站在公园的最高处，可眺望整个梅花湖，偶尔也可看见水鸭浮游在湖面上，悠闲自得。东岸有相思树，沿蜿蜒小径，穿行花丛，幽雅静谧，非常适合散步、谈心、休息。湖边有游乐区和私营的游艇划船区，可供游客泛舟。湖畔南山麓古香古色的三清宫，落成于 1970 年，建筑雕梁画栋，显得艳丽宏伟，宫内供奉道教三位天尊，即所谓三清；玉清元始大天尊、上清灵宝大天尊和太清道德大天尊三位道教教主，以道家勤、静学说为宣扬之道，统称为三清道尊，是全台湾道教的总庙。一年四季，香火鼎盛，香客和游客如云。站在庙前广场，可看出三清宫的地势，左右及背面均有群山护卫，正面豁然开朗，兰阳平原尽收眼底，由此欣赏梅花湖全景，更可一览无余。

苏澳港堪称一绝的是什么？

苏澳港位于宜兰县兰阳隧道出口处，北方澳、南方澳在此南北夹峙，港口三面环山，东侧海口面向太平洋，水域面积广达 40 海里，是东台湾重要的优良港口，也是台湾全省十大建设项目之一。其港湾形势自然天成，非常壮丽。从苏花公路或其侧的炮台山上俯视，可见苏澳港南北两侧的南方澳和北方澳长岬，犹如巨型螃蟹的两只大螯，遥相对峙，紧紧挟着苏澳港的咽喉。中间水域辽阔，云水苍茫，直通碧波万顷的西太平洋，景色之壮丽，堪称一绝。

苏澳冷泉奥妙之处在哪里？

苏澳冷泉在宜兰县苏澳镇冷泉路 41 号，石灰岩地质，加上地下水层深厚，蕴藏着高品质的碳酸冷泉，是台湾两个大冷泉之一，温度在 21℃ 左右，pH 值为 7.5，泉水清澈透明，属单纯碳酸泉，可饮可浴。进入泉池，由于水温低于人体温度，全身会感觉冷冰冰的，但不到 2 分钟，会开始通体发热，舒适无比，这便是洗冷泉的奥妙之处。据当地医务人员介绍，常饮该泉，对胃、肝、皮肤病等具有理疗功效，还可以美容。早期，有人利用冷泉制成汽水出售，对强健肠胃颇有作用。而本地著名的"苏澳羊羹"和"那姆内"（即弹珠冷水），就是利用冷泉独有的特性，再加上苏澳海岸一带盛产的石花菜提炼制成，因此做出来的羊羹特别香，风味绝佳，有口皆碑。在苏澳镇冷泉街上，还建有免费冷泉公共浴池和个人浴池及可容纳上千人的公众戏水池，并尚有数家冷泉旅社。

礁溪温泉为什么有"小北投"的别号？

礁溪温泉位于宜兰县礁溪乡德阳村福崇寺后山下，精华区在火车站附近。此处地热丰富，地下完全是热泉水，且范围大，有"小北投"的别号，为台湾罕见的平地温泉。在温泉区内，温泉旅馆和饭店四处林立，游客至此，可任意选择下榻，洗温泉浴。这里温泉的泉质属于盐类泉，色清、无臭、味咸，含氯化钾、硫酸钠、重碳酸钾、重碳酸钠、硼酸以及有机物和游离酸等矿物质，温度在 60℃ 左右，可浴可饮，可治疗皮肤病、慢性病等，有病治病、无病预防，对皮肤还有美容的功效。20 世纪六七十年代，游客大量涌入，遂使礁溪成了著名的"温泉之乡"。礁溪乡菜农利用温泉水栽培空心菜、丝瓜、茭白笋、水晶米等，由于温泉水中含有多种矿物质，因此蔬菜长得茎粗叶大，吃起来也特别清爽可口。除了温泉、蔬菜，还有温泉米、温泉花卉等特产。近年，经营者结合当地景观及农产重新做了规划，使来此的游客，除了能享受温泉浴外，还可以接受兰阳地区山明水秀、鸟语花香的洗礼。

仁泽温泉为什么又名烧水？

仁泽温泉又名烧水，海拔约500米，位于宜兰县太平山麓的多望溪溪谷里，为太平山森林游乐区的第一站，是一处极富山水之美，兼具温泉之胜的度假胜地。这里四季如春，空气清新，恬静清幽，景色如画。每逢节假日，常有大批游客蜂拥而至。此温泉的源头在太平山后山山麓的岩壁石缝间，刚出地表时水温高达144℃，泉质属于弱碱性碳酸泉，可治疗皮肤病，舒畅筋骨。管理部门在这里兴建了"仁泽山庄"，并附设交谊厅和大小餐厅，解决游客吃住的问题。山庄建有露天公共浴池，全部用竹为篱笆，分设男女二池；另有一间间红瓦竹屋的个人池。这些浴池都是由天然岩石砌成的。山庄右下方广场上设有很多地热井，专供游客煮鸡蛋用。还有"第二招待所"，属于小家庭房舍，包括客厅、卧房、厨房、浴厕等，适合家庭度假投宿。在仁泽山庄和第二招待所之间，修建有宽18.5米、长26米的温泉游泳池，供游客游泳戏水。仁泽温泉旁边的多望溪边，是一片景致优美的宽广台地，可供游客露营，是青少年朋友投身大自然的好场所。台湾工业研究院在这里开凿了一处地热井，以开发宜兰东部地区蕴藏丰富的地热资源。遇到放蒸汽时，可以一饱眼福，目睹难得一见的地质学奇观。这里四周都是青翠的高山幽谷，谷间建有两座小巧简便的吊桥，桥尾有蜜月小木屋。站在吊桥上举目四望，视野开阔，深谷间的奇岩怪石和两岸的林间花鸟，都历历在目。林间的羊肠小径沿谷地边缘而辟，临渊迈步，倍觉气势雄伟，瑰丽壮观。溪谷上建有一处双层的瀑布，看来秀丽宜人。小径两侧遍植枫树和圣诞红，到了秋冬之际，片片嫣红，冲淡了落叶的萧瑟，倍增旖旎。

冬 山河游息区的重要游息据点是什么？

　　冬山河游息区位于宜兰县冬山乡太和村，长 12 公里，水域及其两旁的堤岸腹地面积 450 公顷，是都会居民自然田园的游息场所和休息、赏鸟、观景、水陆兼备的旅游胜地。其中心是围绕一条水流平缓、水位平稳的人工运河——冬山河展开。冬山河两岸阡陌纵横，稻田无际，视野十分辽阔，也是兰阳平原的最佳代表景观。其中在利泽桥至捷径桥一带，为一条长约 5 公里的平直河道，宽度自 60 米突然增加到 170 米，两侧岸边堤防、护岸、林带、花草殊异，管理部门依其所展现的不同姿态和功能，规划成上、中、下游三大景区：上游以保护自然生态为主，辟有森林公园、赏月台、观星台及小生物观察区等，重现过去的田野情趣。中游长约 3.5 公里，河道平直宽广，是冬山河游息区的精华地带。捷径桥附近，有一座仿河北赵县的赵州桥所建的仿古拱桥，造型古朴雅致，如卧波长虹跨于冬山河上。过捷径桥，亲水公园是冬山河最重要的游息据点，以重建人与自然伦理为目的，模仿大自然造景并融入兰阳本土色彩，如水上舞台、5 座圆锥形卵石丘及海面上的龟山岛，不经意地将兰阳地标引入园中。

开 辟草岭古道有什么作用？

　　草岭古道位于淡水到宜兰的淡兰古道上两县交界处的草岭，故名，系清嘉庆年间台湾知府杨廷理所开辟，路线从暖暖、四脚亭，越过三貂岭，经顶双溪、草岭等地进入宜兰，是台北和宜兰间的陆上交通孔道，兴盛达 100 年之久，直到北宜公路通车后，才逐渐衰弱。在此之前，约为清乾隆年间，即有一土著居民白兰

▲ 草岭古道

氏，在拓荒与航海风险太大的顾虑下，首先动工开辟淡水进入宜兰的道路，然因经时历久，加上缺乏维护，最早的古道已难觅踪迹。淡兰古道，尤其中间一段草岭古道的开辟，不仅引导先民翻山越岭进入兰阳平原，使宜兰加速开发，也是北部最早的一条东西交通道路。当你走在这条充满古意的石梯道上，虽然见不到草棚休息亭中"奉茶"的温馨，也看不到驿站驻扎的客栈，但在古道途中，仍有"虎字碑"、"雄镇蛮烟碑"、"跌死马桥"和"断壁残垣的客栈"等多处古迹，其中"虎字碑"在古道最高处，取"云从龙，风从虎"之意以制风暴，而"雄镇蛮烟碑"则旨在镇压瘴疠蛮烟，保障行旅安全，这二处题字皆是清代总兵刘明灯墨宝，已有 120 多年的历史。游客悠游览景时可凭吊深思，联想远古遗风。

东北海岸风景线精华地段有什么景观？

东北海岸风景线位于宜兰县东北部，西北起自基隆，经三貂角、头城，南迄宜兰县苏澳镇，全部属于台湾 2 号省道，有北部滨海公路之称。一路紧临太平洋，海天一色，一望无际，在不同的时刻，不同的地方，变幻出不同的风貌，可以看到不同的景观。其中基隆到三貂角附近为精华地段，在地形学上属"北部沉降海岸"一部分，海岸线包括了礁石、平细沙滩、岩石断层及波蚀棚等奇丽的地形景观，一边则为碧波万顷的太平洋，景色壮丽。北滨公路从水南洞到鼻头角之间，海岸线呈平直的东西走向，山丘尾端逼近海岸，受到波浪侵袭，形成许多海孔、巨岩和波蚀棚；鼻头角以南，有断岩及闻名全台湾的和美波蚀棚，一大片黑色而有波纹的岩棚，是沉降海岸地形的一大证明；过和美直至福隆，海岸出现沙滩，其中以福隆海水浴场白细柔软的沙滩最著名；三貂角为台湾最东点，是观赏日出的最佳所在，其海滨也有一大片美丽的波蚀棚；三貂角至北关一段，则是沙岸与岩岸相互出现的情景；北关以南以沙岸为主，其中兰阳溪口及竹安溪口富有机质的河口沙洲，更成为冬季亚洲北部候鸟南迁的中间休息站，满天飞翼，蔚为奇观。这条滨海公路，全线宽阔平坦，沿途可观海、听涛，更适合夏日至此戏水、垂钓，或者开车兜风赏景，逍遥无比。除了滨海公路风光外，在基隆与盐寮之间，还有一段古朴的山道公路，即102县道，分布其间的金瓜石、九份、双溪、贡寮等小村景致，也令人感受到另一种静谧的田园风光之美。

为 什么说河东堂狮子博物馆是全台湾第一座以"狮子"为主题的展示馆？

河东堂狮子博物馆位于宜兰县滨海公路旁，是全台湾第一座以"狮子"为主题的展示馆，占地3300平方米，系闽南传统的四层楼建筑，与龟山岛遥相对望，红瓦灰墙，天光水影，白浪拍岸，相互辉映。馆内广罗中、日、韩、东南亚各地狮形文物达2000余件，年代自公元初年到20世纪，内容则囊括把玩物件、摆设、香炉、鼎、酒器、砝码、门扣环、荷包、官服、庙绣、石敢当、石雕刻等，不胜枚举。一楼大厅供奉文殊菩萨并列四对石狮；二楼陈列各式造型的狮形文物艺术品；地下一、二楼"太师"、"少师"展览室，以展示大型石雕为主，墙面则悬挂着各色狮形刺绣，少师展览室临窗还设有咖啡雅座。由于其濒临太平洋，馆方特于各楼面海处设置大片落地窗，让游客在参观之余，也能饱览海天一色及晨光夕照下龟山岛的神龟灵姿。后院大片草地，除石狮造景外，还设有茶棚、儿童游乐设施和可通达礁岩海岸的曲桥，让参观者既可享受文化盛宴，也能亲近山水自然。

为什么要建台湾戏剧馆？

台湾戏剧馆位于宜兰县立文化中心内，是为发扬及传承宜兰地方特色而设立的专题博物馆。它代表宜兰地区淳朴民风下的地方民俗文化，为逐渐式微的民间戏曲标注精神里程，俨然台湾歌仔戏的代言人。相传台湾歌仔戏在清末民初创始于宜兰县，是台湾民间最受欢迎的传统戏曲艺术，戏剧馆典藏内容即以歌仔戏为主，偶戏为辅。全馆分为三层，三楼为歌仔戏展示馆，介绍台湾歌仔戏的演进，并展示各式曲谱剧本等。二楼为偶戏展示馆，介绍偶戏的渊源、发展，并以虚拟实境解析傀儡戏的基本动作。傀儡戏剧场乃仿新福轩傀儡戏台搭设，游客可向馆方借戏偶在戏台上试试身手。此外，一楼的专题馆，不定期展示戏剧相关主题，如叶青歌仔戏展等，让游客更深入戏剧的世界。

为什么说宜兰设治纪念馆是宜兰百年来的发展见证？

宜兰设治纪念馆位于宜兰市旧城南路三巷3号，原为历任宜兰县长官邸，是宜兰百年来的发展见证，始建于日本占领时期的明治三十九年（1906年），融合了日本木造房舍与西洋古典建筑结合的风格。在幽静的榻榻米、推拉门、长廊间缓步浏览，仿佛走进悠远的时空。宜兰县的诞生、皇天后土、谁主沉浮、官民之间、旧城漫步、县政中枢今昔等主题，以老照片、文献等展示宜兰自清嘉庆十七年（1812年）设治以来，历经清治、日侵占及现在各时代的变迁。馆身左侧为西洋砖造建筑，设计恢宏气派，现已辟为简报室。右侧特产室，展示建筑物修护施工图及修护前后对照图片，让参观者更接近纪念馆原来的面貌。馆外林荫浓密掩映，典雅的庭院造景与古朴的建筑相互辉映，更增添韵味。

鸳鸯湖有什么美丽动人的传说？

鸳鸯湖位于宜兰县大同乡和新竹县尖石乡之间的一座山里，长700米，宽150米，最狭处10米，系深山丽湖，静谧幽美，不禁使人联想起天鹅湖和茵梦湖等美丽动人的故事。湖畔到处都是倾入水中的树干和树枝，个个奇形怪状，古木盘结，树上须藤缠绕，覆满绿色的松萝，茂密的原始森林充满神秘气氛。关于鸳鸯湖名称的由来，传说从前有一对青梅竹马的山地情侣，男的壮如山，女的美如水。在一次狩猎中，那个英俊的男子为了追逐被箭射中的兔子，不幸葬身湖底，只留下一副弓箭漂浮水面，而那位美丽的姑娘等不到心上人回来，整整哭了一晚。第二天一早她一边奔跑，一边哭泣，一路大声地喊着情郎的名字，穿过荆棘，越过山岭，终于也来到湖边。当她看到湖面漂浮的弓箭时，悲痛与绝望袭上心头，"扑通"一声，跳入湖中殉情而死。他们这份坚贞相爱、至死不渝的爱情，感动了湖神，便将他们变成一对鸳鸯，终日相偎相依，追逐嬉戏，过着无忧无虑的神仙生活。

鸳鸯湖是台湾少数的自然生态保护区之一，严禁狩猎，因此常可见水鸭和成对的鸳鸯在此戏水，老鹰、兰鹊等飞越枝头，野趣横生。在出入鸳鸯湖的110林道沿途，两侧蔓生许多悬钩子属的红梅消，结出一颗颗晶莹的红色果实，这是大自然免费的招待，游客不必客气，可以摘着品尝。另外有的路旁虬枝丛生，分出五六枝枝干，粗大壮硕，枝叶繁盛，非常壮观。

为 什么说天公庙为"兰阳第一胜"？

　　天公庙位于宜兰县头城镇大里渔内，原名庆云宫，背负草岭山，面对太平洋，气势磅礴，不仅是当地民众的信仰中心，外地的香客也是络绎不绝。庙内供奉的玉皇大帝，相传系清嘉庆二年（1797 年）开辟兰阳平原的先民，从福建内地奉请而来，非常灵验。庙下方有一巨石，上题"兰阳第一胜"，这里风光之美可见一斑。从庙前可展望辽阔的太平洋和缥缈的龟山岛，附近海域在不同气候下，显露出多重面目，面对着变幻莫测的海洋，令人不得不为其自然威力所震慑。

协 天庙为什么越建越大？

　　协天庙位于宜兰县礁溪乡大忠路 10 号，是台湾北部最大的关帝庙，由福建省东山县关帝庙分灵而来。相传，有一位福建省漳州府平和县人名叫林枫，在清嘉庆年间因讼事进京，途经东山县时，闻知当地关帝庙威灵显赫，便进庙祈求神佑。林枫抵京后，讼事获胜，心甚感神灵有佑，便于归途再度进庙，叩谢神恩，且于神前抽签，蒙准奉炉丹分灵回乡，雕塑金身神像供奉，春秋以祭。后有林枫子孙林应狮等人，欲前到台湾垦拓，便再赴东山关帝庙分灵请奉关帝君神像，携之到台湾。众人乘船渡海，顺风直航，抵台湾北部。林应狮即率众登陆，由草岭（即三貂岭古道）进入兰阳平原。抵礁溪时，发现此地背山面水，是一黄蜂巢灵穴，遂居住下来，并建庙奉祀关帝君供众人膜拜，当时是清嘉庆九年（1804年）。那时，当地居民稀少，又经常遭土著民的侵扰，加上水土不服，以致瘟疫盛行，人们朝

▲ 礁溪协天庙

不保夕。但自建庙奉祀关圣帝君后，全境民众安居，土地渐次开垦，境域日见繁荣，众民都认为此为协天大帝的神佑，于是虔信膜拜，香火日盛。但协天庙在初建时，因当地居民生活困难，拿不出更多钱，仅建茅屋三间，后来地方士绅皆建议扩建，于是在咸丰七年（1857年），得关圣帝君显灵指点黄蜂出巢吉穴（即今庙址），将庙扩建为土墙瓦顶，并增建东西厢房和两房护廊，供香客休息。

协天庙背依五峰旗山，下临浩瀚太平洋，钟灵毓秀，庙貌辉煌。现庙分为正殿、中殿及外殿三大部分。正殿奉祀关圣帝君，下有关平、周仓金像陪祀，另左右两旁分祀福德正神与观音菩萨。中殿摆置有神桌及古香炉多个。正门上嵌有一对栩栩如生的门神，而门前广场上各有一座戏台与牌楼。戏台的形状和雕刻别致、精细；牌楼美观、典雅，下有一对石狮雄峙。整座庙宇宽敞、灿烂，美轮美奂，不愧是台湾北部最大的关帝庙。

围绕大福补天宫都有什么传说？

大福补天宫位于宜兰县壮围乡大福村43号，是为纪念女娲氏

炼石补天救万民而建的庙宇，又名"女娲娘娘庙"，庙观虽非宏大壮观，但细巧别致，独具风格，且香烟缭绕，信徒遍及台北、基隆和南方澳等地。

女娲娘娘的事迹，是中国先民们在草创时代的挣扎历程中，所唱出来的一首美丽而激昂的颂歌。传说，在大地尚没有人类以前，就有女娲这位女神了。她觉得在这片青葱翠绿的大地上没有一样东西能够陪伴她，实在很寂寞孤独。有一天，她蹲下来抓了些泥土，用水和后捏出了个像她模样的形状来，放到地上后，说也奇怪，这个泥巴人竟然会说会跳，还高高兴兴地走来走去。从此后，大地上有了人类。女娲造人后，将男人和女人配在一起，让他们自己完成人类繁衍的任务。可惜，这个美好祥和的世界却被水神共工和火神祝融给破坏了。这两个神水火不相容，大打出手，结果水神共工败了。共工恼怒羞愧之下，一头撞上不周山（不周山就是支撑天的天柱山），顿时天柱倾毁，天空露出窟窿，天灾横祸降临大地，民不聊生。女娲眼见她的孩子遭受苦难，心痛不已，赶忙捡拾五色彩石煮炼，修补残破的天空，还取用大神龟的四足牢固撑住苍天，并消除大地上的天灾横祸，拯救了她的孩子，世界才又恢复了太平。

清道光八年（1828年），临海的壮围乡有几个小孩子在海边游玩，忽望见海上有闪闪亮光随波浪逐渐漂来岸边，他们上前一看，原来是一尊神像，底下刻有"浙江女娲娘娘"六个大字。村民一传十，十传百，随即七嘴八舌议论，决定供奉在他们自己居住的草寮内奉祀。到清咸丰元年（1851年），因女娲娘娘屡有威灵显示，惠及村民，村民感念她的恩德，便集资兴建了三间木造的庙宇供奉。此后又不断增修。现在的补天宫，庙貌新颖，正殿前的牌楼，美轮美奂，尤其上面的剪贴和雕琢，繁复精彩，细腻精巧，而牌楼前的一对石狮，舞弄圆球、傲视群雄神态，惟妙惟肖，生动有趣。进入正殿，便可看见女娲娘娘神像，雍容祥和，一副人类慈母的容貌，亲善可敬。殿内有"功高穹苍"、"神化补天"的匾额。庙后是小庭院，花草树木，凉亭水池，加上别致美丽的墙壁彩绘，独树一格，别具风味。

为什么说竹安溪口是水鸟长途飞行的休息站？

竹安溪口位于宜兰县竹安乡，和台北县关渡乡同是台湾北部地区最大的水鸟栖息地，尤其竹安溪口，因鱼塘特多，一直是水鸟觅食的好地方。每年冬季，亚洲北部受低气压影响，到了10月份开始下霜，雁鸭类觅食不容易，为了求生存和繁殖下一代，便开始纷纷向南迁移，竹安溪口水塘区遂成了它们长途飞行的休息站。白天，它们通常在沙滩上休息或嬉戏，声势壮观。水鸟的种类以小水鸭、尖尾鸭、琵琶鸭等占大多数，且和睦相处，全部混在一起活动。到了午后和太阳落山前，水鸟都飞往内陆的鱼塘中觅食，晚上飞回竹安溪过夜。在竹安溪赏鸟有两处，一是竹安溪入海口处的海滩上，那里常有大批雁鸭栖息，一是竹安桥西边的溪流处和鱼塘地带，是白鹭经常停留的地方。

与竹安溪口相距不远的兰阳溪口自然保护区，鸟类也相当丰富，台湾的400多种鸟类中，这里有200多种，以迁移性水鸟为最多，较特殊的或其他地区不易见的鸟类有紫鹭、苍鹭、中白鹭、黄小鹭、大鹭、琵鹭、鹄、黄嘴天鹅、白额雁、鸿雁、弱雁、海秋沙、丹顶鹤、白头鹤等。

玉兰村的主要产业是什么？

玉兰村位于宜兰县西部大同乡，是一个由数十户人家组成的小小村落，水泥砖瓦房毗邻相接，人们以种茶、制茶为主，每天一大早妇女们就上茶园采摘茶叶，上午9点到10点左右随即展开晒茶的工作，制茶的程序有晒茶、烘焙、揉捻等。玉兰村产的茶就叫玉兰茶，这是宜兰县的当家茶。玉兰村拥有广阔的山坡地，总面积500多公顷；茶种属包种，分"青心乌龙"和"青心大方"两类，质量俱优，色泽、香味均为上品。目前该村茶地内设置了引水及喷水管道，并经常举办茶叶培训班及制造茶叶技术的观摩，以提高质量。从村边的道路上山，沿途坡地尽是茶园，绵延不断的碧绿，空气中弥漫着一股玉兰茶香，愈往山上走香味愈浓郁，使整座山充满了盎然的生气。每到采茶季节，可见三三两两的妇女，背着竹篓上山采茶，比起桃园县以机器采收茶叶的景象，更具乡野风情。

龟山岛有哪八大景观？

龟山岛位于宜兰县头城乡东12公里的海面上，东西长3.3公里，南北宽1.7公里，面积2.7平方公里，海拔401米，因酷似一只巨型乌龟而得名。仔细观察可以发现，它是由两座火山体组成

▲ 龟山岛

龟头和龟甲，龟尾部分是一片细长的沙洲。岛上岩石多属安山岩，是数十万年以前火山岩浆凝固而成。历来以龟山朝日、龟岛磺烟、龟岩巉壁、龟卵观奇、灵龟摆尾、神龟戴帽、眼镜洞钟乳石观奇及海底温

泉涌上流八大景观而闻名遐迩，其中尤以"龟山朝日"名列八大景观之首。还有，宜兰民间传说，兰阳平原外岛的龟山岛和蜿蜒如蛇的神将，常年守护着兰阳平原和其子民，这就是当地人所说的"龟蛇守海口"的地形。相传当年郑成功攻打荷兰人时，曾命龟山岛负责海上运输工作，但是这只大龟行动迟缓，延误军机，延平郡王非常生气，便下令炮击龟山岛，据说岛上数个岩洞便由此而来。传说海龙王最宠爱的人鱼公主和龙宫的龟将军暗中相恋，私订终身，海龙王知道后十分生气，一怒之下将公主化为绿色的兰阳平原，把龟将军变为龟山岛，要他俩朝夕相对，但是永不得相会。这对情人的相思泪便成了兰阳平原多雨的原因。每当龟山岛上空有云朵飘浮或乌云笼罩，宜兰人会说大雨即将来临。当地许多老人对此"宜兰人的经验"常津津乐道。更奇的是龟山岛这只超级乌龟会"转头"。你站在兰阳溪以南去看，看到的是龟山岛南侧，其头部朝右；你来到三貂角去看，看到的是龟山岛北侧，其头部朝左，继续往北，确有"龟山会转头"的错觉。

　　龟山岛海域拥有非常丰富的洄游鱼类，是个优良渔场，早在清咸丰年间就有漳州移民在此定居。头城渔会全天候安排有赏鲸船"龟山朝日号"和"假期号"，可以随时乘上环岛一周后登上该岛欣赏龟山美景和附近海域活动频繁的鲸豚生态，现今发现有记录者约8种之多，数量可观，且多于春、夏季出现。其中最常见的是长吻原海豚，经常跟在船头附近跳跃玩耍，并表演腾空翻浪的绝招，令游客忍不住惊叫连连；而长吻真海豚一贯以数百只壮大的阵容出现，成群结队在海面上奔游。另外尚有瓶鼻海豚、侏儒抹香鲸、瑞氏海豚、伪虎鲸、热带斑点原海豚及小虎鲸等鲸豚，会在龟山岛附近出没。每年4～10月，从宜兰海域一直到台东海域，特别是龟山岛四周，每次出海可见到鲸豚的概率在90%以上，尤以飞旋海豚和花纹海豚为最多。

栖 兰森林游乐区千年红桧是如何命名的？

栖兰森林游乐区位于宜兰县大同乡太平村土场巷 62 号，中横公路宜兰支线经过的栖兰山上，面临兰阳溪、多望溪和田古尔溪三溪汇流处，海拔 420～700 米，因兰花街命薪火，披挂上阵，故名。过去是苗圃，呈倾斜的阶梯状，遍植柳杉、红桧、扁柏等各种树苗及花木，目力所及之处都是深浅有致的绿色。苗圃下方有一座掩映在绿树间的典雅凉亭，由此可俯瞰兰阳溪风光，美不胜收。此地景色清幽秀丽，虽不是热门的风景区，但风光之美绝不亚于溪头，尤其是春分樱梅盛开之际，绿树丛中一片粉红、雪白的花海，更令游客为之驻足赞叹。走进花木扶疏的苗圃，数条环拱连接的林荫道，绿意绵绵；樱杏步行道、梅桃步行道连通住宿区，还有一条以黑、白卵石铺设的健康步道，冬春之交，樱、梅、杏、桃、李、杜鹃争相吐蕊展颜，而阶梯状齐整的翠绿的柳杉苗间杂于一片繁花中，十分缤纷亮丽。栖兰山庄后面为森林浴场，沿途铺设有氧运动设施，供游人舒展筋骨或歇脚休息；林中枝干上不时有松鼠奔跃穿梭，调皮模样，十分逗趣。林中好大一片都是千年红桧，共 62 株，株株昂然，盘根大地，分别依其发现时间往前推算，其生长年代恰与历代名人出生年代相同，故均以其时之名人为古木命名，例如孔子红桧、司马迁红桧、颜真卿红桧、武则天红桧、柳宗元红桧等。其中最具特色者为夫妻红桧，此红桧为二梁树形，酷似男女生理结构造型，源于大自然的巧手雕琢，绘声绘色，风韵十足，意在言外，令人莞尔；司马迁红桧拔地千仞，雄伟壮观，为 62 株红桧中最享盛名的红桧；孔子红桧，可谓阳光下的笑脸、风景中的风景，"出污泥而不染，濯清涟而不妖"，使整个游乐区绿意盎然。此处还盛产台湾少见的宽尾凤蝶，缤纷蝶群，色泽鲜丽，翩跹飞舞，让人目不暇接，于烟岚袅袅的原始森林中，平添游乐区中惬意，引人遐思。

为什么说"北关海潮"实非徒得虚名？

"北关海潮"是宜兰八景之一，位于宜兰县头城镇梗新里北关海潮公园内。北关海潮公园旧名梗枋，早在清嘉庆二十四年（1819 年）是一个关卡，曾有清兵在此驻扎，并遗留有两尊清代驻军的古炮。尔后经当地有关部门重新辟建，现已成为北横公路上的旅游景点。此处无村无镇，只有海洋、巨石与山势，其间设有阶梯回栏及听涛凉亭。公园依山势建有观景步道和观海台，立于台上，可俯瞰倾斜陡峻的单面山和豆腐岩节理瑰丽的海岸线景观，或远眺龟山岛雄姿及兰阳平原。这里终年海浪拍岸，尤其东北季风吹袭，骇浪巨涛，气象万千，宜兰八景之一的"北关海潮"实非徒得虚名。在北关海潮公园右侧，排列了长长两排摊位，专卖生鲜鲂仔鱼汤和角虾、石花冻等。这里的鲂仔鱼汤是极有名的，唯有在此才能吃到渔船直接送上岸的新鲜鲂仔。凡是到北关海潮公园游览的游客，莫不到此大快朵颐。除了鲂仔鱼汤外，还有各种煎炸的鲂仔鱼制品。

蜜月湾为什么是北台湾绝佳的冲浪地点？

蜜月湾位于宜兰县头城镇梗新里北关海潮公园北 3 公里处，是北关以北的唯一沙岸海湾，水域从海岸平缓加深，沿途大海风光愈见秀丽，海天一色，晴朗异常。蜜月湾蔚蓝的海水、柔细的沙滩，所呈现出的景致一如它的名字一般罗曼蒂克。平直的沙岸面对着浩瀚的太平洋，虽然海岸线没有福隆那样长，但海湾的形态比起福隆却相去不远，是练习冲浪、潜水、游泳、垂钓的好去处。其中最受冲浪者欢迎的有两个地方，一个在海湾的右侧，此处的沙滩延至海中，其底层有少数岩石，浪高约 2～10 米，偶尔超过 10 米；另一个在海滩的中心地带，是一个可以左右冲浪的地方。这里水温较福隆低，水质清澈，适合冲浪，是北台湾绝佳的冲浪地点，曾被评为台湾的"A 级浪区"，不过此处有条从东南向西的暗流，必须十分小心。

香格里拉休闲农场有什么好看的、好玩的、好吃的？

香格里拉休闲农场位于宜兰县冬山乡大进村大进路 1－1 号梅花湖邻近的山丘上。梅花湖是一个天然湖泊，因为湖面呈五片花瓣的形状，故名。湖畔广植梅花、杜鹃、柳杉等，落英缤纷的湖面，低垂轻摆的杨柳，景致相当优美。香格里拉休闲农场以此湖为邻，占地 55 公顷，原来只栽种果树，后来逐步增设农产展售区、乡土餐饮区、品茗区、住宿度假区、农业体验区及森林游乐区等，而成为一个兼具采果、休闲、度假、生态等多功能的游息地。走进农场，沿步道前行可抵一片浓荫的相思林，林间秋千、吊床、凉亭散布，是享受森林浴、烤肉、打盹最悠闲的天地。果树区栽种芭乐、柚子、柑橘、桑葚、水蜜桃、杨桃、金枣、柳丁等多类果树，一年四季轮流开放采果。循着森林浴步道漫游园区，全程仅需 1 小时，步道最高点观日楼，是观赏兰阳平原旭日初升的佳地；也可参加放天灯、打陀螺、搓汤圆等民俗活动，体验田园野趣；场方也从事萤火虫的复育工作，每年四五月间园内可见萤火虫提灯飞舞。农场设有欧式森林小屋，周围遍植山花，夜宿于此，宛如置身香格里拉仙境。

台湾同胞为什么说吴沙是"开兰第一人"？

吴沙祖籍福建漳州，本是医生。清乾隆三十六年（1771 年）在他 43 岁的时候，从漳州迁移到台湾，住在现在的三貂岭附近，跟蛤仔什难番社毗邻而居（蛤仔什难又称甲子兰，就是现在的宜兰）。

那时的宜兰平原，住的都是平埔族人，根本没有汉人。吴沙在三貂岭住了一段时间，渐渐地了解了一些番人（指平埔族人）的语言和生活习性，就开始跟他们用货物交流。由于吴沙非常守信义，不会因为番人落后、开化程度较低而占他们的便宜，因而很得番人的信任和喜欢。

同时，吴沙也很乐意帮助汉人，他发给每个汉人白米一斗和一柄利斧，要他们上山伐木砍柴为生，吴沙这种豪侠尚义的作风，逐渐地吸引了很多人来追随他。

吴沙在三貂岭住久了，经常出入宜兰平原，看到这里"平原万顷，天然沃壤"，因为番人不懂得耕种，任它荒芜，觉得非常可惜，于是跟几个要好的朋友商量后，决定要开垦这片土地。

这一年，吴沙已经是 57 岁的人了，可是他人老心不老，仍具有开拓者大无畏的精神，先派人借着打柴名义进入番地，计划好将来开垦的路线和道路，同时打听番人的动静，以免日后有所冲突。可是第二年，即乾隆五十一年（1786 年），台湾爆发了林爽文反清复明运动，吴沙只好把开拓蛤仔什难的事暂时搁置下来。

到了清嘉庆元年（1796 年），吴沙已经 68 岁了，却丝毫没有减退他开拓蛤仔什难的雄心壮志。就在这一年的 9 月 16 日，他率领漳州、泉州和广东的移民 1000 多人，迁徙到乌石港南面（今头城），围筑起栅围开垦（现在宜兰还有头围、壮围、四围等地名）。

可是番人发觉后，甚感不安，便集合全族人誓死相拒，于是发生了战争。几次的战斗，双方都有伤亡。吴沙的弟弟吴立，就是在一次战斗中阵亡的。吴沙在伤心之余，心想，这样持续下去，终究不是解决问题的办法，经大家商量，决定跟番人斗智，不斗勇。后来就派人告诉番人的大头目说："我们是奉官府的命令，前来保护你们抵抗海盗的，否则海盗占领你们土地后，会把你们全族杀光。"大头目一听有道理，信以为真，从此这场持续了很久的战斗就告一段落了。

第二年宜兰天花传染病流行，番社死了很多人，吴沙看在眼里，痛在心里，立即总结他在家乡从医的经验，采购了一大批药品赠送给番人，救活了好几百人。番人们为了感谢吴沙的救命之恩，就主动划分了二围、三围的一些土地给吴沙开垦，并且约定互不侵犯。

吴沙在这些土地上开垦之后，五谷丰登，丰衣足食，移民们看到了希望，逐渐增多。一块块新生的土地随着开垦人员的增多，很快带动了经济的繁荣。移民和番人们耳闻目睹吴沙这么大年纪了尚能够深入番地，开山辟地，认为这种精神实在令人敬佩，称吴沙为"开兰第一人"，并说："没有当年的吴沙，就没有今日的宜兰，吃水不能忘了掘井人啊！"

吴沙家最后落脚的地方在现在的宜兰县礁溪乡吴沙村，还有一座"吴沙大厝"。

宜兰县有什么特产和小吃？

宜兰县名产远近闻名，鸭掌、胆肝、金枣糕、李仔糕、苏澳羊羹等，均成为游客送礼、自用的最佳土产。

宜兰县多水塘、河岸，因此养鸭业相当发达，鸭掌及其加工产品，煎炖炒蒸，口味绝佳，礁溪二龙村和时潮两地产量最多。胆肝是冬天的特产，腌好晒干压平，可久藏不坏，广受消费者欢迎。

　　宜兰盛产金枣，生食不如腌制，加工品金枣糕、李仔糕成为独树一帜的特产。每年10月到次年3月是金枣盛产期，加工品则一年四季均可买到。苏澳羊羹是以洋菜加各种配料做成，苏澳拜冷泉之赐，羊羹口味绝佳，甜而不腻，因此名声不胫而走，成为本地特产之一。

　　此外，宜兰地区的特产还有羔渣（以虾仁或鸡肉剁碎蒸熟，再切片炒熟的一种点心）、芋泥、碗粿等，可在各小吃店买到。

桃 园 市

你 了解桃园市吗？

　　桃园市位于台湾省西北部，西北临台湾海峡，东北邻台北县，西南与新竹县、东南与宜兰县交界。全市面积1220平方公里，人口178万。旧名虎茅庄，遍植桃树，花期缤纷馥郁，灿烂如锦，于是有"桃仔园"之称，日本投降后设县正名为桃园。早在明朝中叶，除了原住民零星散居此地之外，并无人烟。后来，由于清政府初年对台湾实施海禁政策，限制移民，因此当时仅有少数私自渡台的闽粤人与原住民贸易，开垦拓殖。清乾隆十一年（1746年）后，居民渐渐聚集，但仍以闽粤人士为多。乾隆十六年（1751年）设堡、庄以及"番社"等地方行政部门。而后日本占领时期也沿用此制度，设桃仔园办务署，后改为桃园厅。桃园全县地形大致由滨海平原、丘陵台地和高山地形三大部分组成，其中丘陵台地上遍布灌溉农田的人工埤塘，因此拥有"千塘之乡"之名。在石门水库修建之前，埤塘是主要的灌溉水源，供给农民干季所需，使得桃园的稻米产量大增，居全省第四位，而有"台北谷仓"的美称。而今许多重要的建筑都是由埤塘所辟建，非常具有观光价值，造就了所谓的"埤塘文化"的特殊景致。桃园东北丘陵地盛产茶叶，粗制茶占全省第二位。此外还生产甘蔗、柑橘等。陆路交通比较方便，纵贯铁路和纵贯公路贯通全县南北，北部横贯公路向东南可至宜兰县。不濒海，没有良港，但有永安、观音等小型渔港。位于该县西北大园乡的中正桃园机场是台湾最大最繁忙的航空站，每年出入境游客达 2000 万人次以上。风景名胜除远东第一大水库石门水库和小人国游乐场、第一水上世界外，还有童话世界、慈湖、神牛观光区、昆仑药用植物观光区、龙潭风景区、龙溪花园、虎头山公园等。

台湾小人国主题乐园古代区景观有哪些？

台湾小人国主题乐园展示区里的古代区景观，全部为大陆现在仍保存的宫殿和寺庙建筑，如北京万里长城、紫禁城、天坛、山东曲阜孔庙、山西应县木塔、苏州拙政园、河北承德避暑山庄、洛阳龙门石窟、偃师二里头文化遗址、登封少林寺、观星台等；世界文化遗产洛阳龙门石窟那尊面容丰满俊秀的卢舍那大佛，双目灵活含蓄，弟子迦叶严谨持重，阿难聪慧虔诚；威武刚劲的天王，雄强暴躁的力士，无一不活灵活现地镌刻在这七八平方米的石壁上。火柴梗长短的人物有的在聆听导游讲解，有的在仔细观赏，也有的在拍照留念，个个惟妙惟肖，精致逼真。当地摄影专家介绍，就是

▲ 小人国机场

177

到了洛阳伊水也不一定能找到如此好的角度。举世闻名的"万里长城",在这里占有非常重要的位置。蜿蜒几十米的城墙竖立在土丘之巅,犹如这小小国度的忠实卫士。登上小丘,每个景区的建筑群尽收眼底,用象征中华民族气概的"长城"来形成"小人国"的制高点,足见设计者的匠心之所在和对大陆的神往。"紫禁城"是该区的中心,几十队盈寸长的手执旌旗、标枪的卫兵肃立于太和殿下,维护着封建统治王朝的威严。游客们纷纷以"紫禁城"为背景照相,此刻他们仿佛正在神游大陆。

台湾小人国主题乐园迷你世界景观有哪些?

台湾小人国主题乐园展示区里的迷你世界,以美洲新大陆、美国西部小镇、大洋洲、非洲古文明、非洲历险、梦幻欧洲等各国建筑100座为主,包括比萨斜塔、巴黎歌剧院、埃及金字塔、埃及狮身人面像、美国自由女神像、意大利雷登脱尔教堂、美国四大总统像等。其中美国拉什莫尔山四大总统像,惟妙惟肖,站在下面照张相,别人会真以为到过美国。伊拉克的萨马拉大清真寺,叫拜楼,方形的底座上筑有圆锥形的塔楼,一圈一圈盘旋至顶;相邻的墨西哥库尔康金字塔,则呈梯台状,显得四平八稳,拾级而上便是正方形的墓室。这些建筑平时都是难得看到的,埃及人面狮身像更可算是"百闻不如一见了"。它高及人腰,静

▲ 小人国里偃师二里头遗址

178

卧在叫拜楼与金字塔中间，受着游客的抚摩……

昆 仑药用植物园最受欢迎的是什么？

　　昆仑药用植物园位于桃园市龙潭乡高平村 1 邻 8－1 号，是台湾首座药用植物观光区，占地约 64 公顷，海拔在 275～465 米之间，强调以游乐性、健康性、知识性、新奇性来丰富并洗涤游客的身心，规划有千年神木、中药膳食、中药汤浴、绿之淋浴、森林小屋、中药陈列馆等。园区内栽培的药用植物多达 2000 余种，种种皆有神奇的疗效和功能，可增进游客对药用植物的认识和了解。特别受欢迎的是中药汤浴和中药膳食。中药汤浴，已被医学界和民间所肯定，能舒筋活血，消除疲劳，并配合超声波自动按摩浴缸，使中药药效完全发挥出来，可改变浸泡者虚弱的体质，调整体内酸碱平衡，增进全身血液循环，以及治疗皮肤病等，一般中、老年人及肥胖者特别喜欢。药补不如食补。食补是中国人独特的保健方式，再加上以热浴的方式，借着中草药的药性来健身，充分符合现代人的休闲游乐条件，有时还提供物美价廉的精致佳肴，保证前往者大快朵颐。此外，园中尚有森林区、体育训练场、露营区、烤肉区、亲子乐园、儿童电动车、游泳池、绳索区等。

龙 潭风景区的圣迹亭是干什么用的？

　　龙潭风景区位于桃园市龙潭乡，是纯客家人居住的地方，因乡内龙元路旁有一个大埤潭早年有过求雨出现祥龙显灵的神话而得名。此潭三面环山，是桃园台地的灌溉中心，像一条布袋，潭上载沉载浮着一片布袋莲，偶尔几只白鹭飞掠而过，景色秀丽。

潭中填土为岛，并在其上以"桃园三结义"之典故建庙，名为南天宫，龙潭的民俗活动都在此举行。也是龙潭乡民的信仰中心。南天宫由低而上共三层，分别供奉武圣关公、观音菩萨和玉皇大帝。另有长达150米的忠义桥横跨潭上，连接湖岸与南天宫，桥身为九曲状，与潭水的波光潋滟相互映照，十足的中国传统园林造景。在龙潭通往埔心的公路上，还有一座圣迹亭，又名字纸亭，是昔日专供焚化字纸之用，以示尊重文字。龙潭圣迹亭是台湾全省仅存四座字纸亭中最具规模的一座，建于清光绪元年（1875年），十分珍贵，为台湾三级文物古迹。

华视影城是为拍摄什么电视连续剧而修建的？

华视影城位于桃园市南崁的中山路上，占地8000多平方米，从外看去，只见层层建筑错落有致，古意盎然，是华视为拍摄电视连续剧《红楼梦》而修建的，融中国南北建筑特点于一体，兼具江南的细致讲究和北方的气派大方。内部使用的花板、门窗、垂花、挂落、雀替、栏杆等都出自大陆雕刻工匠之手，一件件运到台湾拼装而成。纤巧的造景令人流连，循曲径漫游如绝地逢春，亭台楼阁、假山飞瀑皆引人入胜。

北部横贯公路上的巴陵有什么特色？

北部横贯公路为横贯桃园市大溪镇到宜兰市的山中要道，全程126.4公里，编属台湾省7号省道，是台湾全省三条横贯公路中最短的一条，路况、景点皆以巴陵为分界点，两侧壁垒分明，表现出截然不同的景致，其中以复兴到栖兰段最具特色。巴陵以西为一层层的梯田、涧水、瀑布以及峭壁深峡风光；巴陵以东则多森林、幽湖。此外，北横是泰雅族的大本营，其生活形态虽已与平原相差无几，然而山胞民风淳朴，待客和气，仍能让人领略到逐渐式微的山地风情。北横全程重要的风景点有复兴角板山公园、霞云坪、小乌来瀑布、复兴桥、巴陵桥、大汉桥、明池苗圃、大峡谷、荣华大坝、爷亨梯田、光华部落、新兴部落、萱源、鸳鸯湖、栖兰、宜兰、巴陵、兰阳溪风光、达观山自然保护区等。其中的巴陵，在北横公路的中间，往达观山自然保护区的入口处，只有一条街道，右侧为溪谷，街道两旁立有多家私人餐馆。到巴陵的游客，除了纯过路者外，通常都以此为中间站，上行到达观山自然保护区游览。巴陵依海拔高度分为上、中、下三部分。下巴陵多商店、旅馆、办公机构。上巴陵海拔在 1500 米以上，水质与温度皆适宜虹鳟鱼生长，故当地出现许多以虹鳟鱼大餐为招牌的餐厅，喜欢吃虹鳟鱼的"饕客"千万不可错过。这里居民都是泰雅族山胞，以种植温带水果为主要经济作物，近年来名声渐驰，所产的水果也可媲美梨山。由于海拔较高，加上视野辽阔，上巴陵的晨昏极美，令游客回味不已。中巴陵也是一处景致优美的山地村落，气温适宜温带果树生长，出现了许多水蜜桃果园，每年 6 ~ 8 月为水果盛产期，吃新鲜水果者应把握机会。

景 福宫为什么要敬"开漳圣王"王审知？

桃园景福宫位于桃园市中正路 208 号，俗称桃园大庙，内供奉福建漳州籍移民守护神"开漳圣王"王审知（祖籍河南省固始县城东王集村）。每年一次的"桃园大拜拜"都在这里举行，届时人山人海，香客从四面八方涌至，食客逾万人，其热闹盛况可想而知。

但桃园在清初还是番人栖居聚集之地，当时这一代茅草密生，又因茅草叶相当锐利，经常剐破人的皮肤，犹如老虎的利齿，所以当地人称为"虎茅庄"。清乾隆二年（1737年），广东客家人薛启隆率数百移民到这里垦荒，种植无数桃树，十几年后，遍植的桃树长大，桃花年年盛开，鲜丽绝美，遂改名"桃仔园"。清光绪以后，才开始称为"桃园"直到现在。当初先民在桃园拓垦时，瘟疫盛行，诸多移民常因求医无门而死。乡民为避祸求福，便占卜祷神以求。那时，诸移民均深信漳州籍移民守护神"开漳圣王"王审知，便决定建开漳圣王庙，至清嘉庆十八年（1813年）庙建成，乡民从大溪仁和宫迎来开漳圣王分身供奉，并命庙名为"景福宫"。移民在桃园的开拓，从此以景福宫为中心，逐渐向四方扩展，从而奠定了后来桃园的发展，使景福宫成了桃园拓垦史上的中心据点。

景福宫自清咸丰十年（1860年）以来曾多次整修增建，现今庙容金碧辉煌，庙貌雄伟壮丽。庙宇外围筑有短墙，建有牌楼，修有蟠龙喷水池，广场上花草绿荫，将庙前点缀得宛如休闲的公园。"明赫感应"是清嘉庆年间遗留下来的重要古匾，庙内分有前后二殿及左右厢房，前殿供奉开漳圣王神像，后殿供奉城隍爷、福得正神、五谷先帝和关圣帝君诸神。屋梁上斗拱、雀替的雕花极其细腻精巧，梁栋石柱雕绘活泼生动，红木雕花的拱辰门是庙寺中少见的瑰丽边门，而屋顶的花瓦剪贴五彩缤纷，这些都是景福宫的特色。

大溪之旅颇值得一看的是什么？

大溪镇地处复兴山地与桃园台地之交、桃园县冲积扇的东南侧，是进入石门水库的门户，在大汉溪的东岸，为典型的河阶台地聚落，资源丰富，冬暖夏凉，民风朴实。早在清乾隆时期，已有汉人在此垦居。光绪年间是大溪镇的全盛时期，有大陆沿海地区出航的贸易船，可自淡水溯大汉溪直上大溪港。一时间大溪帆樯林立，街道上则百货杂陈，成为林木、樟脑的主要集散地，大商巨贾纷纷在此设立商号，市井一片繁荣。可惜好景不长，由于大汉溪的逐渐淤塞，航行之利节节衰退，大溪的港埠风光也为之一蹶不振。但现在的大溪仍是附近各乡村物资的集散中心，而且又因地近石门水库风景区，成为远近闻名的游览胜地。颇值得一看的有和平老街、李腾芳古宅和大溪公园。

和平老街始建于清乾隆年间，现在的风貌是 1920 年日本占领时期日本人施行市区改正计划的产物，深受日本大正时期仿巴洛克建筑的影响，街道立面多为洗石子门面，上头饰以鸟兽花草等立体浮雕，中央冠上商店字号，呈现中西合璧的风貌。

李腾芳古宅位于和平路老街 42 号月眉通道的尽头，是清代举人李腾芳的故居，已有 130 多年的历史，二进二护龙格局，建筑主体仍保存完整，现为台湾二级文物古迹。

大溪公园在大溪镇西边，园内绿荫葱郁，古木参天，尤其在崖旁俯视大汉溪，细柳低垂，风光无限。

园内有用泥土堆建的两座小山，遍植绿色草皮，有如天然毛毯一般，孩子们就喜欢在这里追逐游戏，或从上面滚下来。有时候还在这里放风筝，或打羽毛球等活动。还有两个八角凉亭，朱红色圆柱，磨石子地面，光滑无比。柱子间设有石凳，专供游人休息。

为什么说达观山自然保护区拥有全台湾数量最多、密度最大的红桧神木群？

达观山即拉拉山，在泰雅族语中为"美丽"的意思，位于桃园市复兴乡和台北县乌来乡的交界处，是北横公路上最脍炙人口的旅游胜地。这里平均海拔 1200 米，是泰雅族山胞的聚居地。根据有关方面统计，该区拥有全台湾数量最多、密度最大的红桧神木群，涵盖面积达 6390 公顷，但仅以神木群为主的 30 公顷区域开放供游客游览，并辟有一条长 3.8 公里的休闲步道，引导游客参观。循着休闲步道穿行于古木参天的保护区内，可充分享受森林浴的乐趣。沿途可看见有些巨木树干上钉有编号和解说牌，介绍树种、树龄、树高、树围等，这些都是较具欣赏价值的巨木，宜停步下来仔细欣赏，总计有编号的共 22 棵。昔日最享盛名的"复兴一号"神木，即编号为 9 号的巨木，树围 26.8 米，树龄估计约 1900 年，是台湾省已知最大的一棵巨木，主干正面宽达 10 余米，盘根错节，犹如虬须。远看呈扁菱形，巍然竖立，硕大壮伟，令人自觉渺小，更感自然造物的奥妙，此神木的主干右下部处，干分两权。右半的树干，中空垂直，遂有破洞可透入阳光，左半则心实干直，顶端枝叶茂盛，生气勃勃。这是因为在 1973 年 12 月 9 日曾遭祝融之灾，以致右半树干中空，树洞内焦黑成炭，元气大伤，所幸左半树干仍生气盎然，尚不致因此断送其生机。从其苍老的树干上犹生长着葱郁的绿叶，及其牢牢抓地的虬结盘，让人不由得对神木那种与时间顽抗千百年的生命力，产生一股敬意。21 号神木长得最为挺秀，高达 55 米，干直树壮，树叶苍翠茂盛，傲视群雄；2 号和 3 号神木主干较低，分生权枝，状如棋盘，也有雄壮之感。区内其他树种也很丰富，如青枫、红榨枫、山毛榉等变色叶木，以及林相媲美欧美景致的台湾赤杨等，是享受森林浴及植物观察的最佳场所，尤其 11 月至翌年的 2 月间，绿叶转黄、转红，别富诗意。由于林相丰富，本区也拥有种类完整的中海拔鸟种及很多难得一见的野生动物，共约有 56 种之多，如白头鸦、兰腹鹇、黄山雀和黑熊、水鹿、帝雉等，是台湾生态保护的重镇。并且还有大片的观赏果园，栽种的温带水果主要有梨、苹果和水蜜桃等，成阵罗列，游客在此最能够大快朵颐。

小 乌来瀑布如何得名，有何特色？

小乌来瀑布因神似台北乌来瀑布而得名，位于桃园市复兴乡小乌来村，临近北横公路上的复兴桥，是区内溪瀑群中的一个，以清新秀丽的潭瀑与峡谷风光见长，著名的景观有龙凤瀑布、风动石等。进入该风景区，在即将到达停车场前，首先会遇到一座美轮美奂的观瀑台，共分为 4 层，是欣赏小乌来瀑水奔腾的最佳角度，不可错过。在这里可以看到瀑水湍急而下，水花飞溅，十分壮观。从观瀑台沿小径到达瀑布底部，由横跨溪谷的小桥上欣赏瀑布，又是另一番景象。而一般游客第一站所到的只是瀑布的上段，是细狭如巷的峡谷，区内溪流至此，河床突然陷落，溪水由危崖缺口冲出，奔流直坠下方的深潭形成瀑布，声震峡谷。瀑布上方建有六角亭，古意盎然；亭侧有一块圆石倚崖，高约 5 米，底部仅一小部分接触到地面，便撑起了重达一二十吨的巨石，摇摇欲坠，人称风动石或鬼石，当地山胞奉之为神明。若循瀑水源头左边的小岔路，过一座吊桥，可至清幽雅致的龙凤瀑布，沿途两旁杂草丛生，路径时隐时现，行走宜小心。右边则为长约 2 公里的健康步道，穿越青山茂林后可折回到入口处的观瀑台。瀑布和风动石之间有露营区、烤肉区等服务设施。

中 原客家文化季的土楼是管什么用的？

中原客家文化季位于桃园市中坜市中华路二段 369 号，占地 5 公顷，为一栋代表客家人勤劳俭朴特性的竹木牌楼。由大门进入，右边一间三合院房舍，是"客家文物馆"，左边厢房是"财团法人中原客家文化基金会"，中间厢房的中央位置，摆放着一座巨型的立体模型蓝图，可明显看出园内老人安养中心、五星级休闲饭店、游泳池、三温暖和各项休闲设施等。右侧厢房是多媒体展示馆。到这里参观的人，都会迫不及待地想先到客家土楼去观摩一番。说到土楼（又称圆楼），最早是在近千年前，客家民族由中原移居闽粤一带时，因受外族的欺凌而发生械斗，遂兴建这种圆形的楼房，给族人共同居住，以便一齐抵御外侮，故流传至今，是代表客家人精诚团结的精神堡垒。桃园的这座土楼，即是参照福建的土楼建造，直径60米，楼内面积1.32公顷，可容纳2000人。在土楼正门上方，书写着"承启楼"三个大字，两副对联："中原根荣创建圆楼期永固，台岛叶茂拓开天地冀长兴"，充分表达了此楼建造的起源，是先民到台垦殖的写照。进入土楼，正中央表演台后面悬挂着大幅的农家景象图，两边书写"风调雨顺，国泰民安"的对联。"新永光客家歌剧团"正卖劲地演唱客家山歌，以娱观众。环顾堂内壁上均挂着巨幅客家农村生活的景象图，传统的"神轿"与新娘结婚时的"抬轿"也摆在那儿，供人观赏，使人好似回到了旧时客家农村的年代。

在土楼大门前，是一排排的摊贩区，有各类古董、陶瓷艺术品、钱币古玩、南北杂货和美食，尤其是客家美食与特产，均充斥其间，经常引来甚多的游客。

中原客家文化季展出的客家文物有哪些？

中原客家文化季简朴的客家茅屋"客家文物馆"，冬暖夏凉，是客家先民到台垦荒初期的住屋造型，门前横梁上还挂着一幅神绸及一对灯笼，两侧还贴着流传迄今的"天增岁月人增寿，春满乾坤福满门"的一副对联；大门两侧分别摆着一具犁田机与打谷机，这时好像是客家农家打算过农历新春的景象。难得一见的客家文物展，共搜罗了 120 件甚具特色的历代文物，包括有世界最早、经考证出土于夏代的青铜器"壶"、宋代的千年大型观音、唐宋期间佛头石雕、敦煌佛像、唐卡与石雕镏金的风调雨顺四大天王等。其中一尊名叫"半跏思维像"的大理石屏风最为难得，此物系北齐时期产物，起于北魏，大都以弥勒或太子称之。书画精品则有唐宋时期的古画及艺术作品，如唐伯虎、文徵明、张涛、曾国藩、李鸿章、左宗棠、弘一大师、张大千等名家作品。

中 原客家文化季里的"六合神农百草迷宫"作用是什么?

中原客家文化季以展示药用植物为主轴的"六合神农百草迷宫"，在土楼正门的左侧，占地面积 2475 平方米，为结合天地四方六合阵势的迷宫，以桂竹围篱区隔。园内植物超过 2000 多种，供游人行走并观赏认识。游人进入此园区前，每人发给一张纪念卡，卡上有 21 个空格，每一个空格代表一个种类的植物区，如观赏植物区、食用植物区、有毒植物区、迷宫竞走参观区、堆草堆大赛区、百种保健花草茶品赏区等，如盖满了所有的空格，就可以出园参加摸彩并可能获得奖品。走进中国历代名医名玉石雕瞻仰区内，可看到 51 尊如真人大小，包括黄帝、神农氏、华佗、张仲景等历代名医雕像，每个人物雕像完全依照当时的发式装束，以白玉或石材雕成。

角板山地名是如何得来的？

角板山位于桃园县复兴乡境内，海拔约636米，濒临大汉溪上游，距北横公路的起点——桃园市18公里。此地气候温和，加之群峰罗列，溪谷潆洄，钟灵毓秀，气势不凡，素有"台湾庐山"的美誉。其地名历史悠久，是清朝台湾巡抚刘铭传给起的。当时刘铭传到此巡视，见这一带地形有如木板一般平坦，周围却有突出的山峰如角，乃称此地为"角板山"，这也是复兴乡旧地名的来源。这里原是泰雅族人聚居的地方，古老的部落，曾分布在复兴乡的50个村落。他们传统上以打猎、织布及耕种为主，因此在复兴乡的形象商店里，到处都可见到他们的日常用具、文面眉、传统服饰、织布与图案、藤编、雕刻，并展示音乐舞蹈。

在包括角板山在内的占地极广的角板山公园里，有白色的欧式建筑蒋介石行馆，朴实雅致，隐蔽在一片梅林之中。

堪称世界第一的世界警察博物馆在哪里？

堪称世界第一的世界警察博物馆在台湾省桃园县龟山乡大岗村。之所以称它世界第一，是因为目前世界上还没有一座以收集、典藏、陈列警察文物为主要内容的博物馆，其规模之大，收藏量之丰富，在全世界也是独一无二。

世界警察博物馆成立于1983年，其前身是于1936年在广州创立的中央警察学校，为一栋占地3960平方米的三层大楼，地上一层为校史馆和中国警察馆，地下一、二层是国际警察馆。校史馆和中国警察馆，展示有"中央警察学校"的历史及组织、学制，包括蒋介石的墨宝、真迹文件、校友捐赠的证章、证件、制服、佩件、刊物等。一进入该馆，立刻会发现一个身着红衣、佩长剑、戴官帽、满脸络腮胡、双眼炯炯有神的古人蜡像，他就是鼎鼎有名的汉高祖刘邦。原来刘邦没当上皇帝以前，曾经是个"亭长"——相当于现在的派出所所长。旁边还有一个相貌堂堂，身着锦衣，神采奕奕的蜡像，他就是古装戏里经常出现的"锦衣卫"，是一种特种警察。从这两尊蜡像可知中国警察的历史，跟中国的治安制度息息相关，是任何时代都很重要的人员。该馆里还有过去和现代的消防设备，从中可领会警察人员确实任重而道远，既要有勇气，更要有高度的知识和才气。

国际警察馆内有亚洲馆、欧洲馆、非洲馆、北美洲馆、中南美洲馆、大洋洲馆和图书馆等，这里最精彩的是所有国家、不同种类的警察，都有栩栩如生的模特儿，他们又帅又酷，男警像骑士，女警像"芭比"，英俊、娇美，令人羡慕，似乎有意让人感觉，警察除有执法的严厉外，更有柔和和高雅的一面。他们所着的警服，颜色和式样大同小异，多为深蓝色或黑色，打领带，比较特殊的有浅蓝色、灰色等。引人注目的是部分阿拉伯国家是长袍型制服，斐济警察是裙子，而更鲜艳的制服当数加拿大皇家骑警队的大红色警装、长筒马靴，帅气十足；中南美洲国家则是军人兼警察，所以分辨不出警察和军人制服的不同。被官方公认最漂亮的是匈牙利的女警服，蓝色合身裤装，挺拔而幽雅。图书馆是博物馆的一个重要组成部分，有关各国警政、警察的历史、性质、职责、学术著作以及文学书籍等应有尽有，是有关学术研究、教学培训等不可或缺的资料库。每周一至周五上午 9 点至 12 点和下午 2 点至 4 点对外开放。

新竹县、新竹市

你 了解新竹县和新竹市吗？

新竹县旧名"竹堑"，由原住民语言音译而来，位于台湾西北部，三面环山，一面濒临台湾海峡，南、北两面分别与苗栗和桃园县毗邻，东部与宜兰县接壤，昔日是平埔族竹堑社番所在的地方，面积 1429 平方公里，人口 45 万，是台湾北部开发最早的地方。清康熙三十年（1691 年），福建泉州百余移民就来此垦殖，为汉人集体开辟新竹之始。清雍正元年（1723 年），曾设淡水厅在此。雍正十一年（1733 年），当地环植棘藟为城墙，始改为"竹堑城"，并建有四门城楼，这时竹堑已成为台湾北部的重镇。清嘉庆十一年（1806 年），增筑土垣直到道光六年（1826 年），才改筑为石城。光绪二十四年（1898 年），北门失火，南西二门拆除，改建街道，现在只存东门。竹堑地名至光绪元年（1875年），原淡水厅改称"新竹县"，表示在竹堑的地方新设的县。"新竹"，是取"竹堑"的竹，并期待此地日新又新、蓬勃发展之意。此后政治中心北移到台北，新竹的地位才逐渐降低。新竹境内地形复杂，地势东高西低，除头前溪河口为冲积平原外，多是丘陵、台地和山地，东南半部为崇山峻岭，至西北部缓成平原，冬天的东北季风和夏天的西南季风长驱直入。因此，新竹又有"风城"之称。不过气候还算温和，平均温度21℃左右。物产除水稻以外，以茶叶、柑橘、麻类为大宗，尤以茶叶著称。风景名胜点主要有城隍庙、普天宫、义民庙、六福村主题游乐园、小叮当科学游乐区、猴园、大圣游乐世界、五指山风景区和秀峦温泉等。

新竹市位于新竹县西北部的新竹平原中心，南面丘陵与宝山乡毗邻，东北以头前溪与竹北乡隔溪相望，东侧和竹东相连，西南紧接苗栗县竹南镇，西面濒临台湾海峡，由此南行跨过凤山溪、头前溪即到。全市海拔最高处约120米，市街及附近的地形则约有15米高，东南冈陵起伏，十八尖山及牛埔山逼近市区，西面多海滩港岸，地势自南而北渐次低下，而平原则为东、南、北三面丘陵环拱，仅西边临海，形成一簸箕形，开口朝西，其中平地约占四分之三。全市总面积104平方公里，总人口28万多。化学工业和轻工业比较发达，促进了经济繁荣。主要景点有古奇峰乐园、十八尖山、南寮渔港和新竹科学工业园区等。

五 指山风景区有哪些人文景观？

五指山风景区位于新竹县北埔、五峰、竹东的交界处，为台湾十二名胜之一的观光胜地。属雪山山脉支棱，海拔1077米，高低错落，因五峰罗列形如张开的5根手指，故名。前人曾以"五指凌霄欲探天"形容其山势的高耸陡峭，而"指峰凌霄"、"五指连云"分别载入北淡八景与堑南八景，说明五指山山势之美。由产业道路上山，首先抵五指山中颇享盛名的观音禅寺。该寺俗称下齐堂，庙貌规模恢宏首屈一指，正前方有砚台、宰相印石和放生池等天然巨石块，是观音禅寺的名石。寺庙正殿供奉观音菩萨，每天都有善男信女在此打坐。寺后可达五峰寺，但道路陡峭，要格外小心。五峰寺供奉的也是观音菩萨。继续前行，依次是灶君庙和玉皇宫。灶君庙又名云光寺、上齐堂，庙貌雄伟庄严。每年农历八月初三是灶王爷的生日。每逢这一天及初一、初二3天，各地的善男信女成群结队而至，举行法会，上香膜拜，以示虔诚，场面浩大，非常热闹。从灶君庙前小路左边登山，经穿杉林，可先到海拔1000米高的小指山，此后沿山棱线纵走，可到达海拔1100米高的无名指山，再抵山顶中指山。玉皇宫位于灶君庙右侧，内祀孔子、吕洞宾、关公和灶王爷诸神，形象金碧辉煌。灶君庙后是盘古庙，为台湾唯一安奉盘古的庙宇，已有60多年的历史，庙内供奉盘古爷、太阳星君、太阴菩萨和福德正神、山神诸神。这5座寺庙，地处深山静地，不时传来梵谷清音。登上五指山顶，可北望大屯观音山诸峰峦绵延不绝，西眺新竹香山崎顶一带，海天一色，或东瞰大坝尖山，日出东升，视野清新辽阔，环境突出而静谧。此外，在周围还辟有原野乐园、木桩、吊桥、绳梯、吊床等20余项体育游乐设备，为寻幽览胜的游客提供了另一种游息选择。

为什么说上坪溪谷是绝佳的野营地？

上坪溪谷位于流经新竹县竹东镇头前溪的上游，一方面溪崖夹岸，溪床宽阔，流水清澈，不是太急，形成天然的游泳池；另一方面，溪中盛产溪哥和石斑鱼，成为垂钓者的天堂。而且下大埔山、软桥山、毯子石以及任山等，分别围绕在四周，罗列耸峙，地形雄伟。午后，太阳被群山挡住，溪谷阴凉，是绝佳的野营地。每至秋天，宽阔的溪床上，一片白茫茫的芒草随风摇曳，衬着两岸的翠林，景色更显秀丽动人。位于上坪溪上游溪畔的五峰度假村，占地 4 公顷，内有越野赛车场、小型赛车场、原野健身场、旋空滑水场、滑草场、射箭场、子母台车、鸟园及山泉游泳池、露营烤肉区、度假小木屋等多元化设施，周围树荫很多，并有石桌石椅，十分凉爽舒适。又因得上坪溪地利之便，急流深广，水质好，颇适合泛舟。航程从度假村到下游的五指山口，全程约 6.5 公里，时间约 1 小时，时而有惊无险，时而平稳舒服，时而可以下船垂钓，其乐无穷。位于上溪坪前一站的下溪坪，由于去的人少，尚保有静谧而原始的气氛。这里的露营地属于上溪坪宽大的河床，两岸青山高耸。有长桥、农家、田园、草地、沙滩，加上碧绿的溪水，非常诱人。来这里的露营者，除了钓鱼、烤肉外，还可以躺在石头上做日光浴。溪水成小潭处鱼虾特多，夜间只要带个手电筒和圈网，就可以满载而归。

观雾的名字是怎么来的？

观雾是个地名，位于新竹县五峰乡和苗栗县泰安乡的交界处，系通往大坝尖山的必经之路。沿途山路蜿蜒，两边都是针叶和阔叶混合林带，海拔 2000 米，正是山岚簇拥的高度，常年云雾弥漫，从不静止，是再好不过的"观云赏雾"的地方，故名观雾。观雾的早晨，迷雾缥缈，少有晴朗时候，中午以后则浓雾弥漫，傍晚雾已下沉，不久就变为云海。被淹没了一整天的大坝尖山群峰，此时也露出脸来，斜阳余晖把山顶的岩石照得一闪一闪的，也把云海照得一片金黄，景色壮丽绝伦，美不胜收。

观雾最古老的红桧树龄有多少？

离开观雾沿健行步道前走，可达巨木群，这里是观雾最有看头的地方，坐落在鹿场大山海拔 2300 米的东延棱线上。由于这里人烟十分罕见，原始森林均未遭到人为破坏，有如一座远离尘嚣的森林天堂，巨木群老红桧，历经千年，傲然屹立，苍郁耸天，令人不禁要赞叹大自然奇特的生命力。其中一棵被称为神木的红桧，树围 23.8 米，树高 51 米，树干中部已空，但仍傲然挺立，是台湾最古老的一棵红桧。专家测定，已有 4600 多年的树龄，若推算历史，则远在黄帝时代，它就屹立于此，其间历经风霜日晒，逃过无数斧凿之险，才得以留存至今。从它的身上，可读出历史与自然的轨迹，实为不可多得的自然瑰宝。

大坝尖山为什么又名酒桶山？

从观雾再往东线林道的方向前进，可抵达"世界奇峰"——大坝尖山，因大坝尖山山形近似倒置的酒桶，故又有酒桶山之称。

▲ 大坝尖山

其西南又有一座尖峰，名为小坝尖山。从观赏的角度来看，大、小坝尖山各有特色，一个以大称尊，一个以尖称奇，各显雄姿。此山由石英含量很高的坚硬的第三纪变质砂岩或称"四棱砂岩"组成，由于它抗侵蚀、耐风化，为此形成了海拔 3492 米、立于险陡棱脊线上的相对高差近 200 米的方锥形岩石凸起。由大坝尖山向北沿山脊可至台湾第二高峰——雪山，这条山脊线地形起伏剧烈，落差极大，断崖绝壁比比皆是，故被台湾登山者尊为圣棱线，山脊之上有十多座台湾百岳之峰。大坝尖山脚下，处处长满盘虬曲卧的玉山圆柏，其间绽开着粉红的玉山杜鹃，平时散发出阵阵脂粉的清香，难怪当地人给它取了"西施花"的芳名。从这里向西俯瞰是无边无际碧浪翻滚的冷杉林。向东面遥望可见太鲁阁"国家"公园北部巍峨耸立着的南湖大山，而在东南天边极目之处，隐现着一处黑黑的山影，那就是台湾的最高峰玉山了。

枋寮义民庙供奉的是什么神？

枋寮义民庙位于新竹县新埔镇下枋寮 43 号，是为纪念清初林爽文起义时，竹堑地区抵抗流匪及清朝官军殉难的民众而修建的，又称"褒忠亭"。这是台湾全省信徒最多、庙产最丰富的一座庙宇。庙门口有两根龙柱、一对石狮子、一马一石塑像把关，气象宏伟。依阶梯而上，便是庙埕，宽阔静雅，两旁植有松树、榕树及椰子树，左侧有一座添寿亭，右侧是山石流水，亭园楼阁，恬静优美，卖吃、喝、用等物品的小商小贩都来这里摆摊设点。进庙内，正厅中央供奉的便是义民神位，两旁尚祀有福德正神、观音佛祖、神农大帝及三山国王。庙后是两座义民冢，冢旁建有凉亭、假山，冢后有一座杨梅金字塔及水池，四周栽植有花草，清香淡雅，不愧是义民们长眠之佳所。庙的右侧是新辟的庭园，占地近 0.5 公顷，其间设施有"月老亭"、"文王托车"、"十八罗王"等 18 项之多，处处风光明媚，小桥流水，极富庭园情趣，置身其间，不论远眺或近观，都令人心旷神怡。每年的春秋二祭及农历七月二十日的义民节是这里最热闹的时刻。自清道光十五年（1835 年）以来，每年的义民节，均由新埔、枋寮、杨梅、大陆等桃园、新竹、苗栗三县的 15 个村庄轮流祭祀，杀猪宰鸡，大事普度，把义民庙烘托得盛况空前，已成了当地每年一度的重要活动。如今义民庙不仅是附近 15 个村庄集会议事的中心场所，同时也是桃、新、苗三县客家人的信仰中心。最近，庙内另建了新埔民俗文物馆，收藏有不少台湾先民的生活器物，是一个极佳的民俗展示所和观光胜地。

为什么说北埔是一个保有浓厚客家风味的山城？

北埔位于新竹县竹东镇西，原名大隘兴庄，是一个保有浓厚客家风味的山城，四面都是山，民风朴实，昔日普因姜绍祖乙未抗日事件和蔡清琳的大坪反日事件，而轰动一时。近年随着怀旧风潮兴起，北埔街上的慈天宫、金广福公馆、秀峦公园、姜秀峦宅，以及街上的民俗艺品店、客家饮食、客家传统擂茶馆等都成了热门景点。慈天宫始建于清道光十五年（1835 年），主祀天上圣母和观世音菩萨，陪祀三官大帝和三山国王，闽、客信仰融为一体，其人物柱、"升龙式"龙柱等雕塑，在台湾全省各庙宇中独树一帜，香火颇盛，是北埔乡民的信仰中心。每逢迎神赛会的日子，往来参观的外地人极为拥挤，往往给保守的北埔乡民带来无限的欢乐。姜秀峦宅和金广福公馆离慈天宫都不到 100 米。建于清道光十二年（1832 年）的姜秀峦宅，是开辟北埔的粤籍首领姜秀峦的故居。故居背后以山冈为屏障，建有"一堂（即天水堂）六横"三合院，为北埔最大的宅院，其建筑比较匀称，内部雕花镂饰细致，两侧有外护龙，中间有山门，外墙为洗石子墙壁，凹凸不平，造成许多暗纹，十分美观。已列为台湾一级文物古迹，现在仍有姜氏子孙居住。故居后为姜秀峦墓，墓园四周花草繁茂，环境清幽整洁。金广福公馆在姜秀峦宅的右侧，全名为"金广福义联扮社"。为当年北埔的开垦及防务中心，黑瓦白墙，外观朴素，墙厚 0.5 米，由此可窥知其"武装移民总部"的防御痕迹。清道光十四年（1834 年），淡水同知李嗣邺为了积极防番，保民开疆，谕令姜秀峦和周邦正二人负责开拓东南山地时所建。现今的义联扮社，还保留着古朴的景观，正门厅上尚悬挂着光绪十年（1884 年）所题的"义联扮社"及"金广福"两块匾额。现在也是台湾一级文物古迹。离开金广福公馆，经过 3 号台湾省道，顺着古木夹道的公路而行，就可到达秀峦公园。此公园因建于秀峦山腰而得名，园内杉木、樟树参天而立，其间小径错综，游客稀少，显得十分安静。每到冬日，火红的圣诞红开满山野，是公园最美的时候。公园山坡上建有秀峦亭、忠义亭、烈士姜绍祖成仁纪念碑、开拓大隘纪念碑等。碑铭详述先民拓荒抗暴的事迹，道尽前人开疆辟土的沧桑。其中姜绍祖成仁纪念碑采用红色圆尖屋顶、蓝白相间的横条墙身，极富西欧风味。

内 大坪冷泉最美丽的花景是什么？

　　内大坪冷泉又称北埔冷泉，位于新竹县竹东镇北埔的大坪溪溪床旁，是目前台湾省仅发现的两处冷泉之一。根据卫生部门的化验报告，此冷泉夏天水温 15℃，冬天水温 10℃，为碳酸泉，略带咸味，由于水质特殊可以用来治疗皮肤病及胃肠病。这个冷泉的露头处是一片山岩间的裂缝，水量颇丰，附近有一个长约 10 米、宽约 8 米的长方形水槽蓄水。当地商人已把冷泉引进旅馆，也吸引了不少游客。冷泉四周，最美丽的当数溪谷两旁的芙蓉花景，芙蓉花或生在山壁，或长在谷底，沿着溪流，绵延数公里，造成一片花海，甚为壮观，使大坪溪好似一座芙蓉溪谷，绚丽非常。大坪溪溪谷地势奇特，更以秋天的景色最为宜人。这里地处台湾北部，入秋以后，受强劲季风的吹袭，万物萧索，到处充满秋的凄凉与寂寥。唯独大坪溪因受层层山峰的屏障，虽是深秋寒冬，谷中仍是风和日丽，颇适合芙蓉花生长。芙蓉俗称"狗头芙蓉"，可能是因为叶形似狗头而得名，原产于台湾，秋、冬两季盛开。含苞待放的花蕾呈浅红色，绽开的花朵，随季节变化，由浅白变白，浅红变红，浅蓝而深蓝，直到凋谢。每当芙蓉花盛开时，溪谷间彩蝶纷飞，加上清澈的溪水，清爽的山风，在此间露营、野餐烤肉，逍遥赛过神仙。

新竹市有哪些古迹？

　　新竹市由于开发较早，曾是台湾北部的重镇，因而境内文物古迹较多，目前仅存的如东城门、进士郑用锡邸宅"进士第"和"郑氏家庙"、台湾全省最大的城隍庙、历史悠久的长和宫、天后宫、竹莲寺、关帝庙和火车站等，分别代表当年新竹文物的发展过程，更为现代化的新竹市增添了古朴风情。建于清乾隆十三年（1748年）的城隍庙，是新竹地区居民的信仰中心，也是台湾全省规模最大的城隍庙和级别最高的城隍庙。清光绪十七年（1891年），皇帝曾颁赐"金门屏障"（意为国家屏障）匾额一方；后又被晋封为都城隍。在城隍庙口转入斜对面的北门街，穿过北大街，经北门派出所，就可看到坐落于路左边的进士第与郑氏家庙，这是前清竹堑城进士郑用锡所建。郑用锡是清道光三年（1823年）中上进

▲ 都城隍庙

士的；道光十七年（1837 年）告假返乡，翌年建进士第，之后，又在进士第的北边建了郑氏家庙，供奉郑氏祖先。

新竹市还有不少可观的历史牌坊遗迹，全台湾现存牌坊 13 座，新竹就保存了 4 座。这些牌坊都以白色花岗石为建材，再缀以青斗石雕，显得古朴有味。其中石坊街上的杨氏节孝坊年代最早，它开台湾牌坊四柱三间三层形态之先河；南大路新竹客运汽车补习班斜对面的李锡金孝子坊，则是全台湾唯一表扬孝子的牌坊。李锡金为清乾隆时人，幼年丧父，家境贫寒，但事母至孝；稍长后自力经商，乐善好施，济弱扶贫，颇获地方人士的赞赏。清同治八年（1869 年）卒，享年 80 岁。光绪六年（1880 年）福建巡抚方绮请旌表入祀孝悌祠，并奉旨赐建孝子坊；原葬于御史崎，光绪八年（1882 年）竣工，1961 年改葬于青草湖现址，并立牌纪念。其旁的灵隐寺，又名孔明庙，里面有灵宝塔、感化院、大雄宝殿等，大雄宝殿上嵌石"极乐殿"，两边侧门上方刻"愿悔"、"信门"。殿内有许多副楹联，石柱上刻有诗词，庙后为禅房、菜园和果园，清静至极。寺庙内主要供奉诸葛孔明，古今楹联题字多为盛赞孔明神机妙算，颇富道术色彩，拍照、摘抄的游人很多。

清 华大学梅园是谁的长眠之地？

新竹清华大学源于北京的清华大学，国民党迁台后设立。

新竹清华大学位于新竹市东区光复路二段 101 号十八尖山山麓，面积广达 88 公顷，以校园宽广、林木苍翠、鸟语花香、建筑优良而闻名，可资泛舟的成功湖、昆明湖和梅园、陆台花廊、山坡小屋等，不是花园，胜似花园，也都是有口皆碑的好去处，因此，被新竹地区列为观光胜地，常年对外开放。从校园大门进入，除办公大楼外，有一座三角钟塔，往右经昆明湖、数学馆、图书馆可抵游泳池、体育场，游泳池后面就是梅园，梅园即梅贻琦博士墓。梅博士是新竹清华大学首任校长，终身献身清华，培育英才，于1970年5月19日逝世，葬于山坡上，花岗岩石壁刻"勋昭作育"四字，而"梅校长贻琦博士之墓"则是罗家伦所题，墓园左侧另有"月涵亭"，所题之字是梅先生的遗墨。由梅园台地远眺，新竹平原溪流纵横，一片良田阡陌，纵贯公路及高速公路交错行过平原中央，远处竹北、芎林则山峦起伏，景观辽阔。

古 奇峰最为有名的是什么？

　　古奇峰原称平埔顶，位于新竹市东区高峰路306巷66号，北接十八尖山，南临青草湖，东有翠碧岩、清华园，西可眺望台海晚霞，是新竹的一个最大的观光胜地，以"古奇远眺"名列新竹十二胜。古奇峰乐园以庙宇神像最为有名，寺庙有普天宫、翠碧岩、清泉寺、圆光寺、法王寺和碧云寺等，其中普天宫规模最大，堪为古奇峰的象征。普天宫即关公庙，占地面积15公顷，1971年由新竹名人郑再杰出资兴建，以关公塑像为造型，高120米，耗资1000万元新台币，其高度称雄东南亚，内部共分为9层。一层除主祀的武圣关公外，文昌公、吕洞宾仙公、朱熹等也陪祀在旁；二层电动历史馆，以雕塑桃园三结义、送两位皇嫂过关、关公辞曹操等介绍关公的一生；三层是古今名人书画馆，列举明、清、民初和现代名人书画、扇画、契纸等数百件，另外，50年前、75年前和现代台湾风光实景照片数百张；四层为二十四孝堂，有二十四孝故事的半立体塑像及说明；五层为古今器物陈列馆，大都是古代的古董珍玩；六层为休息厅兼观海台；七层为《西游记》蜡像馆；八、九层则安设八卦。庙前广场有喷水观光大乌龟、放生池，其后为普天宫公园、儿童乐园、救济院、孤儿院、溜冰场。

再往南走是耗资30余万元新台币塑造的高22米的包青天神像。包青天与武圣关公两神，除高度差别外，一个是红脸代表忠义，一个则是黑脸代表廉明，各具特色，意义也不同。除了神像、寺庙外，古奇峰依山而建的设施还有万马奔腾馆、木雕馆、聚珍馆以及醒世堂，展示有世界最大的彩翠屏风、发雕等。在普天宫附近还有十多家玻璃手工艺品店，出售有各式晶莹剔透的玻璃艺术品。这种玻璃艺术品，是利用传统的喷吹手艺制成，游客除可选购外，运气好的话，还可目睹现场示范过程，为难得一见的体验。普天宫外新建有民俗文化馆、文物陈列馆、原野乐园、恐龙谷、敦煌佛窟、《西游记》奇幻世界等。民俗文化馆和文物陈列馆内，收藏有龙袍、玉龙床、木雕、兵马俑等。原野乐园内，设置有益智迷宫、太空漫步、泰山过河等。《西游记》奇幻世界，主要展现了原著小说的种种奇思异想，佛像雕塑和亭台楼阁，也都颇为玄妙。

南寮渔港最热门的活动是什么？

占地约2.3公顷的南寮渔港位于新竹市南寮里，在头前溪和凤山溪的出海口南端。旧港淤塞后，对新港进行了扩建，在桃源、新竹、苗栗沿海地区，南寮旧港加新港的规模数一数二，渔获量相当多，四季盛产小卷、魟鱼、阔腹、白北、乌鱼等，既新鲜又价廉物美。同时这里空地广阔，无任何障碍物遮掩，拜新竹"风城"之赐，只要将风筝随手一放，强劲的新竹风便把风筝高高带起。每到假日，许多家庭都扶老携幼来这里放风筝，渔港上空五颜六色的风筝迎风竞飞，热闹缤纷。暑夏期间，活动甚至持续到午夜，足见"风城"人对"风"的痴迷。伴随着风筝而来的，还有风车、射箭、帆船、烤肉等活动，为南寮渔港赢得了"风力活动公园"的美称。另外，长达12公里的海滨赏景自行车道，每到假日也吸引很多人到这里尝海鲜、采购渔货、骑自行车、放风筝等。

为 什么说新竹科学工业园区是台湾的"硅谷"和"高科技与高收入"的代名词？

　　新竹科学工业园区位于新竹市东区，是台湾发展高科技工业的"苗圃"、产业发展的支柱，被称为台湾的"硅谷"、"高科技与高收入"的代名词，1978年以美国加利福尼亚州斯坦福科学工业园区为蓝本兴建，总面积2000多公顷。台湾当局所以将科学工业园区设在新竹，除了因为这里的地理位置、交通、自然条件外，主要是由于新竹有著名的清华大学、交通大学、中央大学、中原大学和中正理工学院等高等学院，以及中山科学研究院、工业技术研究院、食品工业研究院、"国科会"精密仪器发展中心、"交通部"电讯研究所等技术研究组织，有利于实行"建教合作"，以较快的速度获取最新的信息或科研成果，以便及时转化为生产力。当时，他们大胆吸收美国等国的优点，把知识和产业结合起来，形成了"研究为商业服务，商业为研究奠基"的良性循环，并还为前来投资的厂商积极提供优厚的赋税措施和规划完善的园区土地，让外部经济来带动园区建设，一举两得。同时定下了"园区公园化"的目标，将区内30%土地作为绿地；设立员工宿舍和实验学校，吸引海外学子携眷回台。员工宿舍造型相当西化，四周绿荫环绕，环境优美。在当时的台湾社会中，简直被视为是高级住宅区的典型。实验学校包括幼儿园、小学、初中和高中。静心湖是园区休闲核心，湖畔散布着游泳池、高尔夫球练习场、餐厅、公园和科技生活馆等设施。以上这些相当吸引人，极大促进了工业园区的建设、发展。目前，该工业园区已形成电脑、通信、光电、生物科技、精密机械和集成电路 6 大高科技产业区（其中集成电路产业是发展成绩最好的一项），云集近 300 家企业，从业人员超过 10 万人，2000 年营业额达 9292 亿元新台币（合 300 亿美元，占台湾制造业总产值的 10%），较上年增长 43%，是制造业增长的 6 倍多。只有电脑和周边设备产业增长相对较低，其他产业均保持 50% 左右的高增长，其中占园区产业 62% 的集成电路产业产值达到 5766 亿元新台币。工业园区建立 20 多年来，累计总投资 6 亿美元，创造的产值却超过 1000 亿美元，对台湾经济贡献甚大。现在台湾 100% 的电子元件、40% 的家用电器和 10% 的通信器材都来自工业园区。其中不少产品畅销北美、英国、荷兰和中国香港。工业园区的发展一直在扩张之中，最初兴建的第一期工程已不足使用，随后推出的第二、第三期用地也已用光，目前已进入第四期扩建计划，园区也从新竹发展到苗栗县的铜罗乡。同时，台湾当局又在台湾南部兴建第二座硅谷——台南科学工业园区。这些园区的发展，推动了工业旅游的兴起，年复一年，前往参观考察和旅游观光的人络绎不绝。

新竹市有什么特产小吃？

历史悠久的新竹市，不仅以古迹闻名，新竹米粉、贡丸、肉圆，以及百年糕点"竹堑饼"，更是闻名遐迩；城隍庙附近和南寮渔港是新竹小吃的两个大本营，其多样化的小吃选择，满足了"老饕"们的胃口。

新竹贡丸——以人工宰杀的猪肉，经机器捣碎、撞击，加特有调味料后，再制成圆丸状，吃起来香脆味美，有弹性，口碑不错，其中又以老店海瑞贡丸最为有名。

新竹米粉——俗称"幼粉"，利用新竹季风和阳光自然风干所制成的米粉是新竹米粉好吃的主要原因。传统的新竹米粉分粗、细两种，粗粉宜水煮，细粉较多炒食，口感较脆，与台湾南部的"水粉"不同。

新竹肉圆——以地瓜粉制皮，用红糖调味的馅料加上肉片、栗子、香菇和青葱制成，外形娇小，皮薄滑透明看得见肉，这便是新竹顶尖的名特产之一的肉圆，口味独具，人人称颂。

新竹花生酱——新竹东大街上到处可闻到花生香酥的味道，不错，此地便是新竹花生酱的工厂区，因其用料与制作技术独特，因此，备受称赞。

新竹竹堑饼——香传百年的竹堑饼又名新竹饼，外皮由低筋面粉制成，内部包肉、油葱、麦芽和冬瓜丁制成的馅，饼的底部粘上芝麻后加以烧烤，使其成为皮酥饭松，肉馅柔软，吃来葱香满溢、风味独特的招牌点心。

城隍庙广场小吃至今已有50多年的历史，林家肉圆、柳家香菇肉羹、阿城号鱿鱼羹、雅珍号、江太太的黑糖姜汁汤圆、王记蚵仔煎、元祖郭家润饼等，都是这一带好吃又有名的老店；此外，中山路东门街附近，也有不少好口味的小吃，如成家肉粽、原夜市鸭肉面、汕头沙茶牛肉、米粉、贡丸、鱼粳等。其中约三分之二以上的摊位都卖有新竹的两大特产：贡丸及米粉，形成一大特色。广场旁边及东门街旁的摊位则出售干制的米粉、香粉、花生酱等新竹名产，供游客购买。而南寮渔港则素以海鲜类知名，直销中心的二楼就集结了60多家海鲜小吃，鲍鱼羹、烤鱿鱼、油炸海鲜，琳琅满目，其中又以新南兴海产店最有名。

苗 栗 县

你 了解苗栗县吗？

苗栗县原名"猫里"，语意为"平原"或"美丽"之意，是平埔族由其语言译音演变而来。苗栗县位于台湾中部蜂腰地带，三面环山，西部临海，县境山岳重叠，平原甚少，是一个多山的县城，并有"山城"之称。全县总面积 1820 平方公里，总人口 56 万多。清代以前及清代初期，除有少数土著（今称山胞）散居其间外，汉人绝少至其境者。清康熙五十年（1711 年），才有汉人开始移居苗栗。康熙末年到雍正末年，先后有闽籍谢、杜、蔡、陈 4 姓和李、毛、郭、尤、陈、蔡 6 姓分别移居苗栗后龙镇地区及苑里镇地区。这些地方都靠海，交通较为方便。至于广东客家人的移居，则是始于乾隆年间至嘉庆年间，当时附近的村庄陆续形成，人口逐渐增多，此地方成为商业交易中心，已具备有街市的规模和条件。到了同治和光绪年间，因为这一带山区樟脑事业兴起，而成为樟脑油的一大集散市场，市况便开始趋向繁荣。近代，主要产稻米、茶、水果。渔业集中在沿海一带，工业以小型工业及手工业为主。目前这里仍是客家人聚居的地方，客家人大部分都信佛。该县和新竹县交界处的狮头山，就是一个很大的佛教圣地。山上寺庙林立，晨钟暮鼓，清静肃穆。除此之外还有保存原始自然风貌的雪霸"国家"公园、马拉邦山、虎头山、观音山、火焰山、明德水库、观光运河和卓兰水果之乡等风景名胜。而三艺木雕、苑里草编和公馆陶器等工艺品更是苗栗独有的。

为什么说狮头山是台湾的佛教圣地？

狮头山位于苗栗县三湾乡、南庄乡和新竹县峨眉乡交界处，海拔520米，因山形状似狮而得名。香火鼎盛，是闻名台湾全省的佛教圣地。山上历史久远的寺庙很多，大部分都是利用天然岩洞地形建造而成，独具特色。如最古老、已有100多年历史的狮岩洞元光寺，藏有日刻大藏经的开善寺，以及勤化堂、灵霞洞、辅天宫、金刚寺、万佛庵和海会庵等。这些寺庙殿堂若隐若现地掩映于青山绿树之间，加以山形连峰并起，云雾缥缈，满山的竹林、大树及重叠迂回的石阶，使狮头山风景区远近驰名，很早就享有台湾十二胜景之一的美誉。其中建于1915年的辅天宫，主要奉祀教化地狱众生的地藏王菩萨及掌管地狱诸事的阎罗王和五大制官，正殿两壁悬挂十八层地狱图，描绘各种酷刑，令人望而生畏。除正殿外，两侧还有厢房，分别为厨房、膳堂和居室，均属勤化堂所管辖。其山门名曰紫阳门，为1916年增建，格式很像城门。勤化堂依山筑庙，整个庙身盖入山腹中，规模宏大。上面一层是大殿，中间是玉清宫，奉祀关公；左边是大成殿，奉祀孔子；右边是雷音殿，奉祀观音菩萨。下面两层便是僧舍尼庵及供游人香客游息的地方。勤化堂与辅天宫是相连的两座庙宇，大小也相去不远，从勤化堂前行经舍利洞，即抵开善寺。舍利洞为一座小庙，主奉瑶池金母。开善寺建于1925年，曾受第二次世界大战炮火的洗礼，1975 年重修，翌年完成。就外观来看，开善寺较新，没有辅天宫、勤化堂那般黝黑的古老石柱。寺内供奉 3 米多高的金身西方三圣佛，殿前闪着温和清亮的长明灯。殿外可展望南庄、田美山谷的丘陵平野，视野极佳。寺内植有少见的石花、茂密的秀林幽竹，并增建了凌云洞、达摩像、长寿亭等；饲养有梅花鹿、孔雀、雉鸡，内容相当丰富。更值得一提的是，开善寺还藏有日刻大藏经，这是目前台湾藏经中版本较早的一种。

　　从开善寺经过道德门的陡阶上行，约 30 分钟可抵达狮头山的最高点望月亭。沿这一路石阶一级一级地往上走，一边是悬空的幽谷，一边是削直的崖壁，石阶共有千级之多。望月亭在石阶路终点，是苗栗和新竹的交界处，因为居高临下，但见群山俯伏，日月交辉，成为游人玩赏吟诵之处。望月亭侧有师尼峰，高 463 米。之后是全山最高、最老的寺庙——狮岩洞元光寺。此寺依山而建凿洞开庙，其左尚有一座朴实淡雅的灵塔，绕过灵塔下方便是下坡路，约 5 分钟可到海会庵。一入大门，便见弥勒佛笑容可掬地迎接游人，四大金刚、韦驮天尊威武昂首在侧。大殿前有两棵百年桂花树，每到金秋时节，香气袭人，叫人不忍离去。

　　灵霞洞离海会庵约 20 分钟的步程，是一座典型的客家建筑，也是利用浅窄的石洞筑成的寺院，清净整洁，奉祀观音菩萨。岩洞大门左右的对联写着"灵气千般永护民间凭慧眼，霞光万道常环洞口似婆心"，饶富用心。庙旁种有各种花果，游人可于此购买桃子，这里的桃子清脆可口，别有一番滋味。从灵霞洞步行 5 分钟可到金刚寺。金刚寺原称天公堂，又名涤心堂，祀玉皇上帝、释迦牟尼佛，1914 年才改称今名。这里的景物别有天地，与其他各庙不同，潺潺的清泉自石洞上滴流而下，置身其间仰望四周山峦，又好似地居深渊。

　　从金刚寺步行约 20 分钟，便到主祀千手千眼观世音菩萨的万佛庵。此庵作凹字形排列，正面以天然岩洞的造型，建成西式佛堂，两旁是净院。全寺夹在绿竹、百花之间，甚是清幽。水帘洞在万佛庵下面，由于洞顶伸出数丈，山泉顺着岩顶滴答而下，犹如一道水帘，故名。洞前湍流直奔山前，轰轰然作雷鸣声，好像人间的一处洞天福地，所以水帘洞又名"梵音寺"。游人至此，大有出尘脱俗之感。

明德水库著名的除了乌龙茶还有什么茶？

明德水库位于苗栗县头屋乡明德村 17 号，集老田寮溪溪水而成，面积达 170 多公顷，为苗栗县重要的水资源地，主要灌溉后龙溪流域数万亩的田地。

明德村旧名老田寮，150 多年前从福建引进乌龙茶种植，由于有老田寮溪蒸发起来的雾气滋润，效果特别好。老田寮乌龙茶名"明德茶"，与明德水库齐名。除了乌龙茶外，这个村还有一项特产就是酸柑茶。酸柑又名番柑，表皮为橙色，收获期在 11 月至翌年三月，若是空胃吃，准叫人酸得打哆嗦，所以多半蘸盐或糖吃。明德村民将酸柑挑出果肉，掺入茶叶的碎末，再封上外皮圆盖，用重物压扁定型，放入蒸笼蒸到熟透，然后再曝晒或烘干，形成一个又黑又硬的圆砖，至此酸柑茶就算大功告成了。这种茶是一种清凉解渴的饮料，也是一剂药方，可以治疗食欲不振、中暑、扁桃腺发炎等症，到了明德村不妨品尝一下真正的酸柑茶。

汶水法云寺在台湾佛教中的地位如何？

汶水法云寺位于苗栗县大湖乡汶水村观音山山腰，始建于民国元年。1935 年苗栗发生大地震，殿宇倒塌，后经重建，为日式的寺院，回廊古檐，颇有大唐古风。寺内大雄宝殿内供奉新加坡弘宇法师于 1954 年捐赠的高 3 米、重约万斤的白玉大佛一尊，使法云寺名气益高。大雄宝殿四周，广植樱花和梅花，规模十分雄伟庄严，号称台湾四大佛教圣地之一。寺前坡路呈"之"字形，两边尽是林立的翠竹及绿荫遮日的相思树，偶有凉亭点缀其间，亭旁或植樱、梅，亭内有石椅供游人休息。距寺 700 米处，路边有一巨石，上刻"南无阿弥陀佛"，此石是 1982 年贝蒂台风袭来时，在风雨交加之际从山上滚落下来的，与原来就有的"无量寿佛"巨石相距约 300 米。该寺住持在其上镌刻佛号，以广结佛缘。

为什么称卓兰为水果之乡？

卓兰水果之乡位于苗栗县南端卓兰镇，素以盛产水果而闻名，有台湾中区水果王国的称号。全镇人口 2 万余，却有果菜地 6.6 万平方米，可见水果在此地的重要性。这里水果品种多，成熟季节不一，一年到头基本不断，有的一年能收两次，如葡萄，收获季节是 6 月至 8 月和 12 月至次年 2 月；大梨是 5 月至 7 月和 9 月至 11 月；柑橘是 11 月至次年 2 月；杨桃是 9 月至次年 4 月；枇杷是 3 月至 5 月；桃、梨、梅都是 4 月至 7 月。已开放供旅游者参观的有十八股、内湾和东安的大梨观光果园；内湾杨桃园；埔尾桥一带的柑橘园。从卓兰镇环东行，经过长青谷、青翠谷，路的左边即为杨桃观光果园。再前行至东盛、东安，在内湾堤防边即可见到大梨园、杨桃园和葡萄园。其中内湾是卓兰水果的生产密集区，果园绵延长达 5 公里，一眼望不到边。若由长青谷转入往坪林的道路，过东茂桥可至大型观光果园区；由卓兰往大湖途中右转中坪农路，可到埔尾的柑橘果园。

三 角湖极富神秘色彩的活动是什么？

三角湖旧称凤阳谷，位于苗栗县南庄乡东河村上港溪支流上。由凤阳桥旁的小路下至溪底，沿着溪边的小径前行，两侧尽是峭壁石岩，往上一看，高耸直立，十分壮观。步行约数分钟，在溪水聚集弯曲处，可见上、下两湖，因形似三角，被称为三角湖。湖水深绿，加上湖边巨石绝壁环立，充满阳刚之气。由于四周环境十分静谧，加上湖面不起波澜，更显幽静异常，颇富神秘气氛。在这里既可以遇上赛夏族山胞下山来此戏水或钓鱼、野炊，又可以参观赛夏族每年一小祭、十年一大祭的向天湖矮灵祭。这种祭祀极富原始神秘的色彩，近年来，已成为许多游客极感兴趣的民俗祭典之一。举办日期为每年农历十月中旬前后，晚上的祭祀活动，十分神秘，分为告灵、迎灵、会灵、娱灵、逐灵等步骤。其中游客仅能参加会灵和娱灵的活动，使得整个祭典更加神秘。山胞的豪情每次都将溪谷点缀得生气盎然。神仙谷在三角湖旁边，原名死亡谷，是凤美溪与比林溪汇合的地方，本为泰雅族山胞祖先的坟场，世世代代，山胞们视这里为禁地，不准外地人和外族人来此，后因景观壮美而被人发现，到处传扬，苗栗县经山胞同意，正式命名为神仙谷。谷中溪床分上、下两层，上层是一处不太长的岩床，水流至此，回溢流转，把宽广的岩床侵蚀出数道凹沟，而大小不一的水流，则又壮丽无比。下层为上层岩床的断层面，水流自上方分成数十道水瀑直泻而下，形成美丽的瀑布，声势浩大，景象壮观，约可容纳数百人同时游览。物以稀为贵，每年都有不少人到此游览，一饱眼福。

为 中港风情打造出极高知名度的是什么？

中港是竹南的旧称，位于苗栗县竹南镇民生路7号，清朝时曾因紧邻中港溪而发展成为商港，如今虽盛况不再，但古庙和金银纸工业却耐人寻味，现为台湾省金银纸制造重镇，有"金色中港"之美称。以开发时间而言，中港远比今天的竹南镇为早，但沧海桑田，终非所料，先是清光绪三十四年（1908年）纵贯铁路全线通车，竹南恰好在铁路线上，成为交通重镇；接着1935年台湾大地震，中港受到严重的破坏，最后成为竹南镇的一个里——中港里。不过年代久远的龙凤宫、慈裕宫及金银纸业，却为中港打造出极高的知名度。走在中港街巷里，可以看到每一户的门、窗之后，总有三三两两的居民低着头，在微暗的光线下，极其熟练地粘锡箔，或是用咸草捆绑各种样式的金银纸。在大晴天的中港街上，到处可见到一叠叠、一摞摞黄澄澄的金银纸，在广场上晒太阳显得金光闪闪，好不热闹。"金色中港"的盛名，自是有其来由的。每年农历五、六、七、十一、十二月是金银纸业的大月，届时前来，将可一睹满街金纸的盛况。

龙凤宫位于后厝仔，建于清道光十六年（1836年）二月，殿宇堂皇，庙貌巍峨，是一座深具历史意义的古庙。正殿主祀天上圣母，陪祀福德正神、注生娘娘；左厢奉祀观音菩萨，右殿安祀关圣帝君。与中港的慈裕宫称内、外妈祖，慈裕宫称内妈祖，龙凤宫则称外妈祖。庙殿后边，有一尊天上圣母像，高136米，据说是东南亚最高的天上圣母像，神像上下共11层，分别辟为诊所、美术馆、图书馆、音乐馆、文物馆等，一切都布置得古香古色，图文壁画等兼具教育性、启发性。

慈裕宫位于竹南镇中港里，俗称"中港妈祖"，香火之鼎盛，无庙能敌，堪称（新）竹苗（栗）地区之冠，与北港朝天宫、东港东隆宫并称为"台湾三妈祖"。此宫始建于清嘉庆二十年（1815年）。相传在1661年，漳州和泉州即有渡海的渔民定居中港开垦，是时即搭建土壁茅屋奉祀由大陆带来的妈祖神像，祈祝平安。尔后改建土壁瓦顶宫殿，进谒湄洲祖庙，并且专程奉迎分身回到本庙奉祀，当时的庙址是在盐馆前。清乾隆四十八年（1783年），福建漳州府龙溪县王静观敬献一对青石狮，由大陆转运来到台湾，是桃（园）（新）竹苗（栗）当地唯一的青石狮。道光六年（1826年），因漳、泉之间发生大规模械斗，庙宇因而遭受焚毁，后于道光十八年（1838年）重建。道光二十年（1840年），清廷特授台湾北路淡水总埔分府在慈裕宫旁侧设立"劝中垅泉漳和睦碑"，旁边还设有一块乾隆五十三年（1788年）所刻的"勘丈碑"，目前并置于后殿花园右侧，是中港最重要的古迹。慈裕宫里悬列的古匾很多，最重要的当数慈禧太后所颁的"允王唯后"匾，系清同治十三年（1874年）献立，当时同治皇帝龙体违和，慈禧也不太舒服，特钦命台湾挂印总兵官武隆阿素，特至慈裕宫祈求赐药，果然一服见效，太后乃降旨赐匾。慈裕宫庙殿宽敞，规模恢宏，而属于慈裕宫的珍贵古物，更是举目可睹。在正殿上，有一个木制香炉，上刻"嘉庆丙子年桂月旦"字样。这香炉是用荔枝根雕制而成，已列为无价的珍宝。后殿大花园右侧有口"井井泉"，是台湾巡抚刘铭传率领部队经中港驻慈裕宫时，凿井汲水以供饮用，泉水甘甜，清澈见底，于是砌石围成六角井，名谓"井井泉"。后殿虽在后，但最高，共分三层。一层供奉齐天大圣，二层供奉观音佛祖，三层供奉玉皇大帝。古色古香的慈裕宫，拥有肃静庄严的正殿，亮丽的走廊，高大的钟楼和洁净的广场，无论是在历史研究、艺术价值或观光潜力上，都有其一定的地位。每年农历七月举办普度祭祀，有放水灯民俗节目，难得一见。

马拉邦山的春夏秋冬怎么样？

马拉邦山位于苗栗县大湖乡与泰安乡的交界处，海拔约1400米，由于终年云雾簇拥，雾气、湿气较重，故山腰及山顶长满枫树，还有桃李，到了夏季还产水梨。从东兴小学旁的竹林石阶到山上，沿途有多处知名景点，如天吊洞、忠魂塔、天然潭、古老穿心木、卧龙水、榉木原始林、蝙蝠洞和石门等。而最吸引人的还是到马拉邦山上进行森林浴，享受采摘果实的田园之乐，尤其去摘草莓，可以边摘边尝；如是深秋，满山遍野的枫树，枫红片片，美不胜收，是台湾中部最负盛名的赏枫去处；如是夏天，有青青的竹林；如是冬天，则寒梅成海，并可展望淋漓坪及东兴一带的云海；如是春天，则到处都是娇艳的桃花。马拉邦山的柔媚和清新，都在不同的季节展露。到了山顶，攀上瞭望台，视野大开，周围的大坝尖山、未化的雪山，迷人的乐山和壮阔的大安溪谷等尽收眼底，这都是在大都市中看不到的享受。

三义为什么会有木雕之乡的美誉？

三义木雕之乡位于苗栗县三义乡，南隔大安溪和台中县为界，东、西、北三面不是丘陵，就是山坡。虽地处群山环抱中，但有铁路和公路与各地相连，交通非常方便。邻近的大雪山、丰原、竹东等盛产木雕良材，助长了木雕业的兴盛。三义木雕所使用的木料以樟木为主，有时也用桧木、檀香木、九骨木等硬度较高的木头。水美街和广声新城两处木雕店林立，水美街最密集，从大型家具卖场到艺廊店铺均备，有近200家木雕店，其中以大汉、日大、大光等较具规模。展售内容包括奇木瘤雕、原木桌椅、屏风壁饰、人像动物、虫鱼鸟兽等一应俱全，其中又以神像雕刻、原木桌椅、天然奇木为大宗。此外，昔艺轩将老家具重新修补翻新，也算是三义木雕的特色之一。广声新城又名神雕屯，这里多为个人工作室，作品强调个人风格，可找到不少有创意的作品，而木雕师傅的现场绝活更令人大开眼界。三义木雕的主要市场，除内销台湾地区外，并外销日本、欧美等世界各地，每年为台湾争取不少外汇。

闻名遐迩的台湾木雕博物馆就设在广声新城，收藏内容涵盖台湾原住民、汉文化传统木雕、近代创作木雕、中国先民木雕及各洲土著木雕等，丰富可观，全为实物展示。博物馆共三层，一楼为木雕艺廊及木雕工艺教室，提供艺术家与大众对话的空间。二楼展示主题包括台湾传统木雕、宗教上的应用、土著民族木雕、历代的艺术风格等，多取材自古董家具、寺庙建筑、民俗艺品，以千姿百态的实物展示先民的智慧和技艺。三楼是馆藏精品区，收藏有台湾历代木雕老艺师的传世之作，可谓台湾木雕发展的缩影。此外，尚辟有放映室，通过影片，让游客更加了解木雕艺术之美。并不定期举行木雕工艺教学。

为什么说华陶窑为一处充满感性与创意的陶艺工作坊及乡土园林之美的风雅天地？

华陶窑位于苗栗县苑里镇火焰山的西侧山腰，占地约1.1公顷，为一处充满感性与创意的陶艺工作坊及乡土园林之美的风雅天地。洋溢台湾风味的砖瓦建筑、古老的柴烧窑，加上花草峥嵘的台湾原生植物标本园，引人走进活泼丰富的先民世界，喜欢玩泥巴和陶器的朋友，可以在这里尽情地重温儿时的欢乐。构成华陶窑的主体是工作室、登窑、陈列室与户外工作棚。工作室是窑主工作的场所，朴拙的木造房舍居高临下，门廊下挂着一具破旧的钟鼓，它是取代门铃的功能。工作室前的庭园是主人精心布置的，意欲营造出一方"台湾式庭园"，于是大量运用石驳坎，以红砖及文明瓦砌屋，在一棵大榕树下及其四周，摆着石桌、石椅、石臼、石磨、老旧的牛车等，林荫蔽日，品茗对弈，气氛悠闲，令人发思古之幽情。工作室的后面是登窑，传统的窑形使用苗栗的陶土为主要原料，并以 10 年树龄的相思树为柴薪，用这样古老的柴烧方法，使烧出的陶艺品呈现朴拙的金黄色纹理，名为"相思陶"，更具古拙浑厚之风。每月一次的烧窑是华陶窑的大事，陶坯经过四昼夜的冶炼，便呈现出崭新的生命。望着每件出窑的陶艺品，实在令人不得不赞叹"化腐朽为神奇"的力量是伟大的。陈列室顾名思义即陶艺品的展列室，为一栋旧的三合院，里面陈列的都是窑主夫妇的陶作，独特的风格与淡泊的人生观全都呈现在他们的作品中。紧邻陈列室旁有一大片空地，这是来者玩泥巴的户外工作棚，只要花少许的代价，就可拿到一大块陶土，随心所欲捏塑自己喜欢的造型，做好的陶坯，还可请主人替你烧成成品，并负责为你寄到家中。这种亲手做的乐趣，真是不可言喻，而不论好坏如何，都为难忘的华陶窑之旅留下了最美好的回忆。午餐可享用自助式"割稻仔饭"，回味昔日农家的生活。华陶窑后山遍植 600 余种台湾本土原生种植物，包括各种花材、庭院树种及乡土民俗植物，仿若热闹的大花园。

南庄风情主要有什么内容？

南庄是苗栗县东北隅一个多山的乡，平均海拔 500 ～ 1000 米，内有中港溪及其支流大东河流贯，124 县道和风美产业道路与外界相连，气候凉爽，水质纯净，是一处保留原始山野风光的地方，也是人们远离尘嚣、荡涤胸襟的好去处，非常适合鳟鱼的生长，因此成为台湾北部最大的鳟鱼产地。主要以虹鳟、香鱼等高冷鱼为主。鳟鱼为高蛋白鱼种，有益于养气补身及病后愈合，搭配中港溪产的野菜更添美味。南庄乡特产除了鳟鱼外，还有经济作物桂竹。随着休闲农业的兴起，竹林风光、桂笋料理、竹编工艺，纷纷成为都市人探寻乡野气息的焦点。桂竹于每年三四月时发新笋，桂笋富含纤维质，热量低，是清爽不油腻的时令菜。南庄每年均趁鲜推出"桂竹之旅"，内容包括采笋、尝笋、竹编艺术、原住民文化及美食等。除产业、美食外，都会的休闲风也吹进南庄，山中不乏诗情画意的歇脚小店。其中位于绿色山庄附近的"山芙蓉"、东河村横屏山上的"山行玫瑰"，均以咖啡、美景吸引人。南庄境内原住民主要为赛夏族，其次是泰雅族，两族皆以工艺精巧著名，如赛夏族的布编织、木雕、背篓、盆篮等竹藤制品，以及泰雅族多彩的布编织。希望探访南庄原住民的工艺，可到该庄东河村赛夏编织的互禄工作坊、泰雅编织的石壁工作坊或古优工作坊等参观，另外，蓬莱村阿畏工作坊的木雕、蓬莱工作坊的竹藤编织，以及蓬莱国小赛夏文物馆等，也颇值得一看。

泰安温泉兼具山水之美，美在什么地方？

泰安温泉又名"上岛温泉"、"虎山温泉"，位于苗栗县泰安乡汶水溪畔，由虎山、腾龙和泰安三处温泉组成，其中虎山、腾龙温泉皆引自泰安温泉一处源头，并以当地山庄得名，虽然二者在"原汤"风味上略逊一筹，但风光优美却另有一番兴味。此温泉泉水丰富，四时不竭，水质乳白滑润，属弱碱性碳酸泉，泉温约47℃，pH值为8，可饮可浴，对胃酸过多、风湿、神经衰弱、皮肤病等均有疗效。早在1914年，即被当地山胞所发现，现在的

"水云山庄"，就是那时日本占领期间修建的警察疗养所，设施包括水云餐厅、旧山庄、落雁阁，并接受游客订房。此处兼具山水之美，附近群山环峙，龙盘虎踞，青龙山、虎山、汶水山等遥遥相对，加以山间遍植樱梅，冬末春初，一片花海，煞是好看。

泰安温泉没有特设露营地，但在虎山桥头的大广场及水云山庄的正下方溪谷中，均可露营。顺着溪谷可步行而上，溪床巨石遍布，溪流清澈，行约半小时可看到一道拦河坝，由此涉溪右行，即为虎山登山口，上行三小时可登顶；左边的产业道路可到巨石谷。由于溪水自拦河坝上满溢下来形成一道宽瀑，夏季来此清凉无比。巨石谷原为一个大峡谷，后因产业道路辟建完成，山谷已不如以往险峻，谷间巨石林立，山壁呈现美丽的纵斜纹路，四周山鸟争鸣，一片闹意，是赏鸟的好去处。由巨石谷前行 20 分钟后可见到水云瀑布，飞瀑自石壁中下泻，喷银溅玉，风光绝佳。

腾龙山庄使用泰安温泉的一支——腾龙温泉，设有木屋、会议厅和山训场等，由于此温泉形成的溪床平坦和缓，非常适合游泳戏水。山训场活动有漆弹游戏、高空垂降、空中走索等。另外，山庄附近尚有马凹溪龙泉瀑布、打比厝溪、腾龙神木、枫林、虎山大饭店、庭园花树、亭池等，有的地方仅以吊桥联络外界，俨然一个与世隔绝的清静地。

泰安温泉沿汶水溪，还错落着龙山、砂埔鹿、园墩等部落，其中龙山部落仅存数十户人家，村民靠种植果树为生，寒冬里桃花绽放，景致迷人；深秋时溪畔广布着芦苇，更增添几分凉意。附近横龙山区有昔日古道，途中还能看到墙基、驳坎等工事遗迹；每逢秋日，古道染上枫红，吸引游人走访。

雪 见游息区有什么自然和人文景观？

　　雪见游息区位于台湾雪坝"国家"公园西北隅，是新开发的游息区。这里在日本占领时期因理番和伐木需要，专门开辟有以二本松为中心的司马限林道，沿途著名景观有雪山山脉、雪山西棱、圣棱线、大坝尖山，以及大安溪、北坑溪古道等，它们与深邃的雪山溪相互映衬，构成壮阔气象，冬天时山岭覆雪，景致别具一格，"雪见"之名就由此而来。前往雪见游息区有两条道路，一是苗栗县泰安乡中兴村，一是台中县新社乡桃山村。两条路线路况都比较好，最后在凉亭鞍部交会。在贯穿全区的司马限林道上，随处可见柳杉和台湾赤杨、栓皮栎、红柞槭等阔叶树种，还有高海拔铁杉、冷杉、红桧等林相；林间鸟类众多，偶尔还可见到台湾黑熊、山羌等野生动物。

　　北坑古道为雪见游息区内最重要的人文遗迹。从二本松往南行2公里，进入发源于雪见山脉的大安溪谷的梅园村，梅园村有天狗、梅园两个部落，附近溪谷还有大安、永安、象鼻、马那邦、中部落、苏齐部落六个部落，沿途水光山色、吊桥、流水、人家，景色清新宜人，令人赏心悦目。特别是梅园村，当地遍植梅花，每年12月整个村落都掩映在花海中，并且还有许多桃树、梨树，若是碰上果实成熟季节，准能使人"食欲大动"。在村中，经常可遇到山地同胞迎面而来，这时不妨彼此打声招呼，道声曰安。

　　在大安溪谷上穿行，有时水浅，可直接踩着露出水面的石头跳跃过去；有时水深且急，就必须依赖独木桥了。这里所谓的独木桥，就是以竹竿横跨水上而成，看上去很简单，却发挥了不小的作用。但只有七分胆量加上三分小心的人才能有惊无险地走过这趣味横生的独木桥。

苗 栗县有什么特产和小吃？

苗栗县公馆乡以特产闻名，其中为一般人所熟知的有公馆桃、福菜、红枣、牛心柿等，近年来更尝试栽培紫苏成功，大量外销日本。福菜又称卜菜，这是客家人餐食中特有的一项。福菜是酸菜的一种，都是以大芥菜为原料腌制而成，不同的是在制成酸菜之后，再将这些腌渍物放入另一个开口较小的罐子，上覆竹叶，加以密封，然后将整个罐子倒立，置于土中三四个月，待启罐时，一股香味扑鼻而至，吃起来与酸菜大有区别。每年12月至翌年1月是芥菜收成期，也是制作福菜的最佳时节，若想购买地道的公馆福菜，可到公馆农会的特产中心选购。

紫苏具有特殊的香味，是很普通的家庭烹饪调味料，日本人对这种紫红色的蔬菜更是喜爱有加。

公馆乡的矿坑，是有名的牛心柿观光果园，满山遍野，非常好看，每年9、10月开始采收，通常同一棵果树上的柿子并不会一起成熟，且为避免虫蚁啃食，柿子在长到一定的体积后，果农便将其摘下，经过两种不同方式的处理，成为市面上所卖的硬柿和软柿。通常将柿子泡在催化水中，三五天后取出，即为市场上卖的硬柿子；如在柿子中用针注入适量石灰水，即可变成红色的软柿子。硬柿子又脆又甜，软柿子入口即化，老少皆喜欢。而树上的柿子，即使不采收，也没有人愿意摘食，因为这些柿子未经处理，长得再红，也涩得难以下咽。

台 中 市

你 了解台中市吗？

台中市旧名"大墩"，即现在的台中市中区。那是清康熙六十年（1721 年），清廷提督兰廷珍在今台中市中山公园内小山上，筑了两座炮墩，以应付朱一贵农民起义，大墩的地名便由此而来。这里原是平埔族岸里社聚居的地方，明末荷兰窃据台湾时，才开始有福建、广东的移民，郑成功克复台湾后，移民更多；乾隆年间，由于福建人大量移入，逐渐形成以"大墩"为中心的大村落，成为今台中市的起源。并且有都司、驻兵营、佛寺等，已逐渐形成政治、宗教、工商的中心城市。清光绪十三年（1887 年）台湾成立行省，巡抚刘铭传奏请设置府城，移台湾省省会于此。从光绪十五年（1889 年）起，大事筑城，可是才完成城垣和城基的部分，刘铭传即卸任，省会迁至台北，台中城仅保留了府城的地位而已，改为台湾府台湾县。日本占领时期，以台湾县位当全台中部要冲，于光绪二十二年（1896 年）设县，称为台中，1920 年依据州辖市市制，创设台中市，但改为省辖。现为台湾第四大城市。也是台湾中部的政治、经济、文化中心。位于台湾省中部盆地的中央，四面被台中县所围，面积 164 万平方公里，人口约 100 万人。有"宁静之都"、"文化城市"、"农村都市"和"消费都市"等美称，尤以气候温和（年均温度 23℃左右），民风淳朴，街道整齐，文风鼎盛，早被中外人士所赞赏，且四境奇峰环绕，市郊又有两溪（指筏子溪和旱溪）流经，使得台中青山绿水，风光明媚，不愧是一个美丽的城市。这里土地肥沃，盛产水稻、甘蔗、水果和烟草，也是台湾中部的物资集散地。铁路、公路交通都很方便，纵贯铁路和高速公路都在此经过。从该市向北向南，分别可至中部横贯公路到花莲市。市中有中山公园、民俗公园、自然科学博物馆、宝觉寺等游览的地方。其高等学府数量仅次于台北市，有中兴大学、东海大学、逢甲学院、中山医学院等七所。也是台湾佛教文化的中心，历年台湾全省佛法大会都在该市的宝觉寺举行。为了促进工业升级，特设有机械科技工业园区。

亚 哥花园为什么会成为具花木观赏和植物研究的大型园艺花园？

亚哥花园位于台中市北屯区民政里宁园巷41号，占地40余公顷。园内设计采用欧式园艺造型，弯曲花坡十分别致，繁花绿草美不胜收；并以奇石雕塑点缀，使得园景显得高雅美丽。其间有柔软青翠的草皮，可让孩子们打滚游戏；又有以木麻黄剪成矮篱为步道的围墙，以七里香、树兰、白兰花、桂树等，组成新颖艳丽的图案，景象活泼清新，设备完善，仅草花植物就种植了81种，四季皆有花开，由高处俯望，繁花似锦，绿地如毯，花道错综其中，成为台湾全省第一座具花木观赏游乐及植物研究双重价值的大型园艺花园，有"新加坡胡姬花园第二"的美誉。不论旅游者、情侣到此都会俗虑全消，身心欢畅。其最出色的景观，包括中式的轩辕仙境、美式弯曲花坡、欧式及日式枯山水、群英会、浅水戏水区、越王剑、四季之泉、花之都、水舞等，处处令人眼花缭乱，流连忘返。如浅水戏水区，以中国神话故事为背景设计，内有活龙活现的青龙、白虎、玄武、五行运转及鲤鱼跃龙门等。越王剑，内有八棵千年红桧，树根自然天成的形态，有如越王勾践挥舞宝剑的雄姿，气势威武，栩栩如生，其惟妙惟肖令人叹为观止。四季之泉，是以水的运转表达大自然时令更迭。入口处一座深思的雕像引导参观者进入梦幻境界，流水淙淙依四季不同的变化表现出迥异的风貌，有春的温柔，夏的奔腾，秋的萧瑟，冬的空灵，游赏之余使人情不自禁抛开世俗的烦忧。花之都，是一座台湾最大的室内长期花卉展示空间，沐浴在万紫千红中，享受着花朵的美好芳泽，必然乐不思蜀陶然忘我。水舞，是该公园的重要特色，每到夜色低垂，40 组深水马达，打出上千加仑的水，配合 100 多种彩色灯光，在电脑控制下，随着音乐节奏舞出华尔兹、探戈等各式舞蹈，使人百看不厌。其他还有青少年赛马场、陆海空游乐场、鸟园、情人区、露营烤肉区、瞭望台、音乐台等休闲活动设施。另外，园内仿河北赵州桥所建的安济古桥和仿民国初年建筑的茶艺馆，也颇具古典风味。

台中民俗公园的建筑特色是什么？

台中民俗公园位于台中市北屯区旅顺路二段 73 号，占地 1.6公顷，由史学家张胜彦和洪敏麟规划设计，于 1990 年建成开放，是以清末民初的传统闽南建筑为特色的民俗公园。全园采用中国传统建筑形式，亭台楼阁，小桥流水，一景一物均有历史考据，深具古典之美。除设有民俗馆、民艺馆、民俗技艺广场等 16 间展示室展示民俗文物外，还设有戏台、茶座等，提供休闲及传统戏曲、民俗服务活动，是民众回味中国传统民俗文物、感受乡土情怀的好去处。民俗馆为一处充满古意的四合院建筑，集中展现了中国传统建筑之美，室内则布置成了一间间祭祀祖先的正厅、寝室、书房、厨房等，陈置先人蜡像，先人生活情景历历在目，让参观者仿佛走入时光隧道。地下室辟有展示室，展出民俗文物3000多件。民艺馆内有茶坊，并有民俗艺师现场表演捏面人、编竹器、制纸伞等传统技艺，而技艺广场则经常上演各种民俗节庆活动。此外，园内还有一座专供传统戏曲表演的戏台，不定期演出歌仔戏、广东戏、南管、北管、古诗吟唱等。游览民俗公园，犹如一趟深富意义的溯源之旅。

每年台中市祭孔大典在哪里举行？

台中市祭孔大典每年在孔庙举行，孔庙位于台中市双十路与力行路的交叉口，巍峨的建筑前面有两座白色牌楼，上面分别题有"德侔天地"和"道贯古今"四个大字，非常庄严肃穆。孔庙模仿宋代四方形宫殿式的格局，占地面积2.3公顷，主要建筑有仿古诸侯之学形制设置的半月形泮池、大成殿、大成门、崇圣祠、牌坊、照壁、棂星门、泮水前院、燎亭等，建筑雄伟，气势庄严。大成殿在中央，白墙、黄瓦、绿脊梁，浩气贯神，里面供奉至圣先师孔子及他的72个弟子的牌位。庭园里深广幽静，两旁种植花圃树林，为庄严的气氛增添了几分祥和。每年台中市祭孔大典，都在这里举行。

精明一街精在什么地方？

精明一街位于台中市大墩十九街东兴路、大隆路和精诚路之间，在近年台湾公益空间艺术方面独树一帜，堪称典范。不论是景观设计或是店铺建筑，都和欧洲的庭园大道不相上下，整条街长不过百米，步道美观，招牌雅致，橱窗明亮，每一家店铺都呈现独特鲜明的风格，加上悠闲的欧式露天咖啡座，已成为台中市重要的休闲艺术广场，人们恣意漫步的最好地点。一街两行五颜六色的店铺，多为茶坊、咖啡馆、个性餐饮店及服饰店，平时人流不断，每到假日人则更多。和精品一街毗邻的精诚五、六路有不少由老别墅改建而成的情调咖啡屋、餐坊和生活杂铺店，同样也是休闲情调十足。

台 中市有什么著名夜市和小吃？

　　台中市忠孝路虽然名为夜市，白天也是热闹非凡，摊档林立，入夜后更是整条街灯光闪烁，人头攒动。忠孝路口的"虱目鱼汤"，将虱目鱼"分门别类"地吃，爱吃哪里吃哪里，鱼头、鱼皮可以煮汤，鱼肚去骨也可煮汤，鱼肠煎炒，鱼肉单烤，一条一斤左右的鱼，被分解成七八次吃。配一碗肉臊饭，烫一盘青菜，有鱼、有肉，也有青菜，价廉味美。老牌"润饼"，用春卷皮两张，包卷萝卜干、海苔、豆腐干、香肠、肉松、蛋酥、香菜、豆芽、高丽菜、胡萝卜、花生粉、糖粉……师傅熟练的手，将各色菜肴一卷，装进干净的塑胶袋，还赠味精汤一袋。吃起来又营养又不怕胖，所以很受欢迎。"广东粥"用高汤、虾米、猪肝、瘦肉、花枝、油条、蛋熬制而成，只有一种口味，来一位客人，调一碗，保证新鲜。"蟳仔脚"现卖现炸，保持原味不流失。买时以重量计价。蟳，就是螃蟹，蟳仔脚，也就是螃蟹爪子。每天下午由 5 时开始营业，做到凌晨 3 时才收工，吃时配花椒盐，香酥入口，愈吃愈想吃。

　　"排骨大王"的排骨，与其他地方的排骨饭、排骨面都不一样，这里只有炖的排骨芋头汤、排骨金针汤、排骨苦瓜汤。真好味"盐酥鸡"，以鸡为主，豆干、甜不辣鸭头鸭脚为辅，各个单价不同，想吃什么，挑在一个铜盘里，由老板去炸，在炸之前已计好价，不同选择，不同价钱，在炸之前，各色食物均经过处理已半熟，炸好之后，拌入调味料。属于零食，也可买回去伴酒消夜。这其中有成串的鸡屁股，据说吃了有养颜之效，所以女孩子吃得比较多，便宜又"味"美，真可谓吃者各有其所爱。中华路夜市的菜膳可谓誉满全岛，用台湾鸭子加当归、枸杞、陈皮等烹制的"当归鸭"，风味独特，脍炙人口，称为台中夜市一绝，深受游人赞赏。

　　台中市最著名的是太阳饼，卖太阳饼的店家鳞次栉比，但自由路二段23号的太阳堂饼店才是真正的老店。其先祖在清同治年间以卖麦芽饼起家，日本投降后改制香酥的太阳饼，其特点是外皮多层面松脆，内馅麦芽糖柔软不粘牙，入口香甜酥松。

台 中 县

你 了解台中县吗？

　　台中县位于台湾省中部，背山面海，高山平原交错，南有乌日之饶，北有大甲之险，凿山伐道远达台东，地势可以控制全台，以本县恰当全台适中之地，乃于光绪二十二年（1896 年）设县，称为台中县，台中县之名自此始。现全县总面积 2051 平方公里，总人口 140 多万。山多、山高、风景优美是其特点。高山有海拔 3884 米的雪山、3740 米的南湖大山、3707 米的中央尖山等。3000 米以上高山更是不胜枚举，是登山者足迹频繁的地区。其中的铁砧山，是台湾十二名胜之一。主要河流有大安溪、大甲溪、乌溪贯穿全境。全境灌溉便利，气候温和，年平均温度为 22℃ 左右，除了雷雨、台风外，主要受季风支配：冬季受东北季风影响，雨量较少；夏季受西南季风吹拂，雨量较多。适宜农作物生长，物丰民富。所辖丰原市原名"葫芦墩"，就因为土地肥沃富饶而改为"丰原市"。该市泉水甘美，土地富庶，稻米产量不但多，而且品种很好，称"葫芦墩米"。"一水清，二米白，三女秀"是丰原的三宝，"一水清"指葫芦墩泉水甘美，"二米白"指的就是"葫芦墩米", "三女秀" 指女子端庄秀丽。该市四季如春, 并且还盛产水果, 其中以葡萄最为有名, 每逢盛产期, 许多游客都前往观光果园, 享受亲手摘果子的乐趣。梧栖渔港的海鲜远近闻名, 国宝鱼 "樱花钩吻鲑" 的产地就在本县七家湾溪。著名的风景名胜有梨山、南湖大山、毗卢禅寺、雾峰林家花园、台中港、电影文化城等。

毗 卢禅寺建筑与一般寺宇不同在什么地方?

　　毗卢禅寺位于台中县丰原北部后里马场的七星山上, 是台湾中部地区著名的佛教圣地。建筑风格略取西方禅寺, 四周古木修竹, 池塘和曲径小道旁, 尽是芬芳的花草, 散步其间俯视城区, 令人有脱离尘俗的感觉。由山门循石阶而上时, 可见门上对联 "山色无非清浮身, 溪声尽是广长舌"。字里行间充满禅机。上到寺院广场, 周围一片苍翠, 龙柏、松树、盆景、九重葛等, 处处生机勃勃, 正殿前有一个荷花池, 漫开幽雅的荷花。庄严肃穆的正殿大雄宝殿, 建筑与一般寺宇大异其趣, 圆形三层, 下大上小, 状若洋楼, 采用希腊式白色圆柱, 顶端雕饰精细; 正殿左、右两侧还各有一座突出的四方形两层楼建筑, 纯属西式风格, 内供奉观世音菩萨。空间十分宽敞, 平日到此顶礼膜拜的香客极多。正殿外还有一座罗马式的圆形建筑, 为多宝塔, 塔高三层, 气势相当宏伟, 循铁梯登上塔顶远眺, 大甲溪一带美景一览无遗。除 "毗卢晓钟" 列为台中八景外, 落日梵钟声中欣赏七星山下一片蔗海, 让人流连忘返。

铁砧山风景区最富传奇性的是什么？

铁砧山风景区位于台中县大甲镇成功路 87 号东北方 2 公里处，高 230 米，山势偏向东方，外观如同其名，形似铁砧。其北面为悬崖峭壁，临大安溪与苗栗县火焰山遥望；西南方斜坡临大甲溪与大肚山对峙；东西为平坡。旧名蓬山或称银砧山，清代时以"铁砧晚霞"名列台湾十二景之一。而在历史上，则以八景闻名，早年因地势险要，曾成为军事重地。后经过开发建设，目前为台湾中部观光要地。主要游览区有剑井、怀忠祠、延平郡王像、永信运动乐园以及私人投资兴建的露营区、游乐区等。其中以剑井最富传奇性。相传民族英雄郑成功收复台湾后驻兵在此地，当时风不调，雨不顺，加之因受山番所困，一时断了水源，士兵苦于口渴，郑成功仰天祈求，拔出宝剑就地一插，竟然突涌甘泉，军队如获至宝欢呼畅饮。为此，在清光绪十八年（1892 年）刻有"国姓井"石碑以示纪念，1953 年重修更名为"剑井"。据当地老年人介绍，天气再干旱此井也不干枯。并有国民党元老于右任先生亲笔题写的"剑井"二字石碑及碑文详细记载此事为证。每逢端午节时，游客争相而来，取井中的水饮用，认为此时的泉最灵验，可以祈福保安，治病延寿。由剑井拾级而上，可到怀忠祠、观海楼。怀忠祠周围苍松翠柏，本祀郑成功，后又增加抗日剿匪英灵共祀。祠前分别立有两门古炮，建筑则别具一格，采中西合璧。延平郡王像（即台湾开山始祖郑成功像）立于观海楼的右方，塑像高约 15 米，高大雄伟，巍峨庄严。永信运动公园位于延平郡王像的旁边，占地宽广，设施依地形而建，有中正公园、儿童公园、高尔夫球场、篮球场、观景亭、森林步道、烤肉区、露营区等，并有绿草如茵的草地及舒适雅致的餐厅。

五 福临门神木名称是如何得来的?

五福临门神木位于台中县丰原市附近的新寮角山上,此地原名"火烧坪"。被称为神木的并非如阿里山神木般,以高龄闻名,而是因由5棵不同品种的大树合抱而成。这5棵大树是相思树、楠树、榕树、樟树和枫树。由于当地流传着许多神奇故事,当地人相信神木是他们的保护神,因此原名为土地公树,树旁并建有土地庙,以供膜拜。每逢农历初一、十五乡民皆不约而同前来祭祀祈福,故给它们赐名为"五福临门神木",从此这5棵树名声大噪。前往观赏的游客络绎不绝。现今每棵树干上分别立牌明示树名,作为文物保护。因树的品种不同,所以一年四季均可欣赏到不同的景观。

为 什么说石头公园名副其实?

石头公园位于台中县外埔乡廊子路105号,占地30公顷,环境优美,视野开阔,是一座集教育、休闲、娱乐于一身的多功能游乐园。主要设施有花木扶疏的中正大道、全台湾最高的佛像观音像、花样繁多的儿童游乐世界、设备先进的划船区、射箭场、健身场、青春迪斯科舞场、水上摩托车、设施完善的露营烤肉区、度假别墅以及欧式休闲花圃、千榕园、动物园等,并还有占地990多平方米的七彩游泳池和弯式、直式两种刺激的滑水道,游泳池采地下泉水,24小时输送,水质清凉,是戏水的绝佳之地。特别是收藏有数百种像人、像神、像动物、像植物、像中外文字等奇岩怪石的石头馆全天候开放,使石头公园名副其实,颇受当地居民和外地旅游者的喜爱。

台 中港为台湾第几大国际港？

台中港旧称梧栖港，是台湾中部最大的远洋渔港，位于台中县清水镇北堤路 30－2 号，背靠大肚山，面向台湾海峡，北起大甲溪，南临大肚溪，地形上突出于台湾西海岸，为台湾十大经济建设的重要工程之一，现与高雄港、基隆港、花莲港并列为台湾省四大国际港，运输量每年都在增加中，发展无可限量。这从临港宽敞的马路、新砌的红砖道、新植的行道树、崭新的海港大楼，即可看出台中港的"新"风味和举足轻重的地位。台中港北边的梧栖渔港有"正宗号"游览船，带领游客展开约 1 小时的海上观光，沿途可远眺商船进出忙碌的台中港，每天最后一班船还可欣赏海上落日。梧栖渔港的假日观光鱼市，聚集有近百个摊位，渔货新鲜，除常见的海鲜外，还有虹鱼、鲨鱼等，尤以冬季是旺季。鱼市内外也有海鲜料理摊，可大快朵颐。现在的台中港不仅是工商业者非常重视的海运交通要津，也被台湾各团体、机关列为参观的重要项目。

萧 家花园最多的花是什么花？

萧家花园位于台中县水源路北坑巷 3－2 号，占地 120 公顷，为中国传统式庭园造景的再现。园内植有各种四季花卉，应时而绽放，但最多的是樱花，共有 2000 多株，品种繁多，花色艳丽。每逢樱花期，园内蔚为花海，花色艳丽。每年 2～5 月为花季，其中又以 2 月中旬到 3 月下旬的一个多月内，花开得最灿烂夺目。2 月中旬春节前后，盛绽关山、重瓣绯寒樱，3 月下旬至 4 月上旬则为松月、佐野樱及麒麟樱的天下，届时满园花海，娇艳醉人，景象煞是壮观。樱花树间，有喷水池、假山、小瀑、露营场、散步道和巨石等。喷水池是圆形的，由此往左下石阶，可见隐于岩壁层中的小瀑，瀑流汇为碧潭，林木遮天，潭水清凉，游鱼、小虾颇多。由喷水池往右侧石阶下行，随即进入萧家花园的唐宫迷径，小径弯曲而建，在绚丽的樱花林中，更犹如进入皇宫御苑一般。园中有好几处水池，池畔有两块巨石颇特别，据说全部来自附近的大甲溪中，最重的一块有 7 万多斤。园内铺满韩国草，与樱林群花相映，一绿一红形成美丽的对比。

为 什么说雾峰林家花园是台湾威名显赫的望族宅邸？

雾峰林家花园位于台中县雾峰乡民生路 24 号，占地 3 公顷，为台湾中部地区最古老的一座民宅，与台北板桥的林家花园同为台湾省威名显赫的望族宅邸，主要由顶厝、下厝、莱园三部分组成，合称林家花园。林氏望族，囊括了文武才子。其中民生路 40 号下厝的主人是清咸丰十年（1860 年）福建水陆提督林文察，立堂号林本堂，他是一位屡建战功的武官，清廷颁赐翎毛，并于林文察追剿太平天国军殉职后加封为太子少保。其子林朝栋承袭父风，在中法和中日之战中表现杰出，深受民众推崇与爱戴。朝栋之子林祖密则追随孙中山，任闽南军司令，参加护法运动，真可说是一门豪杰。林家花园因目前还有林氏子孙居住，能进入观赏的部分不多。下厝建于清同治初年，包括宫保第、庭院、

▲ 林家花园

祠堂。今存者尚有宫保第，是四进四合院，为台湾保留最完整的清代官宅，气势恢宏，格局落落大方，大门口立有两尊青石狮，门面十分宽阔，以黑色为主调，庄严雅致，颇具官宅的气度，此后每一进之间均有宽阔的空地，左右为厢房，花园和细部雕饰均做得极美，虽历经岁月沧桑，风味犹存，在台湾属于最大的。顶厝建于清光绪十九年（1893 年），包括景薰楼和蓉镜斋，建筑格局宏伟富丽堂皇，是致力于台湾文化运动的先辈——林献堂的故居。其中的景薰楼为四进民宅，建材和造型均混合了日本风格，门楼内饰有诗文、图绘，典雅而不失清丽，目前仅前庭和景薰楼门楼开放供游客观赏。蓉镜斋在景薰楼隔壁，为三进民宅，门楼在右边转角处，因其无明显的高楼修饰，较为低矮，极易忽略。蓉镜斋最为特别的是外护龙墙上贴有美丽的鱼鳞瓦装饰。莱园在蓉镜斋后边 1 公里处的山坡上，当地火焰山麓，占地数百公顷，保留的还有木棉桥、五桂楼、荔枝岛、小习池（今之莱园鱼池）和林氏祖坟，新建有莱园中学等。园区内花木扶疏，景物优美。这是林文察的弟弟林文钦建造的，他曾经在此招待过政治、文化界名人梁启超，因此，莱园不但扮演台湾启蒙运动的重要角色，也是后人探讨民俗文化的要地。但是非常遗憾的是在 1999 年 9 月 21日的大地震中遭到了严重破坏。

武 陵农场 "五宝" 各是什么？

　　武陵农场位于台中县和平乡平等村武陵路 3 号七家溪上游，成立于 1963 年，距梨山 27 公里，占地 700 公顷。农场里主要种植温带水果和高冷蔬菜。果树有苹果、梨、水蜜桃、板栗、李、梅等；蔬菜有甘蓝、莴苣、甜椒、番茄、白菜、高丽菜、胡萝卜等，品质口味俱佳，闻名台湾全省。其中津白桃、富士苹果、高丽菜和栖息此地的白乌鸦、"樱花钩吻鲑"并称为"武陵五宝",为农场带来了非常可观的社会效益和经济效益。"樱花钩吻鲑"为国宝鱼,主要孕育在七家湾溪中。国宝鱼又名台湾鲑,是数百万年前遗留至今的珍奇鱼类,除了闻名于世外,还是台湾地区唯一幸存的寒带鱼种。

为什么说梨山是闻名台湾全省的高山水果之乡?

梨山风景区位于台中县和平乡梨山村中正路 95 号中横公路 84 公里处,海拔近 2000 米,本为泰雅族山胞聚居之地,素以"三岔夜渡"名列中横十景之一。除了交通方便之外,梨山还是台湾全省闻名的高山水果之乡,苹果、水蜜桃、水梨、加州李、樱桃、甜柿子均为当地特产。如今的梨山,已由昔日的山胞村落,发展成为以观光为主的小集市,公路两侧的饭店旅馆,不断向山坡延伸,商店、餐厅林立,俨然成为中横公路上的大镇和中外知名的热门旅游点。值得一看的景点有梨山文物陈列馆、福寿山农场、华岗、天池以及达观亭等。

大雪山森林游乐区林相之美的一大特色是什么?

大雪山森林游乐区位于台中县和平乡,由原大雪山林场重新规划开发而成,面积 1500 公顷,海拔在 2200 ~ 2996 米之间。原始自然的景观,具有粗犷不羁的气息,随海拔不同,在林相上呈现出暖、温、寒带三种变化,因此林相之美也成为大雪山森林游乐区一大特色,是极佳的森林浴场。而由于地势高,无人烟,气候格外凉爽,夏天可以避暑,冬天可以赏雪,春秋雨季又另有一番风貌,是一个四季皆宜的度假休闲去处。区内主要的风景点有:

位于游乐区入口，海拔 2307 米处的稍来山瞭望台；船行山上 2.3 公顷的苗圃；供游客投宿的鞍马山庄，山庄四周铺设长达 2.682 公里的森林浴步行道；雪山神木、雪山洞、员工殉职纪念碑、天池、瑞雪亭等。船行山苗圃海拔 2196 米，栽种的都是珍贵的中高海拔树种，如红桧、扁柏、肖楠、香杉、冷杉等，约有 160 万株，并对各树种的育种方法都有详细的解说，游客可在欣赏参观之余，进而了解有关树种的知识。鞍马山庄原是大雪山林场的工作站，如今则是大雪山森林游乐区唯一的投宿点。目前已有餐厅、度假山庄、小木屋、交谊亭等设施。环绕在鞍马山四周的原始森林，则是绝佳的森林浴场，漫步贯穿林区的步道，可欣赏傲然挺拔的扁柏林、铁杉林，沿途开满娇艳的山花，美不胜收，轻快婉转的鸟语，更为人带来无限的快意。在这里吸收由树林所散发出来的清新的空气，享受静谧无忧的山中岁月，最能令人涤尽万虑。鞍马山旁的雪山神木属红桧树种，已有 1400 年的树龄，高约 49 米，胸围 13 米，直径 4 米，高耸壮伟，绿意盎然。附近还有雪山洞、云海亭、天池、员工殉职纪念碑等，雪山洞所在的小雪山庄旁边的小雪迷宫是台湾占地最大、海拔最高的森林迷宫。天池池水终年不枯，且池水碧绿，景色如画。从鞍马山庄前展望，日落红霞、奔腾云海均甚可观；中横公路历历在目，但却细若丝线缠绕山腰，几片浮云悠然掠过脚底，使人有腾云驾雾、如入仙境之感。在稍来山瞭望台，可展望玉山、八仙山、鸢嘴山等群峰在云雾缥缈间若隐若现的山容和山脚下壮丽的大安溪谷风光。

你 知道台湾的"五岳"、"三尖"吗？

台湾的"五岳"、"三尖"都在雪霸"国家"公园内，该公园位于台湾省中北部台中、新竹和苗栗三县交界处，面积 7.685 万公顷，地形以高山和河谷为主，高山林立，这是因为百万年来，台湾位居亚欧大陆板块与菲律宾板块交接之处，造山运动从未停歇过，雪山山脉也因此诞生。雪山山脉长达180余公里，由于受大汉溪、大安溪及大甲溪的切割，由北至南形成玉山阶段山地、雪山地垒、埔里陷落区等三大地形。公园全境即位居雪山地垒上，包括雪山、大坝尖山、武陵四秀（品田山、池有山、桃山、喀拉业山）、志佳阳山、大雪山等山峰，3000米以上的高山就有51座，名列百岳的有19座，为一处典型的山岳型公园，其中最高的山是海拔3884米的雪山山脉，系台湾第二高峰，与玉山、南湖大山、秀姑峦山、北大武山合称为"台湾五岳"。另一座著名的山峰为有"世界奇峰"之称的大坝尖山，高3492米，和中央尖山、达芬尖山合称为"台湾三尖"。雪山地区地形高耸，谷围冰斗非常发达，可以看见最大最完整的冰雪，呈现出非常美丽的银色世界。还有圈谷、高山湖泊、峡谷、断崖、河阶地、河川袭夺等复杂的地形，是研究造山运动的地质教室。在气候上跨越了暖温带、冷温带和亚寒带，动植物繁多，简直无法计数。其中植物类分维管束植物和稀有植物，达1100种以上，主要分布在雪山和大坝尖山棱线附近的地区，为寒带植物基因宝库；还有分布于观雾地区的各种植物，都是非常丰富且有价值的自然景观。在多样化的植被下，也孕育出丰富的生态体系，称得上弥足珍贵的有97种鸟类、32种哺乳类、16种淡水鱼、14种爬虫类、6种两栖类以及89种蝴蝶。其中包含珍

▲ 中央尖山

贵及濒临绝种的动物，例如国宝鱼樱花钩吻鲑、台湾山椒鱼以及台湾黑熊、石虎、帝雉、蓝腹鹇等，均被列为重点保护的动物。

中部横贯公路主要的风光是什么？

中部横贯公路沿着大甲溪谷和立雾溪谷，全长 188.8 公里，为台湾省东西之间的重要交通孔道。这里的风光，主要以峡谷、深壑、断崖、森林为主，其中又以大禹岭为景观的分野，以西为秀丽高山，绿意盎然，因大甲溪环伺左侧，水库景观最为有名，如德基水库、青山水库等皆属之；至于梨山附近的果园，则受惠于此地的高冷气候，闻名全省。谷关温泉、梨山果园、武陵农场、福寿山农场及达观亭、天池，也都是西段中著名的风景点。大禹岭以东的风光，则以峭壁、纵谷、雪海、隧道为四大主要特色。其中从天祥至太鲁阁间，虽不到 20 公里，但公路全部建筑在悬崖峭壁上，景观突出，极为雄伟，成为中横道上最有名的风景精华区。而天祥、长春祠附近的大理石峡谷，早年即成为中横东段最有名的观光游览胜地。太鲁阁以一座古典雅致的牌楼为路标，是中横公路东段的起点，也是欣赏太鲁阁峡谷景观的首站。中横公路沿途处处名山胜景，全线全为柏油路面，非常适合汽车旅游，每年都吸引不少的观光客。

为什么东势林场会有"台湾中部的阳明山"之美称？

东势林场位于台中县东势镇势林街 6 - 1 号，海拔 500 米以上，占地 200 公顷，地形变化无穷，东可望中央山脉，西可眺大安溪口，林场内常被云雾笼罩，颇具虚无缥缈之感。这里为寒温带气候，四季景观殊异，林木与花种繁多，自然生态资源多样，是享受森林浴及赏花、赏鸟、赏蝶、赏萤火虫的好去处，有"台湾中部的阳明山"之美称。每年 12 月到翌年 1 月，冬春时节，3000 多株梅树同时绽放，嫩红粉白，风姿绰约，是林场的一大盛事；1 月到 2 月樱花季节，艳红雅白，煞是好看；逢 3 月到 4 月杜鹃花开和 4 月到 5 月的油桐花季，山坡缀满五彩花朵，漫步在落英缤纷的步行道上，极富诗意。动物资源方面，以萤火虫、蝴蝶最受青睐。这里是全台湾第一处野外进行萤火虫复育的园地。4 月至 9 月赏萤季节，从森林浴场入口处到得福亭 1 公里的步道上，夜晚万星闪烁的"火金谷"奇景，让人重温"轻罗小扇扑流萤"的情景。而林场入口处附近的蝴蝶谷，遍植马樱丹、月桃、雏菊等各种诱蝶植物，夏天穿梭在繁花绿叶中的步道，处处可见彩翼翩翩的美景。林场里，林相丰富，以杉木、油桐、枫树、樟树、榉树为主，其间建有许多供旅游者参与和休息的项目，如青年活动中心，欧式建筑造型，幽雅处身梅林中，舒爽醒目。森林山训活动场，布置在杉林里，设施均由原木、钢缆、绳索所搭建，游戏具野味而刺激。另外还设有吊床、射箭场、侏罗纪公园、民俗公园、金狮王游乐场等，整个设施有静有动，安全度高，适合各年龄游客游赏。吊桥下边是四角林溪，可享受渔翁垂钓的优哉游哉。四角林溪畔，牛羊成群，供游人参观。林场里外土内洋的小木屋团体房与套房，是专门为游人住宿设计的。

八 仙山为什么能入选台湾八大景之一？

八仙山位于台中县和平乡东关路一段平仙巷 22 号，海拔 2500 米，为昔日台湾省三大林场之一，是大雪山山脉白姑山系的末端。也是台湾省中部唯一没有人工"匠气"的游乐区。该游乐区配合大自然美景，以东关南方约 3.5 公里处的佳保台为中心，规划了森林浴、露营区、烤肉区。四条登山步道全部用水泥铺设，两旁高耸的桧木，至少也有六七十年的树龄，树干已到双人合围那么大，最适合做森林浴。台湾省著名的两大名泉佳保溪和十交溪，在海拔900米的佳保相汇后，形成了一块地势平坦宽广的台地。两溪由于未受污染，溪水更显清澈，入眼均可见底，更点缀出此地自然环境的优美，成为进行森林浴的绝佳地点，同时也使八仙山风光成为台湾八大景之一。在此处休息、戏水，或泡一壶好茶品茗，别有一番风味。区内以八仙山庄停车场为起点，开辟有3条森林浴步道，其中一条穿越林间小路至佳保台，途中可参观"台湾八景入选纪念碑"，由此可知八仙山风光之美妙。

镇澜宫主祀什么神？

　　镇澜宫位于台中县大甲镇顺天路158号。据该宫庙志记载，清雍正八年（1730年），福建兴化府莆田县湄洲人林永兴渡海抵台湾，定居大甲堡谋生，并将随身携带的湄洲妈祖供奉于自家厅堂，称为"开基湄洲妈祖"。当时，大甲堡居民也系闽省的移民，故纷纷前往参拜，且有求必应，灵妙异常，参拜者与日俱增。大甲地方士绅有鉴于此，便与林永兴洽商建庙，在清雍正十年（1732年），于现今庙址建一宽5米、深7.7米的小庙。至清乾隆五十二年（1787年），台湾府淡水厅大甲公司诚夫宗、福建台湾北路淡水营都

▲ 镇澜宫

闽府陈峰豪及大甲耆绅连昆山等合力扩建此庙，使之呈现今昔交错、华丽与古朴杂糅的面貌，并改称"镇澜宫"，成为台湾极负盛名的妈祖庙，不但是大甲镇民的信仰中心，更是牵动全台湾妈祖信徒的信仰中心。镇澜宫建筑雕饰繁复密集，屋顶、门楼、藻井、钟鼓楼等均描刻了人物、花鸟、走兽等图案，庙前龙柱是精细浑厚的石刻镂雕，雕工尚称细致，但鲜丽的色彩，令人目眩。正殿神龛周遭雕饰镶金，更是华丽庄严。殿内主祀妈祖，正殿上方悬挂一块"与天同功"的清朝颁的黑底金字匾。此外古物、古匾也很多，相当珍贵，但有些碑文已因年代久远，剥损难辨。而每年农历三月的"大甲妈祖回娘家"，则是镇澜宫最盛大的民俗活动。镇澜宫在大甲镇国中旁的文化大楼六楼辟有妈祖文物陈列展，展示大甲妈祖进香绕境等相关文物，是深入了解大甲妈祖的重要橱窗。

慈济宫的两块著名古匾各是什么？

慈济宫位于台中县丰原市中正路 179 号，始建于清嘉庆十一年（1806 年），1916 年重新修缮成现今之庙景。早期的丰原市，以慈济宫为中心向四面扩展，故庙宇周围建筑层层叠叠，店肆商家紧邻。慈济宫坐南朝北，庙口饰有成对的铜狮，在阳光照射下，熠熠生辉，气派十足。此宫全部建筑采用三殿两护龙式，前殿石柱细雕花鸟图案，与一般龙柱大异其趣，殿内有台湾名人丘逢甲先生亲撰的对联，十分珍贵。中殿主祀天上圣母妈祖，故而当地人又称其为妈祖庙。妈祖神像为清朝时善念佛师从福建湄洲朝天宫携带到台湾，神明灵验，故香火颇盛。庙中尚存古物有清雍正四年（1726 年）的"神昭海表"古匾、清嘉庆十九年（1814 年）的神桌、同治十年（1871 年）的"明德馨香"古匾等，为该庙增添了不少古意与历史价值。

台湾大地震的启示是什么？

1999年9月21日凌晨，台湾发生大地震，日月潭西边12.5公里处爆发7.3级的强烈地震，全台湾都可感到明显的地动天摇。震中所在的台中县集集镇首当其冲，集集车站、明新书院等知名景点轰然塌陷；风光明媚的日月潭、乌龙茶乡鹿谷、山陵盘绕的埔里，无不一片狼藉。除了造成人员死伤、城乡毁损的悲剧外，地震所带来地貌的变动，更是永久深刻。尽管地理课本已说明，台湾岛本来就是造山运动的产物，地震的发生乃属常态，然而一切言语，都比不上大地自己开口来得有说服力。巡视一趟灾区，便如同阅读一卷活生生的地质教材，山川的变貌令人震撼不已。车笼埔断层是肇发此次大地震的元凶。累积在地底的庞大能量沿此裂缝宣泄，将断层东侧的岩盘瞬间拱高数米，大地顿时裂开一道南北纵长80公里的伤痕，落点便在大甲溪与清水溪间，山麓与平地的接壤处，大致与3号省道及149县道重叠。断层的范围北起台中县东势镇的大甲溪畔，在这里，石冈水坝被震垮，溪上的埤丰大桥被震断，河床更硬是被抬高几米，形成壮观的埤丰瀑布。接着断层通过丰原市、大坑乡和大平乡，一路来到雾峰乡，所经过之处，屋倒楼塌。清代台湾最气派的官宅——雾峰林家花园，经此强烈地震后不堪回首；万佛寺硕大的药师佛巨像趺坐残瓦碎砾里；光复中学的操场上拱起一座一人高的小土丘，仿佛地龙从底下穿过。进入南投县境后，断层先后折断了乌溪桥及新竹大桥，最后横过大半个竹山镇，隐没在清水溪畔的桶头桥。

断层东侧受到的"震撼"也不亚于断层通过的地区。从北而来，中横公路起点的台中县东势镇几乎被地震夷平；原本清峰秀峦的中横公路，谷关到德基的路段竟自消失不见，崩落的土石好几天仍烟尘滚滚。南投县国姓乡与中寮乡交界的九纷二山，整座山向涩子坑溪滑落，山谷被填为平地；草屯往南投县埔里路上，九九峰顿成濯濯童山。而震中央的云嘉山区，则以草岭受创伤最重，历史上两次出现的草岭潭，再度阻清水溪成湖，规模大如石门水库，数十年前大地震所造成的"草岭十景"，也因此走样。

地震早已告平息，但重建家园的脚步却从未停止。环保专家、文史工作者和旅游者纷纷到灾区，实地感受大自然的破坏力，成了极富教育意义的活动；各界也相继建立地震纪念馆，或将地貌变迁的痕迹，与遭到地震破坏的建筑摘要保留，作为后世殷鉴。而重新思考人与土地的关系，建立人与自然的和谐互动，正是大地震给人们最宝贵的启示。

古拉斯部落泰雅文化休闲营最好玩的活动是什么？

古拉斯部落泰雅文化休闲营位于台中县和平乡博爱村松鹤三巷100－3号，是一处充满健康朝气的文化休闲空间，旅游者可以体验纯正的原住民野外生活，宣泄体内的活力。活动内容有泰雅族古拉斯部落巡礼、漆弹、山训和攀岩训练、原气汤SPA、原住民捣米糕、营火晚会看山地歌舞表演、夜间狩猎观察、里都溪溯溪活动、浮板泛舟等，每一项活动都精彩可期。

如果想体验原住民的狩猎生活，就一定得参加夜间狩猎观察，坐在小卡车上，当车子缓缓移动在原始森林里时，许多不安分的小动物，探出头、鸣出声、振动翅膀，告诉人们，你闯进它们的地盘了，狩猎观察的时候，陪同的酋长野将亚普会将原住民的狩猎习惯和专业知识，介绍给你，让你融入原住民的生活。

除了最地道的原住民生活体验外，就连住宿和吃也很有泰雅族风味！以竹子建成的竹屋，内部的装潢设施齐全且舒适，体验完全的泰雅族居家的生活；而吃则有现烤竹筒饭、烤乳猪等，食用好菜再加上一杯小米露，当有回味不尽的味觉享受。

台中县有什么特产和小吃？

台中县地方特产和小吃独具一格，著名的有大甲席帽、大甲酥饼、梧栖海鲜、沙鹿肉圆福、清水米糕、草湖芋仔冰、谷关虹鳟和犁记月饼、雪花斋饼店等。大甲席帽产地分布很广，北有苗栗后龙，南至台中、大甲、清水，而以大甲为集散中心。如今大甲镇上仍处处可见打着大甲席帽招牌的商店。大甲还有一项特产——酥饼闻名台湾全省，尤其老店裕珍馨慢火烘烤的奶油酥饼，饼皮酥松，纯麦芽糖做成的馅料入口即化，最受好评。

犁记百年老店在神冈乡社口村，专事糕饼点心的生产，如太阳饼、绿豆饼、肉饼、蒜饼等，尤以祖传的酥皮台式月饼为招牌，其口感细致，甜而不腻。

雪花斋饼店位于丰原中正路上，也是一间经历了三代的百年老店，其传统风味的雪花月饼最有口碑。雪花月饼就是绿豆馅，因外表薄酥如雪而得名，其混合绿豆和绞肉的内馅，甜咸恰到好处。此外，丰原的宝泉小月饼、蔷薇饭都是台湾中部糕饼的代表。

清水米糕饱满的米粒拌着五花肉、蚵仔、虾米、葱酥，淋上特殊酱料，浓郁的香味令人难忘。想吃地道的清水米糕，可到中兴路上的玉塔米糕店，以及光复街的阿财米糕店尝尝。台中乡土冰品的一绝——草湖芋仔冰，以沁凉浓郁的滋味、软中带劲的口感，赢得了口碑。位于中兴路一段 148 号的秦和芋仔冰庄，以及 93 号的美方芋仔冰城最受欢迎。

南 投 县

你 了解南投县吗？

  南投县位于台湾岛中部，昔日是山胞泰雅族所居之地，旧名"水沙莲"，明朝，郑成功曾遣部将林圮屯垦林圮埔（今竹山镇），成为南投县最早开发的地方。草屯镇则是清乾隆年间所开发，至于其他山脉盘绕的山区，则到清末才逐渐开发。另据于清康熙三十四年（1695 年）重修的台湾府志记载，南投是那时原住民平埔族在八卦台地的东侧与平林溪间建立的一个村落名称——南投社，清康熙年间属诸罗县管辖，雍正元年（1723 年）改隶彰化县，乾隆二十五年（1760 年）设县，丞驻南投并将南投改为台湾府台湾县辖区。1950 年调整行政区域时，才正式成立南投县，县驻地为南投市。

  南投是台湾全省唯一不靠海的山地县份。东以 3000 多米高的能高山、安东军山与花莲县相隔，西与彰化县社头乡、云林县林内乡为邻，南连 3952 米的玉山与嘉义、高雄为界，北依八仙山与台中县衔接。山地面积占全县的 80%，台湾五大山系中，中央山脉、玉山山脉、阿里山山脉三大山系都在南投。玉山是台湾第一高峰，海拔 3952 米，位于该县东南部和高雄县、嘉义县交界处。每年 10 月开始下雪，远望晶莹如玉，因而得名。"玉山积雪"为台湾八景之一。从玉山脚下至山顶，有热带、亚热带、温带、寒带四种不同气候，是登山的最佳去处。主要河川为浊水溪，支流有万大溪、龙社溪、丹大溪、清水溪和鸟溪等。南投的另外一大特色就是祠庙等古迹很多。早在清乾隆年间，官方就建有一座观音寺，后经原住民和汉人合资重建，富丽堂皇，雄伟壮观，可惜在抗日战争时，惨遭日军焚毁，已夷为平地。现存的有南投地区的文教发祥地兰田书院和碧山严寺、林圮叁军墓园、碧血英风纪念碑、日月潭、玄奘寺、九族文化村等许多山水胜景与先民开发山地的史迹。还有溪头、集集、万奥大等。全县面积 4106 平方公里，现有人口 55 万多，其中高山族 2 万人，多属泰雅族、布农族、邹族和邵族。特产是洞顶乌龙茶。

日 月潭如何得名？

日月潭风景区位于南投县鱼池乡的水社村，是台湾全省首屈一指的天然湖泊。旧称水沙莲、水社大湖、珠潭，又名双潭、龙湖，也有人称水里社。是由玉山和阿里山间的断裂地积水而成。海拔 750 米，周围长 33 公里，水域面积 793 公顷，平均水深20～30 米之间。潭中有一秀丽小岛，叫拉鲁岛，是台湾少数民族邵族同胞的祖灵圣地，由于远看好像浮在水面上的一颗珠子，因此曾得名珠子屿、浮珠屿、玉岛、光华岛，面积约 1 公顷。拉鲁岛原为珠子山，后日月潭因建水库水位上升，最后只剩下一个小山头。四周有围墙，墙边是苍郁古老的松柏，中间亭子里，塑着一尊月下老人塑像，亭子两边大红柱子上，挂着中国传统的对联："愿天下有情人终成眷属，是前生注定事莫错良机。"原来，这是一个甜蜜的小岛、幸运的小岛，对所有来这里旅游的青年人，这是一个向往的归宿，一个美好的结局。不论出于生意经，还是源于祝福，这个神秘小岛的设计，的确是美丽而又温馨的。许多热恋男女前往膜拜，求得良缘。以此岛为界，北半湖形同日轮，南半湖状似新月，早在清代时就将其合而称为日月潭，"双潭映月"是"台湾八景"中的绝胜、中国十大风景名胜之一。本身也以潭中浮屿、潭口九曲、万点渔火、独木番舟、水社朝霞、荷叶重钱、番家杵声、名山拱秀八景著称，声名远播，历久不衰。其一景一物皆韵味天成，因此人们常把它的天然风姿同杭州西湖相媲美，一年四季游人不绝。不过遗憾的是经历了 1999 年 9 月 21 日的大地震，遭到了不同程度的破坏。

日月潭美在什么地方？

说日月潭美，是因为它环湖皆山，重峦叠峰，郁郁苍苍；湖面辽阔，水平如镜，潭水湛蓝；春夏秋冬，晨昏晴雨，各有不同；33 公里的环湖公路时高时低，时直时曲，但始终路随湖转，每一处转折都带来不一样的视觉，不论湖光山色，皆引人入胜；而搭艇游览，更是亲近湖光山色与自然融为一体的最佳选择。如果是在风和日丽的春天，会看到翠山环绕，堤岸曲致；湖水含

▲ 日月潭风光

碧，水中浮屿，山水相连；朵朵白云在翠峰山间飘拂；山峰倒映湖中，山水交映，变化多端。如果是在夕阳西下时，日月潭畔烟霞四起，轻纱般的薄雾在湖面飘来荡去；如果是在月亮升东时，那日光月影相映潭中，优雅宁静，别具一番情趣。

日月潭四周有什么人文景观？

　　日月潭四周的群山中，有文武庙、玄奘寺、玄光寺、慈恩塔、涵碧楼、德化社、邵族文化村和孔雀园等。涵碧楼在潭西，清幽素雅，是观赏湖光山色的好地方。和涵碧楼遥相对峙的是青龙山麓的玄光寺。沿玄光寺后石砌的小径登山，可达玄奘寺，是为纪念唐代西域取经而宣扬佛教的玄奘法师而修建的，寺宇没有豪华的装饰，却简朴幽雅。寺中最吸引人的是奉有自日本取回的玄奘大师的舍利子，充满神奇和奥妙。因此，欣赏其楹联"圣地钟声，惊醒梦中梦；澄潭日影，窥见身外身"，生动说明这里也是台湾一大佛教圣地，是一个参禅问学的好去处。在玄奘寺后的山上，建有 9 层楼高的慈恩塔，塔高 45 米，是仿照宋辽古塔式样建造的，庄严雄伟。文武庙在潭北山麓，依山傍水，巍峨耸立，庙宇以金黄色为主，结构稳固，占地宽阔，给人以气势非凡的感觉。大成殿奉祀至圣先师孔子，左右配殿奉祀武圣关公和文昌君，到此除了可虔诚膜拜外，更可自庙中后殿远眺，日月潭景色犹如一幅立体的山水画，尽收眼底，让人胸中开阔，心旷神怡。孔雀园在潭西湖畔，养有 200 多对五彩孔雀，都经过训练，能表演跳舞、开屏和敬礼等，十分有趣。内还有帝雉、白鹭、玩赏鸽等各种珍禽和一座蝴蝶博物馆。博物馆陈列有多种蝴蝶标本，生动说明台湾为蝴蝶王国的盛况。日月潭东岸，有处原为邵族聚居地的德化社，邵族同胞能歌善舞，舞姿优雅，歌声动人，为秀丽的日月潭平添光彩。这样一个具有灵气、充满人文气息的湖泊，值得旅游者用心体会。但由于观光事业的开拓，使得邵族部落面貌逐渐改变，居民中也夹杂了汉人，他们的居住地很快变成了湖畔最热闹的一带，餐厅、咖啡店、工艺品店、特产店等聚集林立。邵族文化村展售邵族的纪念品、特产，以及上演即将失传的邵族歌舞：杵音、水沙莲之恋、竹竿舞、丰收小米祭、明夜良宵、欢乐舞等。

日月潭的鲤鱼为什么特别受欢迎？

为了发电，日月潭引浊水溪水源，水不断循环，所以水是活水，更奇怪的是，四周却看不到电站的建筑物。原来它是用四根巨大的钢管沿山坡把水引到电站，落差高达数百米，发电量为10万千瓦。这样的设计，既不破坏自然环境，又充分利用了水源，真是独具匠心，而且还形成了另外一大景观，那就是为数百个品种的名鱼营造了生存繁殖的环境。当游人把鱼饵朝水面抛去，一群群五颜六色的鱼儿便会浮出水面向人们游来，张着嘴巴争抢食物，金黄的、银白的、紫色的、黑色的，模样各显不同。其中有一种小鱼略显憨笨，还有些害羞，总在远处游荡抢食，可爱极了。这种鱼就是珍贵的鲤鱼，在日月潭是最著名的，不仅供游人观赏，而且它美味可口、鲜嫩，也叫人赞叹不已。到日月潭不食鲤鱼是一大遗憾。一条活鲜鲜的鲤鱼放入姜、蒜、胡椒、盐，经过清蒸，端上桌，热气腾腾，看上去仿佛与湖北的"武昌鱼"不相上下。除此还有肉质鲜美的曲腰鱼、奇力鱼和潭虾等。

你 知道玉山"国家"公园的名字是怎么来的吗?

▲ 玉山

据台湾府志记载，玉山因山顶有白石如玉，故名。还有一个说法，每至严冬，山顶积雪，皑皑如银雕玉琢一般而得名。玉山在台湾本岛中央地带，行政区域属南投、嘉义、花莲、高雄四县，海拔3952米，以玉山群峰为中心，东隔台东纵谷与台东海岸山脉相望，西临阿里山山脉，南面包括南横公路及关山，北面以东埔村及郡大山为界，总面积10.549万顷，是典型的也是台湾面积最大最高的亚热带高山地区公园。

玉 山"国家"公园最大的特色是什么?

峻岭连绵、山谷壮丽、气势雄浑是玉山"国家"公园最大的特色，公园内3000米以上、名列"台湾百岳"的山峰共有30座，包括玉山主峰、秀姑峦山、达芬尖山为台湾"五岳三尖"中的二岳一尖，其中玉山主峰海拔3952米，为东南亚第一高峰。围绕玉山主峰，周围还有东、西、南、北四峰，构成雄伟的玉山群峰，山峰景致孤峭绮丽，更有雪景、云海、高山草原等壮丽景色。秀姑峦山为中央山脉最高峰，海拔3833米，与玉山主峰相对峙，山麓秀姑平原布满香清、箭竹、白枯木和高山杜鹃，此山脉上的塔芬山，山势度均匀，状如金字塔，南侧有两座高山湖泊，名为塔芬池。次于玉山主峰和秀姑峦山的马博拉斯山、玉山东峰、新康山和玉山南峰，为台湾"十峻"中的四峻。所有这些山脉除了蕴涵许多丰富的地理景观外，也造就了许多珍贵的生态环境。

玉山"国家"公园蕴藏了哪些生态资源？

玉山"国家"公园冬雪夏凉，区内蕴藏了丰富的生态资源，其原始林相和稀有野生物，随着地形、地质、气候的递变，呈现多样貌，为台湾地区最完整的生态环境。据统计有 28 种哺乳动物，占全台湾所有哺乳动物的二分之一；其中有 7 种为台湾特有种，包括高山白腹鼠、台湾森鼠、台湾猕猴、台湾烟尖鼠、宽吻髭蝠、刺鼠、台湾田鼠等以及台湾鳞鲤、台湾黑熊、梅花鹿 3 种濒临灭绝的动物。此外，还有鸟类 108 种，蝴蝶 186 种，爬虫类 17种，两栖动物 12 种，其中山椒鱼是冰河时期遗留的生物，目前只生存于高海拔山区，属"国宝"级的生物。蝴蝶五颜六色，在绿草如茵的大自然中飞舞，常让人流连忘返，台湾虽有"蝴蝶王国"之称，但近年来生态遭到破坏，每年许多单位个人不经批准捕杀蝴蝶做标本，使得蝴蝶已面临绝种，所以园方希望前往的游客要加以保护，让它们生存下去。每年 3 月至 7 月是野生杜鹃盛开期，处处可见颜色不同、品种不同的杜鹃，为春夏的景色增添了色彩。其中的红毛杜鹃和白色玉山杜鹃十分好看。

玉山"国家"公园有什么人文景观？

玉山"国家"公园在人文景观方面，有八通关古道、八通关越岭道和南横公路附近的关山越岭道遗迹，以及东埔一带尚保留得十分完整的山地布农族文化古碣、营盘遗址，是极富文化价值的人文资源，故已被列为台湾一级文物古迹。其中八通关古道从东埔温泉起，经父子断崖到东乐再经云龙瀑布、对关到八通关草原，此段是攀登玉山主峰的主要路线之一，每年岛内众多登山爱好者和普通民众视玉山为"圣山"，以能登上玉山为荣，因此从八九岁的学生到80多岁的长者，络绎不绝，常年不断，每年登上玉山山顶者数以万计，但能攀登上海拔3952米玉山主峰的人却少之又少。原因是主峰与东峰之间的45米山崖，刀劈斧砍，直上直下，十分难行。

为方便游客游览登山，玉山"国家"公园管理处已建造了塔塔加游客中心和南安游客中心。塔塔加游客中心与新中横公路相连，是游览玉山"国家"公园最便捷也是最热门的一条路线。沿途景观绮丽多变，引人注目，但是部分路段曲折多变，行车要小心。南安游客中心在花莲县卓溪乡设置有视听室、展示厅、资料展示室及游客休息室，并依据日本占领时期八通关警备越岭道的路基，修筑了一条长14公里，沿途可观览低海拔阔叶林、南安瀑布、山风瀑布、黄麻溪谷、历史遗迹的瓦拉米步行道，这也是从花莲县进入玉山"国家"公园的唯一孔道。另外还有2处生态保护区、8处特别景观区、1处史迹保存区和5处游客休息区等。

九 族文化村有何特色？

九族文化村位于南投县鱼池乡大林村金天巷45号，靠近中外闻名的日月潭，占地62公顷，内有三大区，21个景点，是台湾唯一处集原住民知性文化、天然风景名胜、机械游乐设施于一身的综合性旅游区，并融合了现代、科技与古代的精神。古代景观区是整个文化村的中心，集合了包含台湾原住民族——雅美（达悟）、阿美、鲁凯、卑南、赛夏、排湾、布农、邹、泰雅九族的部落景观，展示各族部落组织、房屋设施、巫法禁忌、婚丧喜庆等的情形，有的还配合实地进行操作示范，俨然一个户外博物馆，使游客来宾能够充分了解山地部落风貌。每天 3 场山地歌舞表演，游客可以看到各族的舞蹈精华和手工艺表演。现代景观区主要由水沙莲宫廷花园和水沙莲丽宫构成，占地 20 余公顷，建筑华丽，充满了欧式浪漫情调，其中有意大利罗马式雕像、花园内各式喷泉、如茵的绿地、千娇百媚图案形成的鲜花，充分地展现了欧式宫廷花园的典雅华丽。巴洛克式建筑的水沙莲丽宫，备有中西佳肴及各式餐饮，使游客可以享受有欧洲风味的情调。阿拉丁广场则充满了伊斯兰风味，颇为引人注目，而广达数千平方米的室内游乐广场，包括了世界级的云霄飞车——太空山、挑战惊吓指数的海盗船、金矿山、星际旅游及高科技的"超时空剧场"等；UFO 更是全台最高、速度最快的一座自由落体游乐设施，令人大呼过瘾。在玛雅村，则建有蒂卡尔第一号金字塔神庙、帕伦克王陵等玛雅文化的代表性建筑；入口处的面具馆，展出了五大洲的原住民面具；而高达 33.8 米、最新式的悬吊式云霄飞车"玛雅探险"，更是游客的焦点所在，当列车以高速俯冲，翻滚于 11 层楼高的轨道上时，悬吊于半空中的游客仿佛会被强大的离心力抛甩出去，万分惊险刺激。科技景观区是以一座激光音乐喷泉的大型室内表演场为主体，是激光、音乐与喷泉的综合表演，完全用电脑控制，千变万化、奇妙魔幻的"水之舞"，其声光色彩，令人陶醉。除此，九族文化村还有水沙莲绿庄、万山神石、观山楼、观光果园、天然鸟园、香菇园及大自然森林浴等游乐项目和设施。还有近年引进的高空缆车，更是台湾少见的高空游园方式。

牛 耳石雕公园的石雕作品为什么生动传神？

　　牛耳石雕公园位于南投县埔里镇中山路四段 1－1 号，占地约 3.3 公顷，为亚洲首座风格独特的石雕艺术公园，取名牛耳，当有执牛耳的美意。公园所在的位置原名"牛相触"，是当年埔里人牧牛的地方，所陈列的雕刻艺术品的作者恰巧生肖都属牛，在这样的机缘巧合之下，故名。一走进这座公园，首先映入眼帘的是一座高达 12 米的"仙梯"，这已成为该园的标志，是以 236 块各自独立不同的雕刻品所堆砌而成的。从每一件摆在草坪上的作品都可以看出，其创作绝不强"物"所难，只照其本来的样子，勾上一二笔，蟾蜍、青蛙、鹅头、慈母或老子的样子仿佛自己跳了出来，非常生动传神。特别是人物石像，活泼有趣，极富生命力，不同于学院派拘谨的作品。除了石雕外，还有木雕、石版画、素材描绘、刺绣，还有埔里有名的手工艺品店、蜜蜂生态场、手工造纸示范、乡土文物展示等。另外，公园中有各种树木 100 多种，高低有序，一望无际，视野相当宽广，坦荡舒服的感觉情不自禁涌上心头。满地如茵的草坪和花坛、树木，非常有欧洲风味。尤其冬天，笔直的油桐叶落尽了，好像萧瑟的北国风光，夏天则林荫茂密，在林中穿梭，伴着微风轻送，非常惬意。整个公园内，建筑都是草亭、木亭的原木制品，少了现代化光鲜设备的唐突，宛如悠闲的度假村，定时还有牛车漫步，游客可以免费乘坐，可以跟上照相，一股仿乡间野趣的感觉，直沁心头。公园旁边的木生昆虫馆，珍藏着世界各地珍奇稀有的蝴蝶及昆虫，主要以蝴蝶及昆虫为主，并且出售各类蝴蝶制装饰品及其他纪念品。公园内的美术馆，在 1999 年 9 月 21 日大地震中受到重创，但已很快修复，一楼仍像过去一样展出一些精致小件的木石雕塑、刺绣绘画、

十二生肖铜雕，以及西班牙艺术巨匠达利的作品；二楼则维持地
震受创原貌，辟为地震纪念馆，作为这次天灾的见证。

为 什么说合欢山是台湾全省闻名的赏雪和滑雪场地？

　　合欢山位于南投县东北角，介于南投县和花莲县之间。在中
央山脉脊梁上，为大甲溪、立雾溪和浊水溪的分水岭，由于中横
公路及雾社支线的开辟，公路拦腰而过，使得雄踞一方的深山，
一变而为游客探手可得的高峰，平均海拔约在 3000 米以上，主峰
标高 3416 米，山谷秀丽挺拔，吸引了更多的人涌向它的怀抱。

　　合欢山谷口位于潮湿气流的交汇处，每年冬季从立雾溪进来的
太平洋气流和顺着兰阳溪谷而入的强烈东北风到了这里，丰富的
水汽一遇高山屏障，便在合欢山打转。每年冬季寒流来袭时，便
化为雪花纷飞，将整座山铺成皑皑白头，远望粉妆玉琢，形成亚
热带气候的台湾宝岛之一大奇景，仿佛身处北国异城。此外，合
欢山的山坡甚为平缓，向风面的斜度均匀，谷口呈袋状，接纳了
所有的雪，一层一层地往上堆砌，使得一大片的山谷覆盖着厚厚
的白雪，成为台湾全省闻名的赏雪和滑雪场地。这里有长达数百
米、贯穿谷底的滑雪道，是合欢山积雪最厚、最完整的地方。山
上供游客投宿的旅馆松雪楼终年开放，此楼在合欢东峰的北坡上，
海拔 3120 米，是合欢山区中最漂亮、最豪华的一栋两层楼建筑，
尤其是在白雪覆盖下，比平日更有风味，宛如置身北欧风情画中，
在此投宿，其乐无穷。

雾 社的三大特色是什么？

　　雾社即今南投县仁爱乡，海拔 1150 米，北通合欢山、清境农

场，西连埔里镇，东有庐山温泉，南接万大区，四通八达。这一带经常有雾笼罩，且为原住民番社之地，故旧称"雾社"。昔日是山地和平原之间的重要市集，今日则为南投山地政治、文化的中心。由于地处山区，气候凉爽多雾，瞬息万变，景观自然而特殊，尤其是桃花、碧湖、史迹为其三大特色。向有"樱都"之称，道路两旁及雾社农校内遍植樱花、梅花，每年1月下旬至3月下旬，樱花盛开，娇艳绯红，令游人不饮自醉。四周高峰重叠，青山翠谷衬以遍野的花海，一直延伸到庐山温泉，使得每年专程到雾社赏花的游人络绎不绝，所谓的"樱都"美称名不虚传，是赏花的好去处。碧湖就是万大水库，是浊水溪上游最重要的蓄水库，在雾社街区南面，两岸林木葱茏，绿荫倒影和荡漾的碧波相映，风光之美不亚于日月潭。碧湖恰到好处地镶嵌在青山万壑之间，午后雾起云涌，碧湖若隐若现，仿若仙乡梦境，在湖畔散步十分惬意。湖岸有丘陵有平台，也有曲岸河阶，满地黄花灿烂，湖中有虹鳟鱼、鲢鱼、鲤鱼、鲥鱼、鲠鱼、鲫鱼等许多鱼群。因碧湖的水是上游合欢山上的雪融化后流下来的，所以水温较低。据闻钓起的鱼，必须以一小块冰放在竹鱼笼中，使鱼保持低温的生存环境，短时间内才不会死亡。雾社境内著名的风景名胜还有春阳温泉、红香温泉、雾社农校、龙德宫松林等，形成了一个山翠水碧的世外桃源。

台 湾枫叶的故乡在哪里？

以枫叶闻名全台湾的奥万大森林游乐区，位于南投县仁爱乡爱村大安路153号，海拔1500米，属峡谷地形，群山耸峙，风光优美，枫叶林和温泉为其最特殊的自然景观，还有枫叶的故乡之美称。枫叶充满诗情画意深受人们喜爱，枫叶林主要分布在万大北溪、南投及万大溪和沿途小径，其中以万大北溪及南溪交汇处最佳，群枫耸立，树姿高耸挺立，林相十分优美。每逢秋往冬来寒流掠过，断断续续初绽绯红，各种色彩缤纷交错，织染成艳丽画面，使原来绿意盎然的树叶，一霎之间如野火燎原一样化成璀璨耀眼的枫红，美丽的枫叶摇摇欲坠，谱出无限的美景，深深攫住游人爱恋的感情；为碧蓝的晴空，妩媚地染上枫红的娇姿，厚厚的落叶，铺满两侧林道，踩上去便沙沙作响，恰与幽谷的溪流合奏着深秋的韵律，景色之旖旎浪漫，实非笔墨所能形容。多年来，到奥万大赏枫成了台湾中部深秋以后的热门话题。

台湾的地理中心点在哪里？

台湾的地理中心点在北山花园农场，该农场位于南投县埔里镇东北角虎子山下，四面环山，是个盆地，有浊水溪和北港溪流经，民风淳朴，风景优美，加上物产丰富，使这里发展很快，进步而繁荣。这里的气候属于山地和平地之间的形态，雨量多，湿气重，年温差小，冬天不冷，夏天不热，适合农作物的栽培种植，故进入北山花园农场映入眼帘的是片片碧绿的整齐的农田景观，主要物产有红甘蔗、茭白笋、绍兴酒、蝴蝶标本、花卉、米粉、宣纸等。其中绍兴酒、宣纸和米粉为这里的三大特产，在台湾享有盛名。台湾地理中心点海拔 555 米，早

▲ 台湾地理中心碑

在日本占领时，日本曾立碑以标出台湾的中心点。后于 1952 年创建完成，至 1979 年再度重建，将碑改为赭色方形柱体，正中竖立铁质长杆，上端缀以交叉双环，为四根钢筋构成的球体，代表东、西、南、北四个方位。整座中心碑，从台阶下仰望，翠绿的山影衬出别致的设计线条，十分壮观。此碑方形柱体上题有"山清水秀"四个大字，故又名为山清水秀碑。中心点基点有座天文三角原点，上刻有当地的经纬度，是台湾全省最大的三角点。山顶植有多年古松，葱郁耸立，下有石阶道可通山清水秀碑，旁为空旷草坪，供游客闲坐休息。于此登顶远眺，居高临下，埔里农场和井然有序的田园，尽收眼底。

为什么说泰雅度假村是一兼顾山地文化传承与度假休闲风味的文化村？

泰雅度假村位于南投县国姓乡的北港村，濒临北港溪，占地广阔，在山林与瀑布之间以保留泰雅族传统文化为主轴，安排有欧式花园、中国山水、921 地震教育馆、原生植物教学区、露营区、小木屋等建筑，游乐设施有宇宙乐园、梦幻飞车、空中单轨、冲浪飞舟、登山列车、惊奇世界、山训场、山泉戏水区等。其中"台湾岛"和泰雅武士巨人塑像最具代表意义。"台湾岛"是特别的景观区，按照 1∶1 的比例生动展现泰雅族早期的建筑物，如万大社住屋、巴拉社住屋，并备有泰雅风格的石板屋供游客投宿，另有泰雅文物馆展示生活器物和历史文物；雾社事件时光隧道则以造景方式铺陈英勇的抗日血泪史。到了夜间常举办浪漫神秘的杵舞、水上浮舟、狩猎等泰雅舞蹈、唱歌等活动。总之，这里是一处兼顾山地文化传承与度假休闲风味的文化村。

泰雅度假村旁边的神仙岛游览谷，是一处突伸于北港溪中的河阶地，由于林木茂盛，浓雾弥漫，若隐若现，故取名神仙岛。岛区内有人工湖及露营地，可供垂钓、划船，十分惬意。同时也是台湾产梅的地区之一，每逢春节前后，一片白色的花海，梅香暗传，清逸淡雅；黄梅时节，则为梅子收成的季节。

水里山城家喻户晓的是什么？

水里山城位于南投县水里乡，原名水里坑，地处中央山脉的中部，在水里溪和浊水溪的汇流点北岸，呈南北长、东西狭的长方形，四周山峦屏障，既是山城也是水乡，以明媚的风光和旅游交通要冲闻名遐迩。周围观光资源丰富，瀑布、峡谷自然原始，更与日月潭风景区、集集老街、新中横景观公路紧连，举凡攀登玉山、七彩湖六顺山、峦大山、郡大山等，均得取道于此，到日月潭、东埔温泉等观光，也得假道于此，所以经常可以看到不同目的地的游客在此交会。进入水里街道后，循正对着水里火车站的民生街往东行，可见水里大桥。此大桥也是水里的风景点之一，由桥上可望见东北侧二坪山上，两条攀附在山壁间的绿色导水管，由巨工发电厂倾泻而下的水，经过导水管流出，浪花滚滚，到桥边时则又碧绿晶莹，景观非常特别。二坪山上有一种名产——冰，如花生冰、红豆冰、芋仔冰等，便宜又好吃，丝毫不逊于其他地方糖厂的冰。水里山城顶崁村的蛇窑，几乎是家喻户晓。蛇窑源于福州，因窑长似蛇且顺着山坡砌成，所以得名。它是台湾一处集赏陶、捏陶、买陶怀旧的艺术园，从入口处的窑神罗明捏陶巨像、园中央高达 6.68 米的千禧口瓶，到院墙、牌坊，处处可见陶瓷、窑砖拼镶的装饰。主体建筑是一栋老蛇窑改建而成的文物馆，一楼除维持少量的正规陶瓷生产外，还负责陶艺教学和文化推广；二楼则陈列台湾早期的制陶用具和蛇窑昔日的生产器具。旅游者若有玩陶的兴致，也可以在陶艺教室登记捏陶，享受玩土的乐趣。蛇窑生火全是以木料作为燃料，温度高达 1000℃以上，柴灰落在坯体上时所形成的朴拙质感，深为大众所喜爱，虽然塑料、玻璃容器大部分已取代了粗制陶器产品的市场，但蛇窑却正以观光的新面貌，吸引着一批又一批怀旧的旅游者。

南投八景之一"碧山曙色"具体出在什么地方？

南投八景之一"碧山曙色"出在碧山岩寺，该寺位于南投县南投镇福兴里彰南路 699 号，平林溪南的枋山山麓，居八卦山之阳，地近彰化县与南投县交界处。山形如梳，俗称柴梳岩；山上常绿，密林丛生，浓荫环翠，故名碧山。山前临貌罗溪，远眺平畴绿野，风光秀丽。晨间，枋山云雾缭绕，阳光从云间透过树梢，照在寺宇、田野之上，风光绝佳，故而"碧山曙色"也为南投八景之一。碧山岩寺始建于清乾隆十七年（1752 年），与清水岩、虎山岩合称为"卦山三岩"。于 1963 年重修，寺貌碧瓦红柱，雕梁画栋，在参天古树的衬托下，更显得堂皇富丽。寺前左右各立一对大石狮，两旁并竖立着两根石质灯柱，上刻十八罗汉像，雕工甚是细致。浩气万千的正殿大雄宝殿，中位主祀释迦牟尼，两旁为如来佛及观世音，殿前宽长的佛道，令朝圣者心情为之一振。殿后庭苑里，有高大的建筑物晨光塔，旁边有南光女子佛学院和忠烈祠，加之寺地广大，绿草茂盛，配合青山绿水，风光幽雅。每当清晨时分，近瞰寺前整齐美好的田园，远望对面罗列的冈峦，远近相照，景色秀丽宜人，九九尖峰，如玉笋凌空，似天柱撑天，展示圣地风光，既印证了"名寺灵穴"的写照，又成当地八景之一——"碧山曙色"。

奇异的磁场屋奇在什么地方？

　　奇异的磁场屋位于南投县国姓乡九份二山上。1999 年 9 月 21 日台湾大地震，将此山岭削去一半，巨石崩裂塌陷，岩层裸露，山顶上的农屋或夷为平地，或滑下几百米之外的山谷，灾民家毁人亡，哀歌处处。灾难期间，大自然在九份二山仅逞凶了 40 多秒，就创造了一个"世界级的惊人景观"。除了河湖变样、山走石移外，最令人称奇的是一间被震得倾斜的农屋，成了地震地质专家们都无法解释的"磁场屋"。这间约 100 多平方米的农舍原位于九份二山岭上，大地震过后，整个屋子没有被震垮，但呈由东向西倾斜状。仓皇逃生的屋主和村民们发现，大地震过后，不仅紧贴着屋后出现了一座原先没有的山坡，而且在屋子外几米范围内，会感到头晕或头痛，走进屋子，人会感到强烈的吸力将人吸向倾斜的一方，人必须用力抗衡吸力，才能斜着身子在屋里站立，甚至可以逆着吸力倾斜 45 度角站立而不倒下。这个奇特现象一传十、十传百地传开了，先是专家来勘察，后来是附近好奇的村民，进而是一批又一批游客络绎不绝，在"磁场屋"前拍照，在屋内屋外出出进进，感受这大自然的神秘。由于这奇特的"磁场屋"的科学研究和观光价值，当地已将这屋的原样保留下来，不能拆毁和破坏，作为一个"经典"供研究和参观。但为了保护其不受破坏，也为了不使随时发生的余震造成伤亡，当地规定上山必须有官方发出的通行证。

竹山著名的特产有哪些？

　　竹山位于南投县西南境的竹山镇，原名"林杞埔街"，是南投县开发最早的地区。竹山镇古庙、古迹、特产甚多，吸引了不少慕名而来的游客；再加上它是溪投、杉木溪、日月潭、凤凰山、草岭等风景区的重要转运站，所以镇区得以迅速发展。竹山以盛产竹类产品而得名，该镇居民半数以上靠竹类维持生活。竹类中以孟宗竹最为有名，此外还生产麻竹、桂竹、绿竹等。此地所产的竹笋味道清脆，为佐食佳品，并可制成笋干、酱笋等；而竹材则为各种工艺品的原料，如花瓶、模型、玩具等；实用品如竹席、竹筷、果盘、鸟笼、提包等，皆为竹山的手工艺特产。除了竹子和竹笋外，竹山的特产还有红番薯和乌龙茶。红番薯的主要产区在竹山镇延平里照镜山上，此地所产的红番薯甜美可口，呈椭圆形，传说中称之为"皇帝薯"，以至现在凡是卖番薯制品者，均爱自诩为"竹山番薯"。而竹山地区因气候适中，山坡地种出的茶叶沏成茶水，甘甜清冽，也颇受游客欢迎，每与凤凰谷冻顶的乌龙茶齐名。

埔里传统抄纸之旅流程有哪些？

埔里传统抄纸之旅主要在南投县埔里镇台湾地理中心进行，埔里为一山间盆地，气候温和，物产丰饶，有"小洛阳"之称，并以美人、甘蔗、纯酒闻名。其著名的物产有茭白笋、红甘蔗、绍兴酒、花卉、木耳、香菇等。此外当地的蝴蝶也很有特色，尤以阔尾凤蝶最为珍贵，有兴趣者可前往位于南村路的木生昆虫博物馆参观。但更多的人到这里则是进行传统抄纸之旅。由于水质会直接影响纸的寿命和洁白度，因此1935年日本人引进造纸术时，便选择以水质优良闻名的埔里镇作为发展的重镇，使得这里的手工造纸业曾鼎盛一时。手工造纸的原料分为木质的桑树皮、雁树皮等和草本的竹、稻草、蔗渣等两大类，经过打浆、融合添加物后，形成一大桶纸浆，再由经验丰富的师傅熟练地以竹筛抄起纸浆，沥去水分，加压烘干，才能完成一张手工纸，而手工纸与机器造纸最大的不同点，也就在于"手抄"过程使纤维形成横直的交叉结构。台湾目前仅存的手工造纸厂皆位于埔里，其中广兴纸寮为了推广这项传统技艺，特别开放参观并附设造纸教室，游客可亲身体验造纸的流程。

集 集的小镇风情和怀旧铁路为什么受欢迎？

　　集集位于南投县集集镇浊水溪中游北岸，海拔220～240米，南距溪谷仅半公里，街道呈东西走向，分新、旧两条街，新街是16号省道，老街则仍遗留一些古老屋舍。

　　集集的小镇风情和怀旧铁路之旅，已成为热门的休闲度假去处。集集境内多丘陵地，平坦耕地仅见于浊水溪沿岸，居民以务农为主，到处种的都是香蕉。这里所产的香蕉，不但量大，品质也佳，成为台湾香蕉的主要出口来源，香蕉园也成了集集的特殊景观，是台湾全省有名的香蕉城，更为小镇赢得了"香蕉王国"的称号。

　　早期的集集，恰居山区铁路——集集支线铁路中心，此铁路建于1919年，西起彰化二水，东至南投全长29.7公里，原来是日本人为了建筑水库而兴修的运货铁道，后来以水里为集散中心的木材及农产品，也经由集集铁路输出，转运至日本，每天载送的人流、物资无数，也造就了水里和集集的繁荣，可谓当时的"黄金铁道"。但随着伐木业的没落和新式公路的兴建，集集铁路线的显要地位不再，甚至面临拆除的命运；幸经当地发起"护铁"运动，使这条铁道得以转型为观光铁路而保存下来。此铁路横跨南投、彰化等四个乡镇，沿途景色宜人，风光明媚。由出产螺溪砚闻名的二水出发,行经淳朴的小站——源泉,略作爬升后进入景致迷人的浊水,铁道左侧是八卦山尾棱的峭壁悬崖,右边是浊流滚滚的浊水溪,两旁田野青葱碧绿,宛如桂林、阳朔的缩影。再往前行,铁路、公路并列,公路两侧绿荫浓密的樟木老树蜿蜒成行,即著名的"集集绿色隧道",清凉幽静的情景,吸引众多游客来此漫游。接着火车驶入风韵淳厚的集集车站,这是全台湾目前保存最为良好的小型车站之一,由红桧木搭建而成,朴实中带有淡淡的典雅之美。在集集车站所在的集集小镇,可骑自行车深入集集的大街小巷,或兜游邻近的樟树神木、添兴窑、明新书院、"化及蛮陌"碣、"开辟鸿荒"碣和特有生物研究保护中心等景点。

为 什么要修建抗日纪念碑？

抗日纪念碑主要指"碧血英风"纪念碑,在南投县仁爱乡雾社街区入口的左侧,这里最引以为傲的,是为纪念雾社事件中抗日成仁的山胞英魂而修建的牌楼。那是1930年,当地泰雅族原住民为反抗日军的高压统治,由酋长莫那鲁道领导,奋勇抵抗,当时日本人用毒气和枪弹,攻击死守乡土的原住民,时间长达数月之久,死伤人数之多,几乎使当地原住民濒临灭种,此次屠杀行为历史上称为"雾社事件"。日本投降后,为使原住民英勇抗日的精神得以流传后世,就建起了"碧血英风"纪念碑,供后人凭吊。纪念碑后面是大理石筑造的抗日首领莫那鲁道墓。墓壁上的青绿色浮雕图案,构图精细,内容是描绘莫氏领导英勇山胞抗日起义一事,"百战忠魂千秋恨事,一朝义愤万古馨香",游人至此,无不为山胞可歌可泣的悲壮史实感怀不已。纪念碑的四周植满了红白樱树、常青松柏,每当春节前后,冈陵耸翠,万紫千红,织成一片灿烂的春景。

为 什么说风柜斗是台湾著名的赏梅景点？

　　风柜斗位于南投县信义乡，是台湾著名的赏梅景点。由于气候适宜，加上外销日本市场的大量需求，使当地农民纷纷将原先的麻竹、桂竹等作物改种梅树，每逢岁末隆冬之际，漫步梅树花海间，阵阵幽香扑鼻，令人心静神宁。风柜斗梅树品种主要有软枝、大青、小青、大胭脂和小胭脂 5 种，其中大青、小青花期较长，而俗称"土梅"的软枝，花大枝密，是梅花中的佼佼者。当地的梅树树龄一般都在 30 年左右，枝干盘绕虬曲，姿态苍劲挺拔，颇富美感，尤其是自强小学附近的老梅王，树龄虽已高达 70 余岁，却老而弥坚，生机盎然。到风柜斗除了赏梅之外，清明节前后的采梅时节，梅园里全家出动采梅的乡野风情羡煞水泥丛林里的都市人。

八 通关古道有什么古迹？

　　八通关古道的"八通关"一词原本是邹族地名的译音，指的是玉山，但后人却专指玉山脚下的一座鞍部，并以当地居交通要冲、道路四通八达而附会出来的。此古道共有两条，一条是清代镇台总兵吴光亮于光绪元年（1875 年）所筑，列属台湾一级文物古迹；另一条是日本人于 1919 年所筑。两条古道除在八通关及大水窟局部交会外，路径并不相同，今日泛称的八通关古道是日本人所筑的八通关越岭古道。清同治十三年（1874 年）牡丹社事件后，清廷积极开发台湾，派遣吴光亮率军开辟横贯中央山脉的道路，西起南投县的竹山镇，路经凤凰山、八通关、大水窟到花莲县的玉里镇，全长 152 公里，当时因测量技术不佳，且为避开原

▲ 八通关古道

住民活动范围，多沿溪谷或山棱而筑，起伏落差颇大；古道虽因移民成效不佳而荒废，沿途却留下许多史迹，如集集的"开辟鸿荒"碣、凤凰山的"万年亨衢"、"佑我通山"碣以及陈有兰溪桥附近的"山通大海"碣等。日军所筑的越岭道则由南投县信义乡沿陈有兰溪及拉库拉库溪直抵花莲玉里，全程125公里，路线大致依等高线而筑，较为宽阔平坦，这是台湾第一条贯通东西的道路，斜斜地贯穿中央山脉东西部。其中东埔到八通关草原一段，行经父不如子断崖、云龙瀑布、乙女瀑布、千年红桧，到苍茫壮阔的大草原，脚下急流怒吼，顶上白云围绕山头，将台湾高山胜景尽收眼底，是古道的精华所在；而秀姑峦山东段则因路径隐僻，少有人迹。日本人统治时期，对原住民的管理非常严苛，民国四年（1915年）布农族人大举抗日，日本人为便利围剿，就封闭古道，在布农族抗日失败后，又重新开放，直到现在，还可在古道沿途发现"观高隘"和"南营隘"等许多开辟八通关古道的遗迹。20世纪90年代以来，这里曾掀起一阵考古热潮，现在已成为大众化健行越野路线。

为什么说心佛园处处显示出主人的慧心巧思？

心佛园位于南投县中寮乡龙林港15－9号，为一私人花园，内设有心佛寺;从正门进入,左右各有10尊米白色的观音坐像,循着石阶依序安置,正面为三层楼高的心佛寺;寺右庭院建有荷花池、喷泉、座椅、小桥,池畔塑有白色观音立像,左右陪祀两尊白色大象雕塑,四周则遍植花木、果树;寺左边有凉亭,另有14尊端坐在大象背上的菩萨雕塑,分立在石板路的两侧,处处显示出主人的慧心巧思。心佛寺一楼奉祀释迦牟尼,左右各为财神菩萨和斋堂;二楼奉祀南无阿弥陀佛;三楼平台上端坐一尊金身的释迦牟尼大佛,但造型颇有泰国佛之风,体态优美,大佛前为许愿池,左右各置钟鼓楼。由上方可俯视整个心佛园园景,规模不大,但小巧的格局与布置,却也独树一帜。心佛园后边,是一条碎石子路和龙凤桥,由此可通达为心佛园、心佛寺增光添彩的龙凤瀑布,此瀑布又称雌雄瀑布,分为龙瀑布和凤瀑布,分别分布在相邻的两个山谷内,溪谷幽邃,景色天成,毫无人工雕琢。凤瀑从山顶倒悬而下,长约30余米,水势急速冲入潭中,发出如雷声响,也激起朵朵浪花。龙瀑为一道细长的水柱迎面降下,宛如百丈白练,雨季时水势尤其充沛。旅游者常在涧旁潭畔,嬉游戏水、烤肉捉虾,凡尘俗虑尽去!

玄奘寺最有价值最吸引人的是什么?

玄奘寺位于南投县鱼池乡水社村青龙岗1号,是为纪念唐代到西域取经、对宣扬佛教及中华文化贡献良多的玄奘法师而建的寺院。玄奘寺面对山明水秀的日月潭,建筑典雅简朴,无一般庙宇的豪华装饰,内部布置落落大方,充满圣洁肃穆之风。此寺共有三层,一层正殿建筑结构采用中西合一的方式,但仍不失佛寺所给予人的亲切感,此殿门楣上有"玄奘殿"三个大字。三层的殿堂,供奉玄奘的舍利子和玄奘宝塔,这里也是玄奘寺的经典文库

▲ 玄奘寺

重地。二层是供奉玄奘法师佛位的主殿。其前黄色的香炉，佛教气氛非常浓郁。左右麒麟护耳的表情造型也极虔诚。寺院内有巨幅立碑"大唐玄奘法师传"，恭录玄奘法师的生平事迹。寺的牌楼、旁门，非常明显具有大陆建造的风范。寺的下方，有一面大型的佛雕石壁，主要展现玄奘法师西行取经所走的路线及停留的地点。寺外两侧的草地上，遍植花木，环境清幽雅致。寺内钟声鸣奏，清香飘动。

于右任铜像为什么要竖在玉山上？

于右任铜像位于台湾第一高山——玉山主峰上。玉山主峰经美军"远东陆军制图局"1957年测定，高度为3997米，比日本统治时期台湾"总督府临时土地调查局"所测定的3950米增加了47米，仅差3米就可进入4000米的高山行列（但在目前我

▲ 玉山主峰

国地图上所标注的高度为 3952 米，当以此为准）。

1964 年 11 月 10 日于右任先生逝世，当时亲友们从他珍藏多年的一个小箱子里发现了他 1962 年 1 月 12 日写的日记，"我百年以后，愿葬在玉山或阿里山树木多的高处，可以时时望大陆"，"山要最高者，树要最多者"，"远处是何处，是我之故乡，我之故乡是中国大陆"，同时还发现了他的诗作《望大陆》："葬我于高山之上兮，望我大陆。大陆不见兮，只有痛哭……"

为实现于右任先生"登高望故国"的遗愿，并让高 3997 米的玉山主峰能增高为 4000 米，台湾"中国青年登山社"等 86 个群众团体自发募集资金，由台湾著名雕塑家陈一帆先生设计施工，为于老铸造了一尊高 3 米的铜像，于 1967 年 8 月 7 日，由东埔原住民伍胜美和全桂林费尽千辛万苦背上玉山主峰，竖立在了玉山主峰上。从此，玉山主峰于右任先生铜像"正式走入历史"。铸在铜像上的诗《望大陆》，因而也深刻地蕴藏在台湾男女老少的心中。特别是于右任先生铜像，过去一直象征台湾最高点的精神指标，也象征着崇高的爱国主义精神。

1982 年台湾军方再度对玉山主峰进行实地测量，发现其真正高度为 3952 米。因此 3 米高的于右任铜像，就失去了使玉山进入 4000 米高山行列的象征意义。但是许多登山者和广大旅游者不管这些，仍常在铜像旁边照相留影，以纪念终老台湾、翘首远眺大陆、思乡情深的于老先生，并作为自己成功征服台湾第一高峰的登顶佐证。

从 1995 年起，台湾岛内对玉山顶上于右任铜像的存放发生争议，主张拆除者认为铜像破坏了玉山的自然原貌与景观；反对拆除者则认为，铜像已成为玉山的地标，是许多人回忆中的一部分。在双方争议未获结论时，铜像却被人偷偷做了手脚，1995 年 11 月和 1996 年 5 月，先后发现被"砍头"。与此同时，"台独"分子强行将台北市仁爱路上的于右仁铜像拆除。广大台胞认为，于老铜像可以被搬迁，被"砍头"，但是，于右任先生的爱国精神与登高望故国的遗愿是永远砍不掉、毁不了的。

日月村邵族的岁时祭仪有哪些？

日月村位于南投县鱼池乡。该村邵语称为 Barawbaw（日月村），清代的文献称为卜吉、剥骨社，汉人称为北窟，行政辖区属南投县鱼池乡日月村。

Barawbaw 是日月潭邵族在 1934 年因水坝工程被迫迁居的地方，由于游客络绎不绝，所以有许多汉人搬来此地经商，所以这里也是日月潭地区人口聚集最多的村落。村内有艺术品店、餐厅与旅馆等，尤其邵族飨宴让人口齿留香，村内更有"邵族文化村"提供给游客观赏邵族的传统文化与歌谣舞蹈，的确令人流连忘返。

邵族的岁时祭仪有播种祭、除草祭、狩猎祭、拜鳗祭、丰年祭等。每年农历八月间正是邵族的丰年祭，也是岁时祭仪中最重要且最盛大的祭典，若有推举主祭时，则举行近月的"大过年"；若没有推举主祭，则举行四天的"小过年"。当举行"大过年"丰年祭时，届时整族全员出动，有舂石音、拜公妈篮、擦手背祝寿、凿齿仪式、盖祖灵屋、迎祖灵出巡、迎日月盾牌祈福等仪式，游客若选择此时光顾，当可一览邵族的文化风采。同时，Barawbaw 也是水社大山的登山口。

为什么说台湾冻顶乌龙茶的发展史，也是台湾与大陆血脉相连的见证？

台湾"冻顶乌龙茶"产于台湾省南投县鹿谷乡的冻顶山，是台湾所产"乌龙茶"的一种。"冻顶乌龙"属轻度或中度发酵茶，历史悠久。《台湾通史》称："台湾产茶，由来已久，旧茶称水沙莲，色如松罗，能避瘴祛暑。至今五城之茶，尚售市上，而以冻顶为佳，惟所出无多。"据史载，清咸丰五年（1855 年），南投县鹿谷乡村民、祖籍福建安溪的林凤池到福建参加乡试，中了举人。回台时，福建林氏宗亲邀请他到武夷山游玩。此时，武夷岩茶已闻名遐迩，早已是朝廷贡品中的珍品。林凤池见武夷山的碧水青山、气候土壤与台湾家乡的凤凰山很相似，便向当地人提出购茶苗带回去赠给乡亲。武夷人为他的诚挚而感动，赠给他"青心乌龙茶"苗 36 株。林凤池回台后，把 24 株分送给竹林村等地试种，没能成功。另外 12 株送给冻顶山的林三显先生，种植成功，逐渐移苗广植。经多年推广，环冻顶山一带成为著名的产茶区。台湾乌龙茶的发展史，实际上也是台湾与大陆血脉相连的见证。当地茶文化展示馆史料表明，早在明万历年间。特别是在清嘉庆三年（1798 年），大陆沿海大批汉族同胞移居台湾，随之带去了种茶、制茶技术，并在台湾发扬光大。冻顶乌龙茶能成为茶中极品，是优越环境、优良品种与当地茶农勤劳智慧的结晶。

冻顶是凤凰山的支脉，是个海拔 749 米的大平台，面积六七十公顷，住了上百户人家，都种茶。传说从前茶农上山种茶，因雨多山高路滑，上山的茶农必须绷紧脚尖（冻脚尖）才能上山顶，故称此山为"冻顶"。冻顶山高林密土质好，茶树生长茂盛。

"冻顶乌龙"也是台湾"包种茶"的一种，所谓"包种茶"，其名源于福建安溪。当地茶店售茶均用两张方形毛边纸盛放，内外相对，放入茶叶 200 克，包成长方形四方包，包外盖有茶行的名称，然后按包出售，称之为"包种"。"冻顶乌龙"的采制工艺十分讲究，采摘青心乌龙等良种芽叶，经晒青、凉青、浪青、沙青、揉捻、初烘、多次反复的团揉（包揉）、复烘，再焙火而制成。

"冻顶乌龙"的外形卷曲呈半球形，色泽新鲜墨绿油润，冲泡后汤色黄绿明亮，香气高，有花香，略带焦糖香，滋味甘醇浓厚，耐冲泡。被封为"陈年茶王"的乌龙茶可谓是实至名归。经过十几年的"韬光养晦"、"越陈越香"，喝起来的味道就像普洱茶加上牛奶般，且利尿、促进新陈代谢的效果相当好。

阿萨姆红茶为什么又名"日月潭红茶"？

阿萨姆红茶属全发酵茶，在制茶过程中，经过萎凋、揉捻、发酵、干燥而成，一般红茶工艺所制成的红茶可分为条形红茶、切箐红茶、几碎形红茶三大类。台湾早在 80 年前自印度引进大叶种阿萨姆（Assam）茶来台种植，并先选择在南投县鱼池、埔里、水里地区开发推广，至今种植达 1.815 公顷。

由于大叶种制成的红茶，水色艳红清澈，香气醇和甘润，滋味浓厚，而且埔里鱼池一带的地理环境非常适合阿萨姆茶生长，所以此地区所产红茶可媲美大叶种阿萨姆原产地印度及斯里兰卡的红茶。1977 年南投县政府为加强促销此地红茶，特命名为"日月潭红茶"，并由县政府设计海报包装行销海内外，颇受欢迎。

台湾仅次于稻米的第二大种植业是什么？

台湾仅次于稻米的第二大种植业是槟榔，主要产地是南投县，从 20 年前的 1000 多公顷，增加到现在的 1.6 万多公顷，高居台湾省首位，成了"槟榔王国"中的王国。其次是屏东县和嘉义县。总共种植 5.4 万亩，8165 万株。槟榔树高约 15 米，叶子很大，果实略小于鸡蛋，内含槟榔子。果实必须在完全成熟之前摘下来，把皮剥去，后放入水中煮，煮沸后取出槟榔子，切成薄片晒干，干后呈褐色或灰色。在医学上列四大南药之首。槟榔玉（也叫槟榔核）以及槟榔果皮、花苞都是上等药材。槟榔玉含槟榔碱、槟榔素、儿茶碱、胆碱等成分，有显著的止渴消滞、除疾息喘、消炎去肿、利气行水、治痢杀虫、固齿提神之功效；槟榔花粉是治疗胃病的良药；槟榔果即是著名的"洗疗丹"，能治疗一切疮毒。

南 投县最好吃的是什么鱼？

南头县鱼池乡日月潭的奇拉鱼，是生长在低海拔河湖中的野生鱼种，长 10 多厘米，全身银鳞，日月潭为其主要产地。站在岸上或游船上就可以看到，满潭跳跃。故有"台湾的心跳在日月潭，日月潭的心跳在奇拉鱼"之说。这种鱼性喜高温，天气越热，产量越丰，所以，要享受奇拉鱼的美味，最好在清明至中秋时候。奇拉鱼肉质结实，不苦不腥，无土腥味，唯一缺点是多刺。一般多油炸，但日月潭的邵族人，却有独特吃法，即将整尾小鱼盐渍个把月后做成风味独特的奇拉渍。日月潭沿岸的许多餐厅都可吃到奇拉鱼，以邵族经营的迥原餐厅最地道。

集 集镇还有哪些风味小吃？

集集镇的"天御梅庄"主要经营梅子、梅冻、梅露、梅醋等梅制产品，其中梅酥是以豆沙馅包蜜梅，可以吃到果肉，非常香甜。梅饼，以新鲜青梅为馅料，烘烤出外酥内软，香味扑鼻，虽然是咸的，但同时有一股甜酸的滋味。

水里乡章家肉是用米磨制后加工而成的。皮薄肉嫩，晶莹滑口，并带一股清香。肉馅选取黑毛猪后腿肉，咬劲十足，配上由米浆、糖和特殊秘方所调制的独家粉红色酱料，更是味美。喜欢吃辣的人，还可以蘸一点老板娘亲自种植腌制的辣椒。这里假日总是客满。

选题策划：殷　钰　高　震　谭　燕
责任编辑：殷　钰
责任印制：闫立中
装帧设计：中文天地

图书在版编目（CIP）数据

绿色宝岛台湾. 1/宋全忠编著. —— 北京：中国旅
游出版社，2015.4
（中国地理文化丛书）
ISBN 978 - 7 - 5032 - 4710 - 0

Ⅰ.①绿…　Ⅱ.①宋…　Ⅲ.①台湾省 - 概况　Ⅳ.
①K925.8

中国版本图书馆 CIP 数据核字（2013）第 076024 号

书　　名：中国地理文化丛书——绿色宝岛台湾（一）
作　　者：宋全忠
出版发行：中国旅游出版社
　　　　　（北京建国门内大街甲 9 号　邮编：100005）
　　　　　http：//www. cttp. net. cn　E-mail：cttp@ cnta. gov. cn
　　　　　发行部电话：010 - 85166503
排　　版：北京旅教文化传播有限公司
经　　销：全国各地新华书店
印　　刷：三河市恒升印装有限公司
版　　次：2018 年 1 月第 1 版　2018 年 1 月第 1 次印刷
开　　本：710 毫米 × 1000 毫米　1/16
印　　张：18.5
字　　数：227 千
印　　数：1 - 5000 册
定　　价：36.80 元
I S B N　978 - 7 - 5032 - 4717 - 0